JN189801

脳科学と少年司法

山口直也 = 編著

現代人文社

　少年法が再び揺れている．現在，法制審議会少年法・刑事法（少年年齢・犯罪者処遇関係）部会では，少年法の適用対象年齢を20歳未満から18歳未満に引き下げることについて，そして，引き下げた場合の若年者に対する刑事政策的措置も含めて長期間にわたって議論が展開されている．今までにも少年法は4回の大きな改正を経てきており，そのたびに少年保護の重要性が叫ばれてきた．ただ，今回の法制審議会の議論は，非行少年の四分の一程度を占め，少年院被収容者の約半数を占める年長少年を少年法の枠組みから外して刑事手続に移そうというものであり，少年保護自体を大きく縮小し，衰退させかねない，極めて注意しなければならない議論である．また，年長少年に対する少年保護がうまく機能している現状からすれば，立法事実に乏しい，極めて乱暴な議論でもある．

　わが国の少年法の母法は米国少年法である．初期の米国少年法の理想を引き継ぐかたちで，この70年間，家事事件も扱う家庭裁判所の中で非行のある少年の保護教育を健全育成の理念の下で行ってきている．米国少年法が，1980年代後半以降，保護主義から厳罰主義に転換して非行少年に対する刑罰を拡大した後も，わが国の少年法の理念が捨てられることはなく，20歳未満の非行少年に対して等しく保護主義が及ぼされてきたことを忘れてはならない．その枠組みが，現在，大幅に縮小されようとしている．逆の見方をすれば，刑罰の枠組みの拡大であり，現行少年法の厳罰化である．

　しかし，このような厳罰化は，少年非行の抑制，非行少年の立ち直りには役立たないということは米国が辿ってきた道のりを振り返れば明らかである．そして米国では，厳罰主義による失敗に対する反作用として，脱厳罰化のうえで保護主義へと回帰する動きがみられる．2005年以降，米国連邦最高裁が下した一連の判決，すなわち，少年に対する死刑の廃止，少年に対する仮釈放なし終身刑の廃止，少年に対する固有の適正手続の保障，そして，これらの判決を受けて継続している，少年法適用対象年齢の引き上げを含めた州法改革がそれである．

　これらの改革を支えている原動力は何か．

　それが本書の中心課題である脳科学・神経科学による子ども期の再発見で

ある．人間の脳は20代半ばまでは器質的にも機能的にも未成熟である．それゆえに，少年は未熟な判断によって過ちを犯してしまう存在である．そのような発達途上の少年に大人と同じ刑罰を科してはならない．少年はその特性に応じた扱いを受け，保護教育を重視した処遇を受けなければならない．1899年に米国で少年裁判所が誕生した際に掲げられたこの少年保護の理念が，120年たった現在，科学の最先端技術によって再び確認されたのである．

　本書は，古くて新しい少年保護の現代的意義を，医学者，心理学者，法学者，社会学者，裁判実務家9名で，脳科学，神経科学，認知心理学，臨床心理学，社会学，そして刑事法学の観点から紐解く，挑戦の書である．

＊

　本書のねらいは三つある．

　一つは，子どもの発達をめぐって脳科学の観点からの議論が盛んである米国の法と社会の状況を理解することである．本書では，この議論の出発点ともなる，少年に対する死刑を違憲として廃止した2005年連邦最高裁ローパー判決をはじめ，仮釈放なし終身刑を違憲として廃止した2010年連邦最高裁グラハム判決，2012年ミラー判決，そして，少年に固有の適正手続保障を示唆した2011年連邦最高裁J.D.B判決を詳細に検討するとともに，一連の判決を受けて少年司法の在り方が変容しつつある米国社会の状況を分析している．これらについては第5章ないし第7章で論じている．

　もう一つは，米国において保護主義への回帰を促すとともに，一般社会の中でも共通の理解となりつつある，少年の脳の発達の未成熟性をめぐる脳科学・神経科学・認知心理学の現状を理解することである．従来から，子ども期の判断・意思決定は，将来の見通しも十分なされないままに安易に行われ，まわりの意見に左右されやすいこと，すなわち，被暗示性・迎合性が強いことが心理学上の実験等においても認知行動科学として確認されていた．fMRIを用いた脳科学の知見は，このことを目に見える形で裏付けることに成功したのである．これらの内容については第1章ないし第3章で論じている．

　そして，米国少年司法が拓いたこの新たな地平はわが国の少年司法におい

ても応用可能であるのか．このことを検討したのが第8章ないし第11章である．少年の脳の未成熟性を前提とした場合に，捜査段階の取調べはいかなる点に注意しなければならなくなるのか．少年事件の社会調査は正確性を増す方向で変容するのか．少年審判における要保護性の認定は影響を受けるのか．逆送決定審判・移送決定裁判における犯情評価に影響を与えるのか．そして，刑事裁判における刑事責任の認定，量刑判断はいかなる影響を受けるのか．これらの諸問題を元家庭裁判所調査官，元家庭裁判所裁判官，そして弁護士付添人・弁護人の目を通して分析している．

　第4章でも指摘されているとおり，いうまでもなく，脳科学・神経科学の現在の知見が万能というわけではない．あくまでも法的判断に寄与する新たな要素が社会に提供されたとみるのが正確であるのかもしれない．だが，この新たな要素は，少年司法に携わる者だけでなく多くの人々にとって見えやすく，わかりやすく，それゆえに魅力的である．刑事裁判も含めて，少年司法における社会調査，事実認定，処分決定，そして，量刑が正確かつ適正に行われることに寄与するのであれば，この新たな知見と法との関係性を追求することは大きな意味があるように思われる．

　本書がその先駆けになるとともに，少年法適用年齢引き下げに疑問を呈する一助となるとすれば望外の幸せである．

　最後になったが，本書の企画の段階からご尽力いただき，編集作業も行っていただいた現代人文社成澤壽信社長に，心から感謝の意を表する．

2019年7月

編者
山口直也

脳科学と少年司法

目次

脳科学と少年司法

山口直也＝編著

少年司法において脳科学・神経科学の知見が果たす役割を総合的に分析

山口直也

　本書は，厳罰主義を見直して保護主義に回帰しつつある米国少年司法の現状を分析したうえで，その原動力となった少年の脳の未成熟性・未発達に関する脳科学・神経科学の知見を明らかにし，わが国の少年司法実務・刑事司法実務への援用可能性を探ろうとするものである．少年（子ども）の脳が20代半ばまで器質的・機能的に未成熟であるという科学的事実は米国社会においては一般的に受容されており，少年・刑事司法および刑事政策の場においても少なからぬ影響を及ぼしているのは否定しがたい事実である．米国の状況が全てであるということはもちろんないが，欧州においても脳科学と司法に関する議論は活発であり，この問題に関する議論をわが国が避ける理由はない．本書はこの問題に正面から取り組むものである．

　本書は11章から構成されており，それぞれ医学者・脳科学者，認知心理学者，臨床心理学者，社会学者，法学者，法律実務家9名によって執筆されている．第1章から第3章では，本書の中心課題である少年（子ども）の脳の未成熟性について，正常脳科学，異常脳科学の両観点から解説するとともに，少年の脳の認知の特性について司法面接を切り口に論じている．続く第4章では，司法という領域において脳科学の知見を万能薬として使うことの危険性を社会学の観点から分析し，第5章から第7章までは，本書の中心課題でもある一連の米国連邦最高裁判決の内容および現在の米国少年司法の状況を分析している．そのうえで，これらの知見をわが国の少年司法実務および刑事司法実務において援用することの必要性，可能性，妥当性について，弁護士，元家裁調査官，元家裁裁判官の観点から分析したのが第8章から第10章である．そして，最終章において本書の意義をまとめている．

　各章の概要は以下のとおりである．

第1章は，本書の導入部分として，脳科学と法学との関わりについてその歴史的経緯を踏まえたうえで，少年の量刑および適正手続保障に関して米国連邦最高裁が下した近年の判例を瞥見している．そして，一連の米国連邦最高裁判決が依拠した少年の脳の器質的・機能的未成熟・未発達性について，正常脳科学，すなわち人間が通常の成長過程で必ず経験する脳の発達を分析する脳科学の観点から，前頭前野におけるプルーニングの問題，ニューロンをとりまく髄鞘化の問題を中心に解説している．そのうえで，これらの知見によって若年者の未成熟性が少年司法・刑事司法における法判断に影響を及ぼしている米国の最近の動向を踏まえたうえで，わが国の少年司法手続における検察官送致決定，特に原則逆送規定における犯情評価の在り方，少年刑事裁判における少年法55条による移送決定の在り方，量刑判断，特に死刑における犯情評価を中心とした減軽事由判断の在り方，そして，少年法適用年齢を引き下げて刑罰を拡大する法改正の妥当性について問題提起する．

　第2章は，医学者・脳科学者の立場から，近年の脳科学研究の進展による人の脳の成熟のプロセスについて解明するとともに，その脳の未成熟性が少年非行に与える影響および非行を回避する可能性について分析する．それによれば，人の脳の前頭前皮質（もしくは前頭前野，prefrontal cortex）の発達は20代後半まで進行することが脳科学の知見として明らかであり，それにともなって，感情と報酬感を制御している大脳辺縁系の発達も未成熟であるが，前頭前皮質が未熟な10歳頃に始まる思春期にホルモン量が増えることでその成熟が促進されるとする．また，10代の少年では感情を司る大脳辺縁系と衝動的行動を抑制する前頭前皮質の成熟がミスマッチを起こしていることから，危険な行動（＝非行）に陥る傾向があるが，少年を取り巻く周りの環境が適切に整えられれば，それに適応する「脳の可塑性（脳領域間のネットワークを変更することによって環境に応じて変化できる）」があることも指摘されている．さらに，外界からの影響による脳の損傷に関する異常脳科学の観点から，いわゆるマルトリートメント（不適切な養育）による愛着形成障害児の実証研究を通して，当該児童の報酬系機能異常を確認したうえで，報酬系を復活させるために普通の子ども以上に褒めて育てることの重要性を指摘する．

　第3章は，認知心理学者の立場から，少年の能力に関する従来の見方，すなわち斉一的な発達観について確認したうえで，近年の脳科学の発展に伴っ

て明らかになってきた少年の認知・判断に関わる問題を，エピソード記憶と被暗示性，実行機能と判断，法手続に関する知識と推論の各観点から検討している．そのうえで，司法面接（正確な情報を，被面接者の心理的負担に配慮しつつ聴取することを目指す面接法）の観点から，被疑少年に対する聴取法の整備および録音録画を提案している．本章の結論として，「犯罪を犯した疑いがあっても子どもを大人扱いしてよいわけではない．子どもは子どもである」という観点から，面接（取調べ）の過程の録音録画を行うとともに，英国で行われているPEACEモデルのように，段階を踏んで面接の説明や権利告知を行い，被疑者から十分なアカウント（自由報告）を得る面接（取調べ）方法を実施し，かつ面接者と少年の間のコミュニケーションを助けるうえでも保護者や適切な大人が同席すべきことを指摘する．

　第4章は，脳科学の知識や技術の広がりが社会のさまざまな領域に影響を及ぼしていく過程を「社会の脳科学化」と定義して，社会学の観点から脳科学と少年観の関係について検討する．本章の結論は，脳科学と少年観の関係を捉えるためには，あらゆる脳科学の使用法を考慮する必要があること，社会の脳科学化を促進する社会的文脈としては，新自由主義的な主体像の浸透が有力な仮説の一つであるということ，少年に対する処罰と教育の関係については，なにが社会化すべき能力とみなされ，どのくらいその能力の発達可能性があるとみなされているのかを見る必要があるということ，また少年に対する治療と教育の関係については，なにが逸脱とみなされ，どのように脳科学の知見が使用されるのかを見る必要があるということ，そして，少年に対する事前統制と事後統制の関係については，それらの重点の変化を見る必要があるということの五点に集約される．司法の領域における脳科学の知見の応用について，慎重でなければならないことを指摘する．

　第5章は，米国連邦最高裁が少年に対する死刑の廃止や仮釈放のない終身刑の大幅な制限を決定した2005年ローパー判決，2010年グラハム判決，2012年ミラー判決およびミラー判決を遡及適用することを認めた2016年モントゴメリー判決の検討を通して，米国司法が採り入れた脳科学・神経科学の知見の法的位置づけについて検討している．本章の分析によれば，一連の連邦最高裁判決は経験科学を積極的に用いつつ，少年に対する刑事処分を抑制する方向性を示しているとする．そして，このように裁判所が経験科学の知見に

受容的であるのは，法学者が心理学者と共同研究を展開することで，脳科学・神経科学の知見が伝統的な刑事責任論の観点から咀嚼され，裁判所に受け入れられやすい形で説明されるようになっていったことにあるとする．結論として，わが国においても，法学者，法律実務家，脳科学者，心理学者との共同研究によって，脳科学・神経科学の知見を法理論に即した形で整序する必要性を指摘する．

　第6章は，米国司法が脳科学・神経科学の新たな知見を採用して，あらたな判断を示したもう一つの法領域，すなわち，少年司法・刑事手続における少年固有の適正手続保障の問題について，2011年J.D.B.判決を中心に検討している．具体的には，J.D.B.判決が，1966年ミランダ判決において捜査官が少年被疑者に弁護人依頼権，黙秘権を告知しなければならない時期であるとされた実質的「身柄拘束状況（in custody）」の判断要素に，客観的指標としての「年齢」を組み込むべきであるとした点，すなわち年齢によってもバラツキのある主観的反応ではなく一律類型的に生物学的年齢で「実質的」身柄拘束状況を判断すべきであるとした点をとらえて，同判決が少年固有の適正手続保障の在り方について示唆を与えたと分析している．そのうえで，少年に対する適正手続保障の本質は，少年期に固有の認知統制システムの脆弱性を補完することであると指摘する．

　第7章は，ローパー判決，グラハム判決およびミラー判決後の米国各州（法域）の立法動向，判例および学説の議論状況を分析するとともに，そのことがわが国の少年司法の在り方に及ぼす影響について検討している．本章において明らかにされたのは，米国においては，仮釈放の可能性のない少年に対する終身刑は廃止されつつあり，2016年時点で17州が法改正を行っているということ，さらに，少年司法の領域においては，一定の重罪について少年裁判所から刑事裁判所に自動的に移送する制度が廃止される傾向にあること，そして，少年法の適用対象年齢を18歳あるいは22歳まで引き上げようとする動きがあることである．結論として本章は，脳科学，神経科学の知見，それを踏まえた米国の状況に鑑みると，わが国の少年刑事事件における刑の量定において情状鑑定を積極化する必要があること，検察官送致決定において脳科学・神経科学の知見が援用される必要性があること，および脳科学・神経科学の知見からすると少年法適用対象年齢を引き下げることには疑問が残る

ことを指摘する.

　第8章は，元家庭裁判所調査官である臨床心理学者の立場から，わが国の少年司法における社会調査，心身鑑別の現状を踏まえたうえで，情状鑑定を通して見た少年の未成熟性と犯情評価の問題について検討している．結論として，現在，家庭裁判所調査官によって行われているBPSモデルに基づく社会調査およびMJCAケースアセスメントツールを用いて少年鑑別所で行われている心身鑑別の中において脳科学・神経科学の知見を援用することは，社会調査および心身鑑別の専門性，信頼性を高める方向に作用すると指摘する．また，少年の刑事裁判における情状鑑定については，裁判所の判断の現状からして，脳科学・神経科学の知見が犯情評価に容易に組み入れられるとは考えにくいものの，医学，心理学，社会福祉学など多様な専門家の連携を深めることによって，面接と心理テストを中心とする情状鑑定も科学的なエビデンスを高めることを指摘する．

　第9章は，弁護士付添人・弁護人の立場から，脳科学・神経科学の進歩が少年司法実務および刑事弁護実務に及ぼす影響について，保護処分選択の場面，検察官送致決定の場面，少年法55条移送決定の場面および少年刑事裁判における量刑の場面のケースセオリーを立てながら検討している．結論として，保護処分選択の場面では，正常脳科学の知見に基づいて少年の要保護性のとらえ方および処遇選択の在り方を検討する必要性があることを，また検察官送致決定の場面では，脳の未成熟により危険な行動に走りがちであるという脳科学の知見が少年がした行動の犯情評価に影響し，一般的に悪質性を減じる方向に作用することを，さらには55条移送決定の場面では少年刑務所より少年院での教育的処遇が脳の健全な成長にとっても効果的であるということを，そして，量刑の場面においては，犯情の評価において脳科学・神経科学の知見は一般的に悪質性を減じる方向で作用することを，それぞれ，情状鑑定，画像等の科学的証拠で立証すべきことを指摘する．

　第10章は，長年にわたって家庭裁判所裁判官として裁判実務に携わってきた立場から，脳科学・神経科学の知見が少年裁判実務に与える影響について，家庭裁判所における保護処分の選択の場面，検察官送致決定の場面，そして，少年法55条移送決定の場面についてそれぞれ検討する．結論として，保護処

分選択の場面では，保護観察処分または少年院送致処分を必要とする事例の場合は，少年本人ではコントロールできない脳の未成熟性が影響を与えている可能性を考慮することを，検察官送致決定の場面では脳科学の知見から少年は類型的に責任能力が低いことから刑事処分に不向きであることを，少年法55条移送決定の場面では，刑事裁判所にも家裁調査官と同種の職種を置いて，脳科学・神経科学の知見も活用して移送できる立法的措置が必要であると指摘する．加えて，少年法適用対象年齢の引き下げに反対する．

　そして最終第11章では，本書をまとめるにあたって，非行原因と非行少年への対応の在り方，少年司法・刑事司法における少年に対する適正手続保障の在り方，少年審判における要保護性判断および刑事処分相当性判断の在り方，刑事裁判における量刑判断の在り方，そして，現在，法制審議会少年法・刑事法（少年年齢・犯罪者処遇関係）部会で議論されている，少年法適用年齢引き下げおよび若年者に対する新たな処分の妥当性について，脳科学・神経科学の観点から検討したうえで，若干の提言を行っている．

　本書のさしあたっての結論は，①少年保護手続において少年の要保護性をより正確に把握して適正な保護処分が選択されるために，また，非行事実の客観的側面が殊更重視されて刑事処分相当性が判断されないために，社会調査段階，審判段階における鑑定，脳画像・映像等の科学的証拠の活用が模索されてよいということ，②少年にとって物理的・精神的ストレスとなり脳の健全な成長を阻害する刑罰を回避することを前提として，刑事公判で刑罰回避の観点から情状鑑定を含めた科学的証拠を用いて少年法55条移送決定を主張するとともに，刑罰が回避できない場合であっても，同様の観点から不当に長い量刑および死刑を回避するための立証活動を行う必要があるということ，そして，③少年法適用対象年齢を18歳未満に引き下げることは不要であり，引き下げは，むしろ非行少年の立ち直りおよび社会復帰を遅らせる可能性があるということの三点である．

　司法と自然科学，特に脳科学，神経科学との関係性に関する研究は，米国においても，そして日本においてはなおさら，今，緒についたばかりである．刑事責任にかかわる少年の帰責可能性（意思決定能力，事理弁識能力，行動制御能力），処分決定・処遇選択に関わる少年の可塑性・矯正可能性，取調べ・審判過程における少年の理解力に関わる迎合性・被暗示性の強さ等といった

法概念・理論の実証的裏付けはもとより，脳科学・神経科学，認知心理学・発達心理学の知見が科学的証拠，情状鑑定として少年審判，刑事裁判の場で用いられる可能性について，米国をはじめとする諸外国において今後一層研究が進むことが予想される．わが国の少年司法実務・刑事司法実務では，脳科学・神経科学の知見はもとより，発達心理学・認知心理学といった人間の行動科学に関する知見が援用されることは，一般的であるとは言えない状況にある．

19世紀末に，子どもは子どもであり，大人とは違った法的扱いが必要であるとする経験則をもとに少年裁判所が誕生したが，21世紀初頭の最大の発見は，そのことが最先端の科学によって証明されたことである．「子どもは子どもであって，小さな大人ではない」．米国連邦最高裁が確認したこのシンプルなメッセージをわれわれは受け止める必要があるのではないだろうか．新しい時代の少年司法において，脳科学・神経科学の知見が果たす役割は小さくないように思われる．

（やまぐち・なおや）

第1章

脳科学・神経科学の進歩と少年司法の変容

山口直也

1. はじめに──脳科学が法学領域に与えたインパクト

　少年が起こした重大犯罪が社会的に注目されたり，マスコミによって少年犯罪の増加，凶悪化が叫ばれたりすると，その実態はさておき，少年犯罪に対する社会の不安は増大し，時としてそれは，保護主義・教育主義を基調としてきた少年司法制度そのものを厳罰化の方向に向かわせることになる．実際に，米国においても，わが国においてもそのような現象を経験してきている．そしてその際には，保護・教育によって立ち直る可能性，すなわち可塑性を持つ人間として成長途上の「子ども観」は脇に置かれて，「小さな大人観」に基づく刑罰的対応をとってきたことは否定できない事実である．

　しかしながら，近年の先進的科学技術の発展が，あらためて100年前の子ども観の発見を現代社会に意識させるという現象が生じている．本書の中心的検討課題でもある2005年以降の一連の米国連邦最高裁判決は，最新の科学技術を用いた脳科学・神経科学の知見から明らかになった子どもの脳の器質的・機能的未成熟性に着目した．そして，子どもは子どもであって，大人ではなく，未成熟で可塑性に富む存在であることを再確認して，18歳未満の者に対する死刑を廃止し，仮釈放なし終身刑を廃止した．このことは米国社会に大きなインパクトを与えている．

　特に少年司法の領域においては，少年に対する刑の減軽だけではなく，少年裁判所から刑事裁判所への移送基準の見直しや少年法適用対象年齢の引き上げなど，少年に対する刑罰そのものを見直す法改正や実務運用の改革が行われつつある．このことが，1990年代以降継続してきた米国少年司法における厳罰主義の終焉を意味するのか否かは現時点での評価は難しいが，少なく

とも少年司法における保護主義・教育主義が見直されつつあるのは確かである.

　以下では，本書の導入部分として，米国少年司法における脳科学・神経科学への注目のコーナーストーンとなった一連の連邦最高裁判決を瞥見するとともに，各判決が依拠した25歳程度までの青少年の脳の未成熟性の意義を脳科学・神経科学の観点から確認し，そのことが米国少年司法，そしてわが国に与え得るインパクトについて検討する．そのうえで，本書のねらいについて明らかにしておきたい.

２．脳科学・神経科学と法学研究

　米国刑事法研究における脳科学・神経科学の領域への着目は，古くは，犯罪者の脳の特徴が頭蓋骨の形を特徴付けるとする骨相学研究に遡ると言われる（Freeman 2012: 2）．この骨相学研究は20世紀半ばまで継続していたが，20世紀後半におけるCTスキャン（X線断層写真）を使った神経科学の飛躍的発展によって，人間の脳の内部の神経がいかに電気を発生させて科学的伝達を行うかが次第に明らかにされてきた（Freeman 2012: 4）.

　そしてこのような神経科学の知見は，特に刑事法の領域において刑事責任との関係で議論されてきた．犯罪行為の意思決定が人間の自由意思・意識に基づくものであるのか，それとも，人間の意識におけるよりも前に大脳皮質におけるニューロン（脳細胞）で決定されているのか，いわゆる自由意思論とニューロン決定論の対立がそれである（松村 2017）．刑法学の領域では人間の意識に基づく自由意思を排してニューロン決定を支持するものは多くはなく，非難可能性に基づく刑事責任を問う見解が主流のままである．もっとも，現代の脳科学者の中には，人間の自由意思を否定する者も存在しており，議論は継続していると言ってよい.

　そのような中，近年，医療の発達にともなうMRI（核磁気共鳴画像法）技術，特にfMRI（機能的核磁気共鳴画像法）の開発によって，人間の脳の画像診断の制度が飛躍的に高まり，子どもの脳器質の発達状況，神経繊維の発達状況もリアルタイムで継続的に把握・分析することが可能になった．その分析結果によれば，４で詳述するように，人間の認知機能を司る脳の前頭前野（prefrontal cortex）の細胞分裂及び脳神経の髄鞘化（myelination）は少なくとも25歳ぐらいまでは不完全であるため，危険の評価，衝動・感情の規制，計

画化，意思決定といった，人間が確実かつ任意に行動をコントロールする能力，いわゆる認知統制機能が未だ完全でないということ，そして，この前頭前野の未発達に伴って大脳辺縁（limbic）及び傍大脳辺縁（paralimbic）に存在する扁桃体（amygdala）及び側座核（Nucleus Accumbens）の機能も鈍く，危険行動や報酬（見返り）を重視した行動の動機づけといった，いわゆる社会情緒機能が不完全な状態にあることがわかったのである（Jetha 2012）．

このような新たな発見は，自由意思論によるのか意思決定論によるのかといった，狭義の意思決定局面を問題としてきた刑事責任論の問題だけでなく，広く，人間の認知統制機能に関わる法的諸問題への関心を惹起したといえる．

３．少年の量刑・適正手続保障に関する米国連邦最高裁の最近の動向

19世紀末に米国で産声をあげた少年司法における保護主義は，わが国においても大正少年法における継受を経て現行憲法下において現在の少年法の中で息づいてきたことは周知の通りである．その後，米国連邦最高裁において適正手続保障に関する一連の判例が言い渡され，1980年代以降，刑事裁判所への移送を容易にする移送法改革の中でいわゆる厳罰主義が浸透してきたこともまた周知の通りである．そして，わが国の少年司法もこれらに遅れながらほぼ同じ道筋をたどってきている．

ところで米国では，保護主義の確立を第一の波，適正手続保障を第二の波，厳罰主義を第三の波と呼ぶならば，現在は第四の波にさしかかっていると言われている（CAJJR 2013：15-47；NCRSJJS 2013）．脳科学・神経科学の新たな知見に基づく，厳罰主義から保護主義への回帰がそれである．連邦最高裁は，2005年以降，このことを象徴する五つの判例を出している．

まず2005年ローパー判決（Roper v. Simmons）は，犯行時18歳未満の少年に対する死刑が合衆国憲法修正８条が禁止する「残虐かつ異常な刑罰」にあたると判断した．違憲判断をするにあたって，法廷意見は二つのアプローチをとった（本庄2014；山﨑2014）．一つは18歳未満の者への死刑を禁止することの国家的合意があるか否か，そしてもう一つは当該年齢の少年犯罪に死刑が刑として釣り合っているか否かというものである．前者については，死刑廃止の州立法の動向，死刑回避の陪審評決の傾向，死刑執行数の減少などを基

に少年に対する死刑禁止の国家的合意が存在すると判断し，後者の均衡原理については，科学的根拠に基づいて，①少年は未成熟で自己決定能力が低く，より危険を好む傾向があること，②少年は他者による否定的な影響を受けやすく傷つきやすいこと，そして，③少年は人格の形成が固まっておらず再形成の可能性が残されていることをそれぞれ認定したうえで，少年の帰責可能性（culpability）は成人の同種犯罪に比べて低いから，同じ刑罰（死刑）を科すことは罪刑の均衡を失すると判断したのである．判決文において明示的ではないが，未成熟で帰責可能性が低い理由とされた科学的根拠が，発達心理学，認知心理学の知見に加えて，脳科学，神経科学に関する全米医学会，全米心理学会意見書の知見を指していることは裁判過程から明らかである[*1]．それゆえに，本判決後，米国諸州において脳科学と少年司法との関連での裁判が活発になったのである．

　そのような中，脳科学，神経科学の知見から少年の帰責可能性が類型的に減少することを明示的に判示したのは2010年グラハム判決（Graham v. Florida）である．本判決では非謀殺罪で有罪が確定した少年に仮釈放なしの終身刑を科すことが修正8条に違反すると判断された（本庄 2014）．法廷意見はローパー判決同様に二つのアプローチで違憲審査を行い，まず，終身刑廃止の国家的合意の観点については，非謀殺罪で仮釈放なし終身刑を科す例は実際には稀であることを理由にこれを肯定した．そのうえで，非謀殺罪で少年に仮釈放なし終身刑を科すことが罪刑の均衡を保っているかについては，帰責可能性の減少という観点及び刑罰目的という観点から分析を行った．前者については心理学および脳科学の意見書に触れながら，前記①ないし③の特徴をもつ被告人は，少年であるという点，そして非謀殺犯であるという点で二重に帰責可能性が減少するとし，後者については，未成熟な判断による非謀殺犯に，死刑に次いで重い刑を科すことは，応報及び抑止の観点からも正当化できず，生涯，施設に収容することは，矯正の可能性がある少年にとっては社会復帰という観点からも不釣り合いな刑罰として許容できないとしたのである．そして，その後，2012年ミラー判決（Miller v. Alabama）では，この論理が，命令的量刑による仮釈放なし終身刑対象犯罪，すなわち，謀殺

---

*1　ローパー事件等連邦最高裁における一連の審理過程では，アミカスキュリエ（amicus curae・非当事者としての第三者である法廷の友）による意見書（amicus brief・アミカスブリーフ）が多数採用されており，その中に，全米医学会，全米心理学会が提出した脳科学，神経科学に関する意見書も含まれている．

罪を行った場合に情状その他の減軽事由がいっさい考慮されずに自動的に仮釈放なしの終身刑が科される犯罪にも拡張適用されたのである（今出 2014）. さらに，2016年モントゴメリー判決（Montgomery v. Louisiana）では，ミラー判決の内容が過去の事例に遡及適用されることが認められ，多くの終身刑受刑者が刑の減軽措置を受けるに至っている（今出 2016）.

　もっとも，脳科学，神経科学の知見が連邦最高裁の司法判断に与えた影響は，少年の帰責可能性判断という実体的量刑に関わる局面だけではなく，少年の未成熟性に基づく，迎合性，被暗示性などに関する刑事手続の領域においても及んでいる.

　この点において2011年 J.D.B.判決（J.D.B. v. North Carolina）は，逮捕時の弁護人依頼権，黙秘権告知を義務づけるミランダ原則に関する13歳の少年の事例で，学校会議室という閉鎖的空間で取り調べる場合は，逮捕していない場合でも権利告知をしなければ適正手続に反すると判示した（山口 2017）. その理由は，成人であれば客観的には身柄を拘束されていない状態でも，少年の場合には被暗示性，迎合性が強いという特性から実質的に身柄拘束状態となるというものであった. 身柄拘束状態にあるか否かがミランダの権利告知の発動要件であるが，少年被疑者の場合には，年齢を考慮に入れて実質的に身柄拘束下にあるか否かを判断しなければならないとしたところに特徴がある. 本判決においても，脳科学・神経科学の知見が援用されていることは裁判過程から明らかであり，「子どもは子どもであり，小さな大人ではない」と明言した点で注目を集めている.

　これらの一連の判例は，20代半ばまで成長発達する人間の脳の器質的，機能的不完全性を一つの判断材料として，認知能力が未成熟な判断主体であり，他者の影響を受けやすく，人格が固まっていない少年については，捜査・公判手続において，成人とは異なる扱いをする必要性および相当性を確認したものと評価することができる.

４．少年の脳の未成熟性

　では，連邦最高裁が依拠した少年の未成熟性の科学的根拠とは何であるのか. 虐待等の外的作用による脳障害と素行障害（非行）との関係に関する医学的観点の分析は第2章友田論文に譲ることとして，以下では，未成熟脳の基本構造および機能について，刑事少年司法領域における帰責可能性および

可塑性との関係で若干の検討を加えてみたい．これについては，大きく，心理学上の特性と脳科学・神経科学上の特性に分けることができる（Jensen 2015; Siegel 2013; AMA 2005, 2010）．

(1) 心理学上の特性

　発達心理学および認知心理学の知見によれば，少年という存在は，類型的に，衝動性および反応性が強く，リスクを低く見積もったうえで無謀で感覚追求的な行動に及びやすい性質を持っていることがわかっている．つまり，ある誘惑（犯罪より利益）に駆られた場合，成人に比べて行動統制能力が低いということである．従来の心理学上の実験によっても，これらの少年の特性は経験科学上証明されてきたといえるが，近年の科学上の発見は，これらの科学的事実が脳神経科学の観点から生物学上明らかにされたことにある．

　具体的には，少年が，犯罪によって得られる報酬（見返り）に敏感で，同時に犯罪によるリスクを低く見積もる傾向が強いこと，すなわち，物事の先を見通す能力が成人より劣っているということが，以下で見るように，脳科学・神経科学上の社会情緒システムの未発達に由来することが明らかにされたのである．同様に，認知的発達の基盤にある不適切誘因の抑制が未成熟であるがゆえに，犯罪行動に駆り立てられる場合の衝動統制能力が成人に比べて相対的に低いということ，外的刺激に対する感情的調整能力が低く，精神的・肉体的健全性の保持及び社会的相互作用がうまくいかないということが，脳科学・神経科学上の認知統制システムの未発達に由来することが明らかにされたのである．

(2) 脳科学・神経科学上の特性──行動の未熟性に関する生物学的基礎

　では，いかなる形で脳の各システムの未発達が明らかにされたのか．これについては，最新の高解析MRI機器の画像処理が可能にしている．今まで不可能であった生体の脳の中身の状況がリアルタイムで高画質映像化できることにより，人間の成長に伴う脳の器質及び神経の発達が明確に把握できることになったのである．その結果，人間の脳は類型的におよそ25歳までは発達を続けることがわかり，少年の脳は器質的にも機能的にも未成熟で，脳から分泌される神経物質が成人に比べてアンバランスであることがわかったのである．

1)　脳器質の未発達と認知統
　　制機能の脆弱性

　まず脳構造の器質的な未発達
については，特に人間の認知的
行動機能，すなわち，危険や利
益を評価して目的に向けて行動
する機能を営む，前頭葉の一部
である前頭前野（**図1・3参照**）
が2つのプロセスで不完全であ
ることが明らかにされている.

　1つは脳細胞が集中する前頭
前野の灰白質（grey matters）
における脳細胞（ニューロン）
のプルーニング（pruning）が終

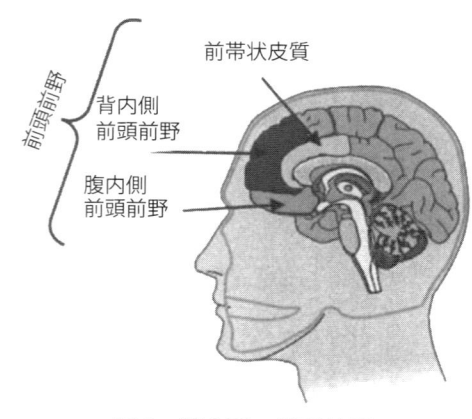

図1　脳内図・前頭前野

※Michelle K. Jetha, Adolescent Brain
Development, 2012, at 5.（出典）

わっておらず，25歳程度まで継続しているということである．プルーニング
とは脳細胞が集中する灰白質の増殖が過剰になって脳機能の効率性が下がら
ないように，不要な細胞を適度に除去する作用のことである．美しい薔薇を
咲かせるために行われる過剰な枝の剪定に喩えられる．人間の灰白質の量は
出生後まもなく一度だけ噴出し，その過程でプルーニングが起こり，その後
は時間の経過とともに減少していくと考えられていたが，MRI技術による実
験結果により，前頭前野の灰白質が青年期に再び増加し，青年期を超えてプ
ルーニングが起こることがわかったのである．このことが意味するのは，危
険の評価，衝動・感情の規制，計画化，意思決定といった，人間が確実かつ
任意に行動をコントロールする能力，いわゆる認知統制機能が未だ完全では
ないということである.

　もう1つは大脳の白質（white matters）に集中する脳神経繊維，すなわち
脳の細胞体からの命令を伝達する部分が完成されていないということである．
ある細胞体から別個の細胞体への命令は軸索（axon）と呼ばれる神経繊維を
通って伝達される．人の脳神経繊維は，その成熟化の過程で，軸索部分が髄
鞘（myelin）（**図2参照**）と呼ばれる絶縁性のリン脂質で覆われていくことが
わかっているが，少年の脳はこの髄鞘化が不完全であるということが明らか
になったのである．髄鞘の機能は，命令の伝達速度を速めること，他の神経
繊維と絶縁して各脳細胞の命令が混線しないようにすることであるが，25歳

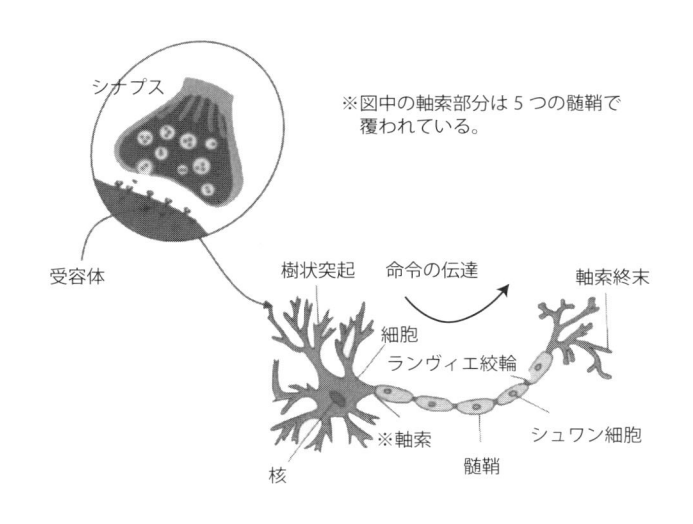

図中のラベル:
シナプス

※図中の軸索部分は 5 つの髄鞘で
覆われている。

受容体　　　　　樹状突起　命令の伝達　　　　軸索終末

細胞

ランヴィエ絞輪

シュワン細胞

※軸索　　　髄鞘

核

図 2　脳神経繊維・髄鞘

※Michelle K. Jetha, Adolescent Brain Development, 2012, at 2.（出典）

程度まではこれらの機能が十分に発揮されず，認知統制機能に関わる前頭前野の細胞体からの命令が不完全な形でしか実現しないのである．

　このように，人間の脳の主役であり，情報処理という脳の機能を営むニューロン自体が未形成であり，しかも，ニューロン間の命令伝達の速度を速めるとともに，命令の混線を防ぐための絶縁体としての髄鞘が完成していないという生物学的事実は，青少年期の不安定な心理状態について説明できる医学的根拠を与えることになったのである．

2）　脳機能不完全と感覚追求的脳機能の昂進

　また，続いて明らかにされたのが，危険行動や報酬（見返り）を重視した行動の動機付けといった，いわゆる社会情緒システム（socioemotional system）を司る大脳辺縁及び傍大脳辺縁に存在する扁桃体及び側座核（**図3**参照）の機能が不完全であるという事実である．扁桃体とは，人間が危険を察知して無意識の防御反応をする部分であり，側座核は期待できる報酬（見返り）に対する情緒的応答をプロセス化する役割を果たす部分である．いずれも，前頭前野がその機能と大きく関わっている．だが，上述したような前頭前野の器質的未発達が原因で，一般的に，少年の扁桃体の動きは鈍くなっ

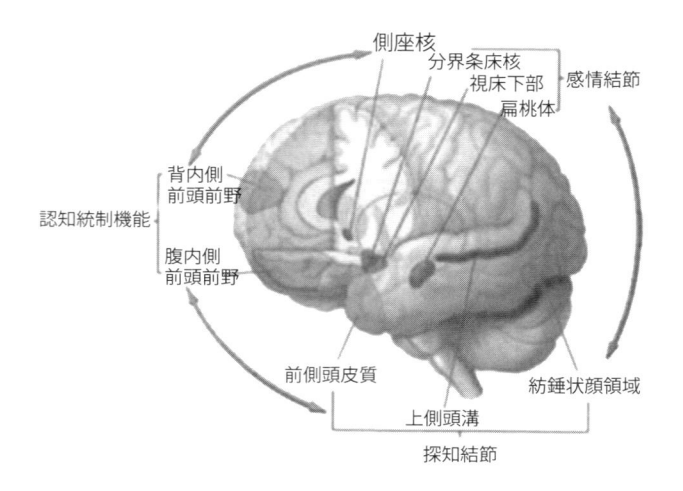

図3　脳の探知結節・感情結節

脳内の探知結節で社会的刺激を受容し，それに反応する感情結節が感情
に変換する．前頭前野はこれらの相互作用をコントロールする．
※Michelle K. Jetha, Adolescent Brain Development, 2012, at 27.（出典）

ており，逆に側座核の動きは過大に活性化している．このことにより，危険に対する反応，すなわち犯罪に対するリスク評価が甘くなる一方で，犯罪によって期待できる報酬（見返り）を過大に評価する傾向が強くなっているのである．

3)　神経伝達物質のアンバランス

さらには，大脳辺縁において，快楽及び動機付けに関わる神経伝達物質であるドーパミンの作動性が活性化することがわかっている．これによって側座核が異常に敏感になるのである．またそれとは逆に，ドーパミンの反応を抑制する神経伝達物質であるセロトニンの作動性が鈍くなることもわかっている．すなわち，少年の脳は，報酬に向けて異常に駆り立てられたシステムを構築する一方で，危険及び害悪を限定的にしか排除できないシステムを構築しているのである．そして，これらは，前頭前野の器質的未発達に基づく，認知統制システムの脆弱性に関わっている．

(3)　科学的根拠を前提とした連邦最高裁の論理

連邦最高裁は，このような医学的知見を踏まえて先に示した少年の傾向，

すなわち，自己決定能力が低く，より危険を好む傾向があること，他者による否定的な影響を受けやすく傷つきやすいこと，および人格の形成が固まっておらず再形成の可能性が残されていることを認定し，少年犯罪者という存在は，一般的類型的に成人に比べて帰責可能性が減じられるとしたのである．

ところで，ここでいう帰責可能性とは米国刑事法において用いられている概念であり，広狭二つの意味がある点に注意する必要がある．講学上，狭義の帰責可能性（narrow culpability）は犯罪の主観的要素（米国刑法上の故意，認識，無謀，過失）を指しており，広義の帰責可能性（broad culpability）はこれに刑事責任，量刑上の加重・減軽事由を加えたものである（Husak 2012）．このうち，ローパー判決他一連の判決が言及した「減少した帰責可能性（diminished culpability）」とは，広義のそれを基礎にしていることは明らかである．すなわち，少年が未成熟で自己決定能力が低く，より危険を好む傾向があるという脳科学上のエビデンスは，少年の是非弁別能力及び行動制御能力の未完成を意味し，犯罪遂行の意思決定をするまでの諸事の認識・認容が成人のそれとは異なることも意味しているのである．また，そのような少年の特性そのものが類型的に減軽事由になることを明言したとも理解できる．その意味で連邦最高裁の判断は，少年犯罪者の場合，成人犯罪者に比べて単に帰責可能性の量が減るということだけではなく，一般的類型的にその質が異なるということを含意している．

また，脳の器質上の未発達によって不適切誘因をうまく抑制できず，衝動統制能力が成人に比べて相対的に低く，外的刺激に対する感情調整能力も低いという脳科学上のエビデンスは，少年が重要な他者や仲間の影響を受けやすく，被暗示性，迎合性が強いという特徴を科学的に裏付けている．この特徴は，単に帰責可能性を減じるだけではなく，刑事手続において保障されるべき手続上の権利の質が成人のそれとは異なり，少年の特性に配慮した適正手続保障が必要であることを示唆している．

そしてこれらの器質上，機能上の脳の特徴からは，発達心理学においてかねてより指摘されている少年期の人格の未形成という点が実在論的基盤をもって説明できることに注目する必要がある．少年法の領域においては，少年の可塑性ということが言われるが，少年法一条において健全育成の観点から非行のある少年の性格の矯正が求められるのは，この可塑性が前提になっている．しかし，ここで言う可塑性とは，少年の曲がった考え方，誤った考え方をその内面に立ち入って矯め正すということができる可能性の程度を意味

するものではなく，肉体的・精神的に未成熟な状態を成熟した状態に至らせる可能性，すなわち成長発達を援助する可能性の程度を意味するものと理解する必要がある．なぜなら，青少年期において過ちを犯すことはむしろ不思議なことではなく，通常の成長過程の一段階に過ぎないからである．脳科学・神経科学の知見はこのことを明らかにした点でも大きな意味がある．

5．米国少年司法の最近の動向

このような新しい発見を受けて米国少年司法にはどのような変化が生じているのか．

一つは，言うまでもなく，ローパー判決以降モントゴメリー判決までの直接的効果として，全米諸州において法改正が行われて，18歳未満の者に対する死刑が廃止され，仮釈放なし終身刑が廃止されている（Carmen 2013: 7-8）．また，殺人事件等重大事件での犯行の動機，計画について，少年の自己決定能力の低さ，他者からの影響の受けやすさ等を具体的データを示して反証する弁護活動も活発化している．さらに，捜査手続に関しては，知悉性，任意性を要件として認められるミランダの権利放棄について，成人とは異なる少年固有の基準を設けるべきとの議論が起こっている（Goldstein et al. 2018）．これらはいずれも刑事司法における少年の特性への配慮の問題である．

一方で，少年への刑罰そのものの弊害を前提に，少年への保護・教育の機会を拡大する議論の展開もある．刑事裁判所への移送手続の見直しと少年法適用対象年齢の引き上げがそれである．

移送法については，1980年代後半から1990年代にかけて行われた厳罰的改革，すなわち少年裁判所から刑事裁判所へ自動的移送を認める規定の制定，検察官が刑事裁判所に直接起訴する規定の制定を見直す動きが顕著になっている（CYJ 2015; 山口 2017b）．例えば，少年裁判所発祥の地であるイリノイ州では，15歳以下の少年に対する自動的移送を全て廃止し，16歳，17歳の少年に対する自動的移送を第1級殺人罪，加重性的暴行罪及び銃器所持加重暴行罪のみに限定する法改正が行われている（今出 2015）．これらの制度を見直す州法改革は，脳科学の知見に基づく少年の未成熟性および刑罰による再犯防止効果の低さを立法事実として指摘したうえで，少年をこれらの移送の対象から外そうとする点で共通している．一定の犯罪を行って可塑性を考慮されることなく保護の対象外とされていた少年を，刑罰から解放して保護教

育を優先する，実質的な少年法適用対象年齢の引き上げが行われているのである．

　もっとも，少年法適用対象年齢引き上げについては，よりストレートに当該年齢を引き上げる州法改革も行われている．もともと少年法の適用年齢を民法上の親権対象年齢である18歳未満に合わせることなく16歳未満に設定して，16歳，17歳の未成年を刑事上の成人として扱ってきたニューヨーク州及びノースカロライナ州では，すでに18歳未満を少年法の適用対象年齢とする法改革を行い，2019年中に施行することを決定している（山崎 2018）．また，いくつかの州では，親権対象年齢である18歳を超えて少年法適用対象年齢を設定する動きもみられる．この中でも，すでに州議会で法案が承認されたバーモント州では，2020年までに少年法適用対象年齢を19歳に引き上げ，2022年までには20歳まで引き上げることを決定している[*2]．青少年犯罪者の再犯率が高く，刑罰が再犯防止としてうまく機能していない実情のもと，20代半ばまで脳が成長発達して成熟を続ける年齢層に，厳罰化による刑罰ではなく，今一度原点に戻って，保護教育による社会復帰を促進しようとするところに狙いがある．

6．わが国へのインパクト

　このように，米国社会においては，2005年以降の連邦最高裁の違憲判決を受けて全米レベルで州法改革が行われており，脳科学が明らかにした青少年期における脳の未成熟性についての認識は一般社会おいても広まりつつある．もちろん，脳の未成熟性によって子どもの法的扱いのすべてを根拠づけようというわけではなく，そうすべきでもない．また，社会的背景及び法制度が米国とは大きく異なるわが国においては，なおさら米国の状況が直接的にあてはまるとも考えにくい．

　しかしながら，なぜ，少年は無謀で無軌道な非行を行うのか，なぜ，低年齢から刑事移送して刑罰を科しても再犯を防ぐことはできないのか，このことに対するヒントを脳科学の知見はわれわれに与えてくれたように思われる．

＊2　バーモント州法は，2017年改正により，それまで10歳以上18歳未満で非行を行った子ども（child）に少年裁判所が管轄権を有するとしていた規定を，10歳以上22歳未満の「子ども」に管轄権を有すると規定することで，少年法の対象となる子どもに民法上の成年が含まれることを明示するに至っている．See, 33 V.S.A. § 5102(2)(c); § 5103(a).

発達心理学，認知心理学で現象論として認知されていた子どもの未成熟性について，脳科学が実在論的エビデンスを示してくれたのは確かである．このことは，われわれに，少年司法の在り方について再度原点に戻って考える契機を与えるものに他ならない．

　このように捉えた場合，わが国の少年・刑事司法においては，少なくとも以下の点において脳科学の知見を参考にしてよいように思われる．

　一つは少年刑事裁判における刑の量定の在り方についてである．連邦最高裁が示した帰責可能性の減少に関する考え方をわが国の刑事司法に援用すれば，脳の未発達，未成熟性は，ただ単に一般情状としての少年の年齢，未熟さにおいて考慮されるだけでなく，犯行の動機・目的，計画性，手段・方法といった犯情面においても大いに影響を与えている点に注目しなければならず，成人と同様の基準でその悪質性を評価することはできないように思われる．少年刑事事件における情状面の立証および司法判断は，心理学に加えて，脳科学の観点から考察すべき時期にきているのではないだろうか．

　また，同様の観点は，少年司法手続における検察官送致決定，特に少年法20条2項による原則逆送決定及び刑事裁判所から家庭裁判所への移送決定においても考慮されるべきである．現在，裁判実務における原則逆送決定は，犯情の悪質性を中心に刑事処分相当性を判断する考え方が主流であり，少年法55条による移送判断も，悪質な犯情を覆すほどの特段の事情がない限り認められないのが現状である．しかしながら，犯情面そのものの悪質性の評価基準を脳科学の観点から見直した場合には，客観面結果を重視して成人事件における悪質性と同じレベルで評価してよいかは疑問である．少年という存在自体が，成人に比べて，類型的に意思決定能力，認知能力，予見能力が低く，外界の影響を受けやすいことを考慮に入れれば，犯行の悪質性・残忍性も成人のそれとは異なる性質を有することになる．家裁調査官による社会調査，特に生物学的，心理学的調査[*3]，少年鑑別所における心身鑑別，特にMJCAを用いた犯罪的危険性評価[*4]，家裁裁判官による要保護性（刑事処分相

　＊3　現在，家裁調査官による社会調査は，生物（Bio），心理（Psycho），社会（Socio）の観点から非行のミクロ分析，マクロ分析が行われるのが一般的となっている．このBPSモデル調査については，畔上他「生物－心理－社会モデルを踏まえた少年調査票記載に当たっての留意点」家裁調査官研究紀要20号（2015年）1頁－71頁等を参照されたい．
　＊4　少年鑑別所において現在行われているMJCA（Ministry of Justice Case Assessment tool）による非行予測評価については，西岡潔子「法務省式ケースアセスメントツール(MJCA)の開発について」刑政124巻10号（2013年）58頁－69頁等を参照されたい．

当性）評価及び逆送決定，そして刑事裁判所における保護処分相当性の立証および司法判断も上記の観点を踏まえて再考する必要があるように思われる．

さらに少年法適用対象年齢については，米国のいくつかの州において，民法上の成年年齢及び一般的少年法適用年齢である17歳を超えて少年法の適用対象年齢を引き上げる動きがある点は非常に興味深い．わが国においては，民法上の親権が及ばない者に少年法上の保護教育を行うことはできないとの見解（法制審議会 2018）がある．しかしながら，米国においても，わが国においても，民法上の成年に対しても，少年法上の少年としてパターナリズムを及ぼすことは従来から行われてきたことであり，格段に奇異なことではない．したがって，18歳，19歳の者が民法上の成年となった場合に，少年法[*5]上の「少年」として保護教育を行うことは，理論上も実務上も許容されないという見解があるが，これには賛同できない．改正民法が施行されて18歳，19歳の者が成年となったとしても，同年齢の者を少年法上の「少年」として扱うことには十分な理由があると言わなければならない．

また，部会における少年法適用年齢引き下げの議論は，現在，年長少年として少年院処遇を受けていて社会復帰を遂げている者を刑事手続に付すことになり，そのうちの一定数は実刑となって少年刑務所に収容されることが予想される．刑罰は本質的に苦痛を科すものであり，規律と秩序維持が重視される刑事施設へ収容することは，被収容者に多大なストレスを及ぼすことになる．脳科学において，過度のストレスが脳の健常な発達の阻害要因となることは広く知られている（Jetha et al. 2012: 62）ことであり，少年法適用年齢を引き下げて刑罰を科すことは少年にとっても社会にとっても有益な結果をもたらさない．加えて，同議論においては，起訴猶予処分など検察官が公訴提起をしないと判断した若年成人に保護観察などの新処分を科す制度が検討されているが，現状において，多くの場合審判不開始，不処分のうえで軽微な保護的措置に終わっている年長少年に，主として，保護処分とも性質の異なる保護観察処分等を科すことは対象者に過度のストレスを及ぼすことは想像に難くない．この制度も，やはり少年にとっても，社会にとっても有益な結果をもたらさないように思われる．

---

*5 米国の多くの州は，少年矯正・更生保護を及ぼすことができる年齢を成人である21歳未満に設定しており，このような状況は先進諸外国でも同様である（山口直也編『子どもの法定年齢の比較法研究』（2017年）所収論文参照）．また，わが国においても，少年院における矯正処遇，保護観察は23歳未満（第3種少年院の場合は26歳未満）まで可能である．

［文献］

American Medical Association (AMA) et al, 2005, 2010, The Structural and Functional Immaturities of the Adolescent Brain Provide a Biological Basis for the Behavioral Immaturities Exhibited by Adolescent, Brief as Amici Curiae submitted to Roper and Graham.

Carmen, Daugherty, 2013, State Trends: Legislative Victories From 2011-2013, Washington DC: Campaign for Youth Justice, at 7-8.

Campaign for Youth and Justice(CYJ), 2015, State Trends: Update from the 2013-2014 Legislative Session, at 6-7.

Committee on Assessing Juvenile Justice Reform(CAJJR), 2013, Reforming Juvenile Justice : A Developmental Approach .

Freeman, Michael, 2012, "Introduction: Law and the Brain", Michael Freeman ed., Law and Neuroscience.

The Governor's Commission on Youth (GCY), 2015, Public Safety, and Justice, Recommendations for Juvenile Justice Reform in New York State.

Graham v. Florida, 2010, 560 U.S. 48.

本庄 武, 2014, 『少年に対する刑事処分』現代人文社.

―――. 2016, 「脳科学・神経科学と少年の刑事責任」犯罪社会学研究42, 35頁.

法制審議会少年法・刑事法部会（法制審）, 2018,『法制審議会少年法・刑事法（少年年齢・犯罪者処遇関係）部会 第11回会議 議事録』（PDF版）７頁－８頁（川出委員発言）.（www.moj.go.jp/content/001276347.pdf）

Husak, Douglas, 2012, " 'Broad' Culpability and the Retributivist Dream", Ohio State Journal of Criminal Law, Vol.9, pp 449-485.

今出和利, 2015, 「イリノイ州少年司法制度における移送制度の現在 :『自動的移送』(automatic transfer)から『裁量的移送』(discretionary transfer)への回帰 」現代社会研究13号, 101頁－110頁.

―――. 2016, 「アメリカ少年司法における『絶対的終身刑』（LWOP）違憲判決の与えた影響 － 遡及適用をめぐる連邦最高裁判所「モントゴメリー判決」（Montgomery v. Louisiana）を中心に」現代社会研究14号, 75頁-84頁.

若年者に対する刑事法制の在り方に関する勉強会（勉強会）, 2016,「『若年者に対する刑事法制の在り方に関する勉強会』取りまとめ報告書（2016年12月）」（http://www.moj.go.jp/content/001210649.pdf）.

J.D.B. v. North Carolina, 2011, 131 S. Ct. 2394.

Jensen, Frances E., 2015, The Teenage Brain.

Jetha, Michelle K. ,and Sidney J. Segalowitz, 2012, Adolescent Brain Development ; Implications for Behavior.

松村格, 2017, 『自由意思と刑事責任――脳科学を顧みて』八千代出版.

Miller v. Alabama, 2012, 132 S.Ct. 2455.

Montgomery v. Louisiana, 2016, 136 S. Ct. 718.

Naomi E.S. Goldstein, Marsha Levick et al, "Waiving Good-bye to Waiver: A Developmental Argument against Youths' Waiver of Miranda Rights", New York University Journal of Legislation and Public Policy, Vol.21, 2018, pp.1-67.

National Campaign to Reform State Juvenile Justice System(NCRSJJS), 2013, The Fourth Wave : Juvenile Justice Reform for the Twenty-First Century.

日本犯罪社会学会，2017,『第43回大会報告要旨集2016』，19頁-23頁.

Roper v. Simmons, 2005, 543 U.S. 551.

Siegel, Daniel J., 2013, Brainstorm, pp 6-37, 65-110.

友田明美，2015,「社会脳からみた児童虐待」苧坂直行編『成長し衰退する脳－神経発達学と神経加齢学』，新曜社，227-246頁.

─────，2017,「脳科学・神経科学と少年非行」犯罪社会学研究42号，11頁.

八木淳子，2018,「青年という年齢段階を考える－脳の発達の視点から」青少年問題671号，10頁.

山口直也，2015,「脳科学・神経科学の進歩が少年司法に及ぼす影響－米国における最近の動向を中心に」自由と正義66巻10号，30頁-35頁.

─────，2017a,「脳科学・神経科学と適正手続保障－米国連邦最高裁J.D.B. v. North Carolina 判決の検討を中心に」犯罪社会学研究42号，50頁-63頁

─────，2017b,「米国少年司法の史的展開と現代的意義」山口直也編『新時代の比較少年法』，成文堂，13頁-40頁.

山﨑俊恵，2014,「アメリカにおける少年の刑罰－アメリカ合衆国最高裁判所の判例から」修道法学37巻1号，37頁－61頁.

─────，2017,「アメリカにおける少年法の適用対象年齢の引き上げ」『修道法学』39巻2号，87頁-103頁.

─────，2018,「少年法の適用対象年齢」修道法学40巻2号，173頁－195頁.

Youth Accountability Planning Task Force 2012(YAPTF), 2013, Improving Juvenile Justice : Finding More Effective Options for North Carolina's Young Offenders, pp.1-9.

（やまぐち・なおや）

第2章

脳科学・神経科学と少年非行

友田明美

1. はじめに

　ヒトは，身体と環境が相互作用する経験を独自に蓄積しながら，ヒト特有の社会性を獲得していく．その認知基盤は，「他者について直接知覚した状態とその背後にある心的状態を自己のそれと分離し，自他それぞれを表象する能力」である．驚くべきことに，ヒトは「言語を獲得する前～生後4年」という発達の早期にこの能力を集中的に獲得する．ヒトの進化において有利な形質であったはずのこの心的機能を発達させる過程で，今，子どもたちに深刻な問題が生じている．

　少子高齢化が加速度的に進むわが国において，次世代を担う子どもたちの心身の健康な発達を保証することは何よりの優先課題である．しかし現実には，いじめ，不登校，引きこもりなど，自分と他者の心的状態の理解に苦しみ，これに起因して，不安症，うつ病，薬物依存，自殺などの精神的問題を抱える子どもの数は増加の一途をたどる．対人問題に起因する精神疾患の多くは，思春期を迎える頃に集中して顕在化する（精神疾患経験者の50％は14歳，75％は24歳までに発症する）．ヒトの心的機能は身体（遺伝子，脳）と環境（他者，社会，文化）の複雑な相互作用の上に成り立ち，生涯を通じて発達し続ける．興味深いことに対人適応能力の発達は，幼若期の経験に依存する可能性が高い．

　近年の脳科学研究の進展により，ヒトの脳の成熟プロセスは緩徐に進行することがわかってきた．例えば，前頭前野の成熟は20代後半まで進行する．一方で，感情と報酬による意志決定を制御している大脳辺縁系の発達は，まだ前頭前野が未熟な10歳頃に始まる思春期にホルモン量が増えて成熟が促さ

れる．ヒトの脳は胎児期，乳幼児期，思春期に爆発的に成長するが，その時期は脆弱な時期でもある．とくに10代の若者では感情を司る大脳辺縁系と衝動的行動を抑制する前頭前野の成熟がミスマッチしているからだ．すなわち，この不均衡のために前頭前野が未熟な10代の少年たちは危険な行動に走りがちだが，一方で彼らの環境が適切に整えられれば，それに素早く適応することも十分に可能な「脳の可塑性（脳領域間のネットワークを変更することによって環境に応じて変化できる）」も期待できる．現代では，思春期の開始年齢は世界的に早まる傾向にあることが知られており，かつ世界的に長くなってきている不均衡期間にある少年の脳を理解することは，脳の可塑性の視点からも重要で，今後の脳科学研究の大きな課題である．

　本稿では，児童青年期の若年者脳の発達段階（未成熟性）のメカニズムを解説し，その未成熟（不完全）性が非行少年の犯罪行動（善悪の区別，行動制御）に及ぼす影響を全米医学会の知見も踏まえたうえで論じたい．

２．個体と環境の相互作用（心的過程）

　新生児期から青年期にかけて，幼若な脳は成熟した成人の脳になるまで，時間，栄養，環境によって変化していく．そして大脳，特に成熟した大脳皮質は，感覚情報の知覚や統合，記憶，評価，意志・運動発現，言語，文化といった様々な高次脳機能を司る器官として位置づけられる．ヒトの脳を構成する細胞は主に２つあり，神経細胞（ニューロン）とグリア細胞である．ニューロンは電気信号の伝達を担っており，脳の複雑な働きは情報の伝達と処理を担う細胞であるニューロンの働きによっておこなわれる．グリア細胞は主にニューロンが働きやすいようその環境を整えるが，場合によっては神経伝達に直接関わることもある．

　一方，私達の“こころ（心）”は，知覚・感情・記憶など様々な機能を統合している．そして心の発達をみる発達心理学は，そのダイナミックスに発達という時間軸が加わり，個人が成人社会に参加するようになる青年期という移行期までの心的な成長をみていく．こういった個体と環境の相互作用（心的過程）は脳で起こることを忘れてはならない．たとえば発達障害など，小児科疾患の中には脳の発達プロセスを考慮に入れて診ていかなければならないものも多いからである．

　誕生時，ヒトの脳の体積は400㎤ほどで，大人のチンパンジーと同程度で

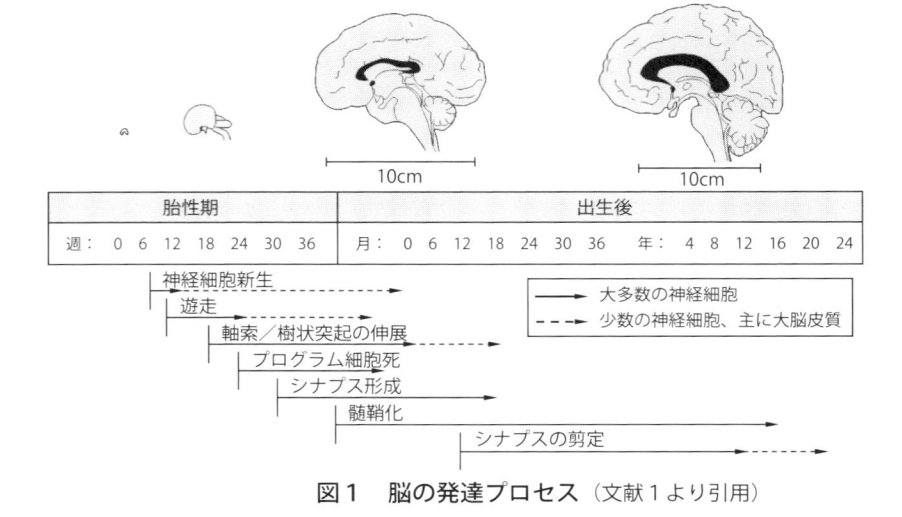

図1　脳の発達プロセス（文献1より引用）

ある．5歳頃までの間に，脳のサイズは急速に大きくなり続け，大人の90パーセントくらいの大きさにまで成長する．それ以降も，20歳くらいまではゆっくりと成長し続ける．誕生から20歳までに，脳のサイズは約300パーセントまで成長するが，その間，脳の構造も大きく変化する．すなわち20歳にいたるまでの間は，ニューロンを構成する樹状突起（デンドライト）や軸索が活発に枝分かれし，複雑につながっていく時期であり，大量のシナプスが作られる時期でもある．

　ヒトにおける大脳の発達プロセスは，神経細胞が新生すると，その標的に向かって遊走する（**図1**）（SL Andersen & Tomoda, 2008）．目的の場所に到達すると，軸索や樹状突起を伸展させて他のニューロンとシナプスを形成する．この時期にプログラム細胞死が始まり，およそ50%のニューロンが死滅して脱落する．生き延びたニューロンはさらに数多くの突起を伸展させ，重要な神経回路を形成していく．しかしながら，あまりにも過剰なシナプス形成が行われるため，やがて脳代謝に負荷がかかるようになる．その結果，エネルギーの消耗が激しくなり，むしろ神経伝達の効率が低下するリスクが生じてくる．これに対応するかのように，生後1年目から思春期，さらには若年成人の頃まで，過剰な神経回路網の「刈り込み（Pruning）」が行われ，神経伝達の効率が向上するようになる．すなわち不必要なニューロン同士の連結が減少し，ミエリン鞘（信号伝達に必要な絶縁体）による「ミエリン化」が進行

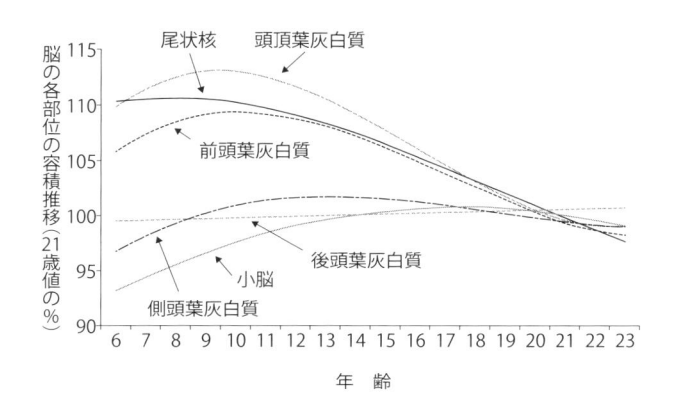

図2　脳の各部位の容積の経時変化（文献２,３より引用）

していく．ヒトの基本的動作に関与するミエリン化は，後頭葉から開始し，徐々に前のほうへ進み３歳頃までに完成する．たとえば，最初に成熟する部位（脳の最前部及び最後部など）は，感覚の処理や動作など最も基本的な機能を担う部位で，次に空間知覚や言語に関連する部位（頭頂葉）がそれに続き，さらに高度の機能，感覚からの情報の統合や論理的思考，その他高度な機能を司どる部位（前頭前野）は最後に成熟する．要するに大脳皮質は成熟するまでにかなりの時間を必要とする．

　脳の発達の初期段階（神経前駆細胞の分裂，増加，適切な場所への移動など）は遺伝子でほとんど決定されるが，発達が次の段階へ進み，ニューロンのネットワークが拡がり始めるとき，ミエリン化やシナプス形成，細胞死などの独特な発達過程は遺伝子と環境の影響が混在するようになる（Paus et al., 1999）．つまり脳の発達過程には，遺伝子と環境の相互作用が不可欠である（Bouchard & Loehlin, 2001; Bradbury, 2005）．

　米国国立衛生研究所（現，カリフォルニア大学サンディエゴ校）のGieddらのグループは，脳の発達をMRI画像で経時的に調べ，シナプスの刈り込み期の時期が脳部位によって相違することを報告している（図２）（Giedd et al., 1999; Giedd et al., 1996）．たとえば，前頭葉灰白質ではこの刈り込み期が他の部位よりも遅い．前頭葉灰白質容積の経時変化をみると，思春期前に最大となり，思春期頃から成人するまでシナプスの刈り込みが継続するため容積が減少していく．だいたい成人までに刈り込みは完了する．シナプスの刈り込みによ

って，ヒトの脳が社会に適応した形になっていくのだと考えられている．この変化はとても興味深く，過剰なシナプス形成が進行する小児期は，脳の脆弱期と捉えることもできるし，反対に，何か不具合なことが生じたときにそれに対応することが可能な期間とも解釈できる．前頭葉の発達は成人になってからも続くといわれ，とくに犯罪抑制力に関わっている背外側前頭前野（DLPFC）は大脳皮質の中で最も成熟が遅く，20歳代初期に成熟にいたる（Giedd, 2004）．一方で，ヒトの脳細胞は，刺激が送られないと20歳を過ぎた頃から毎日10万という数の神経細胞が死滅していく．

　本稿では，これまで明らかになってきたヒトの脳発達という観点から少年非行を見直す．また，最近明らかになった「マルトリートメント（困った子育て）によって高頻度に発症する愛着障害児」の特徴に関する脳科学的エビデンスを紹介したい．

3．ヒトの脳の発達という観点から

　前述したようにヒトの脳は胎児期，乳幼児期，思春期に爆発的に成長するが，その時期は脆弱な時期でもある．成長痛にも似た嵐が発達期の子どもの内部では起こっており，ドイツでは"思春期は疾風怒濤"という表現がなされてきた．これは，現代の日本においても通じる考え方であろう（フランシス・ジェンセン，エイミー・エリス・ナット著『10代の脳』，2015）．昨今の脳科学（とくに脳画像研究）の進歩で，ヒトの前頭前野（prefrontal cortex）における成熟のプロセスが緩徐に進行することがわかってきた．例えば，前頭前野の容積や脳機能は20代後半まで進行することが報告されている（Giedd et al., 1999; Sowell et al., 1999; Sowell, Thompson, Mattson, et al., 2001）．

　一方で，感情と報酬による意志決定制御している大脳辺縁系の発達は，まだ前頭前野が未熟な10歳頃に始まる「思春期」にホルモン量が増えて成熟が促される．近年，10代の若者では感情を司どる大脳辺縁系と衝動的行動を抑制する前頭前野の成熟がミスマッチしていることが明らかになってきた（Giedd et al., 2015, 図3）．すなわち，この不均衡のために前頭前野が未熟な10代の少年たちは危険な行動に走りがちだが，一方で環境が適切に整えられれば，それに素早く適応することも十分に可能であること，すなわち「脳の可塑性」も明らかになっている．前述のように，現代では，思春期の開始年齢は世界的に早まる傾向にあることが知られており，世界的に長くなってきて

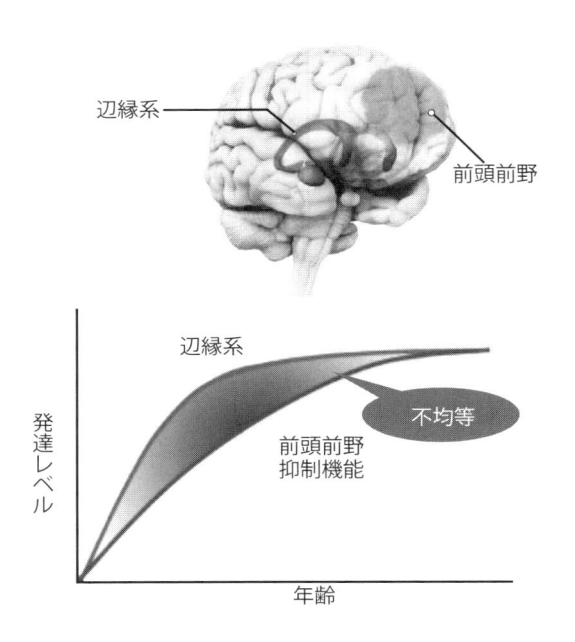

辺縁系

前頭前野

発達レベル

辺縁系

不均等

前頭前野
抑制機能

年齢

図3　思春期には前頭前野の抑制機能がいったん
弱まる（Giedd 2015 より一部改変）

いる不均衡期間にあるヒト10代の少年の脳を理解することは可塑性（脳領域間のネットワークを変更することによって環境に応じて変化できる）の視点からも重要である．

4．愛着形成障害の脳科学

　愛着（アタッチメント）は，「子どもと特定の母性的人物に形成される強い情緒的な結び付き」と定義されている．乳幼児期に家族の愛情に基づく情緒的な絆（きずな），すなわち愛着が形成され，安心感や信頼感の中で興味・関心が広がり，認知や情緒が発達する．Bowlbyは，生後１年以内の乳児にも，その乳児における母性的人物に対する特有の愛着行動パターンが生得的に備わっていると考えた（Bowlby, 1988）．子どもは養育者に愛着行動を示すことにより，養育者を自分のほうに引き寄せ，養育者との距離を近くに保つこと

によって，欲求を充足し外敵から身を守っていると考えられる．

　一方，愛着障害は基本的に安全が脅かされる体験があっても愛着対象を得られない状態であり，文字通り，養育者との愛着関係がうまく形成されないことによる障害で，深刻なマルトリートメント（困った子育て）がその背景にあるとされる．コミュニケーションや行動の問題など，一見すると従来の発達障害の子どもと似た特徴を示す場合も多い．子どもの基本的な情緒的欲求や身体的欲求の持続的無視，養育者が繰り返し変わることにより安定した愛着形成が阻害されることなどが病因とされている．とくに，マルトリートメントによって高頻度に発症する反応性愛着障害（Reactive Attachment Disorder: RAD）や脱抑制型対人交流障害（Disinhibited Social Engagement Disorder：DSED）は，感情制御機能に問題を抱えており，多動症，解離症，うつ病，境界性パーソナリティ障害などの重篤な精神疾患へ推移するとされる（van der Kolk, 2003）．そのため，小児期にマルトリートメント経験のある青少年たちの社会適応困難が深刻化している．

5．愛着障害児における報酬系機能異常

　著者らは，RADの神経基盤を探るために，RAD患者群，注意欠如・多動症（Attention-deficit hyperactivity disorder: ADHD）群，定型発達群の3群を対象に，金銭報酬課題を用いた機能的磁気共鳴画像（fMRI）法を実施し脳の活性化を比較した．この調査では，子どもたちにカード当てのゲームをしてもらった．ゲームは3種類あり，ひとつは当たったらたくさんお小遣いがもらえる（高額報酬）課題，もうひとつは少しだけお小遣いがもらえる（低額報酬）課題，最後は全くお小遣いがもらえない（無報酬）課題および休憩時間で構成される．課題の実施中に，fMRIを用いて脳の活性化領域を調査した（Mizuno et al., 2013）．その結果，定型発達の子どもは，小遣いが多くても少なくても，脳が活性化した．つまり，どんな状況下でもモチベーションが高いということだ．一方でADHDの子どもは，小遣いがたくさんもらえるゲームのときは脳が活性化したが，少しの小遣いだと反応がなく，それだけ「やる気になりにくい」ことが見てとれた．しかし薬物治療を行なった後で調べると，少額のゲームでも活性化がみられた．

　しかしながら結果としてRAD群は，いずれのゲームでも活性化がみられなかった（Takiguchi et al., 2015）（図4）．つまり，高報酬のみに反応した

図4　愛着障害をもつ子どもにおける
金銭報酬課題 fMRI 所見

定型発達児　　　　　　　愛着障害児

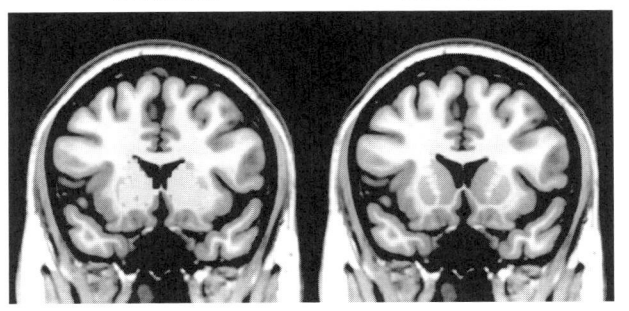

注：定型発達群と比べて，RAD 群では金銭報酬課題時に
　　低額報酬・高額報酬いずれの場合でも腹側線条体の
　　賦活が低下していた．文献（Takiguchi et al., 2015）
　　より引用．

ADHD群と違い，RADでは高額報酬課題にも低額報酬課題にも反応しなかったのである（Mizuno et al., 2015; Mizuno et al., 2013; Takiguchi et al., 2015）．これはそれだけ脳が報酬に反応しにくいということを示している．報酬系（欲

図5　虐待／ネグレクトを含むマルトリートメントを受けた
時期の脳活動（腹側線条体）への影響

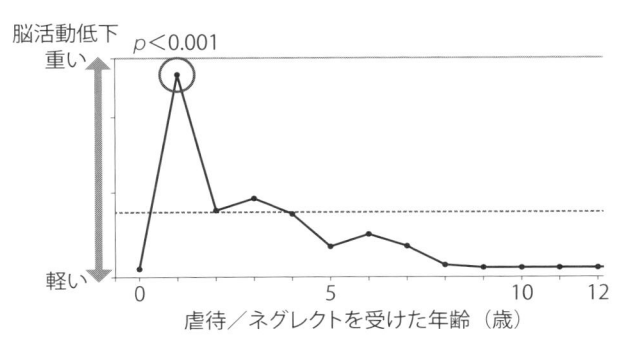

注：感受性期解析により，1歳前後までに虐待／ネグレクトを
　　含むマルトリートメントを受けたことが RAD 児の線条体の
　　活動低下に最も強く影響を及ぼしていた．文献（Takiguchi
　　et al. 2015）より引用．

求が満たされた時に活性化し，快の感覚を与える神経系）を司る腹側線条体（側座核，嗅結節など．報酬による意思決定や，失敗から課題を学び取る力に関わる脳部位）の神経賦活が最も低下する感受性期を調査したところ，1歳前後に受けたマルトリートメントが線条体の活動低下に最も影響を及ぼしていた（Takiguchi et al., 2015）（図5）．

　腹側線条体は動機づけや報酬による行動・情動に関与する部位であり，この部位の機能不全はRAD児の意欲の低下や対人的問題行動に関わる臨床症状につながる所見と考えられ，RADのドーパミン神経系異常が示唆された．また，後頭葉の視覚野は下前頭回を介して解剖学的・機能的に辺縁系と連結し，扁桃体や前頭前野と相互作用して視覚的な感情処理にも関与していることから，この部位の形態異常はRAD児の内在化問題に関わる臨床症状につながる所見と考えられる．

　愛着の障害をもつ子どもたちは自己肯定感が極端に低く，叱られるとフリーズして固まってしまい，褒め言葉はなかなか心に響かない特徴があるので，低下している報酬系を賦活させるためにも健常な子ども以上に褒め育てを行う必要がある．

6．おわりに

　少年の問題行動は環境由来のストレスに起因することが少なくなく，環境を整備することで行動の改善が得られることはよく経験される．加えて，傷つけられた心的外傷（トラウマ）経験が，子どもの加害行動を引き起こすリスク要因にもなることに照らせば，非行・問題行動を契機に厳罰に処し，立ち上がる機会を奪うより，よい介入をして立ち直りを促す方がよいのではないか，また社会にとっても利益ではないかとも考えられる．10代の少年たちの脳がたとえ判断能力はあっても，衝動性が高く，こらえ難い状態にあるとすると，今の日本のような暴力，セックスなど攻撃的な刺激や，過度の競争・孤立・格差を生む文化状況は，少年が間違いを起こしやすい環境ではないだろうか．刑事裁判，とりわけ少年犯罪に対する思慮深さは大切で，安直な厳罰主義ではなく，背景を汲んだ教育的処断ができる少年法と更生のための社会的包摂こそ，急がば回れの対処法ではないか．逮捕され，鑑別所に入れられた少年は，一様に大きなショックを受ける．これは，よい指導介入の機会でもあり，信頼に足る大人との出会い，健康的な人間関係や帰属，規則

正しい生活習慣を獲得できれば，少年の多くは可塑性の視点からも立ち直ることができるであろう．これまでに得られてきた脳科学的知見は，少年犯罪が非難可能性（culpability）の低いものであるという見解を支持するというよりは，脳の可塑性の観点から修復可能性（vulnerability）があるという事実を投げかけてきていることを忘れてはならない．子どもの脳は発達途上であり，可塑性という柔らかさを持っているため，早いうちに手を打てば回復することもわかっているからである．そういう意味においては，愛着の再形成も十分可能である．

　近年，人生の最初期における愛着形成，信頼の形成が人間の発達にとって決定的に重要であるとの認識が広まっていることはとても意義深い．同時に親になった者たちの，生きることの困難さにもより添っていく必要がある．少子化社会の中で，育児困難に悩む親たちは，なかなか支援を受けることもなく，ますます深みにはまっていることが多い．養育者である親を社会で支える体制も，まだまだ乏しい．また，発達障害特性を持つ少年たちへのサポートや，更にマルトリートメントに至るリスクを抱える養育者への予防的支援にも，こうした視座からの考察が必要である．当然ながらマルトリートメントを減少させていくためには，多職種と連携し，また，子どもと信頼関係を築き，根気強く対応していくことから始めなければいけない．一連のエビデンスについての理解が，大人が責任をもって子どもと接することができる社会を築き，少しでも青少年たちの未来に光を当てることができればと願っている．

　筆者は，虐待を含む小児期のマルトリートメント（困った子育て）経験と「傷つく脳」との関連を脳画像で解明した．例えば，暴言虐待による「聴覚野の肥大」，性的虐待や両親の家庭内暴力（DV）目撃による「視覚野の萎縮」，厳格な体罰による「前頭前野の萎縮」などを明らかにした．

　虐待を受けて育ち，親（養育者）との間に愛着が上手く形成できなかった愛着障害を有する子どもは，報酬の感受性に関わる脳の「線条体」の働きが弱いうえ，その発達が阻害される時期（感受性期）は生後1-2歳にピークがあることも突き止めた．

　こうした脳の傷は「後遺症」となり，将来にわたって子どもに影響を与える．トラウマ体験からくるPTSD，記憶が欠落したりする解離など，その影響は計り知れない．これらの症状に対して適切な治療を施さなければ，うつ病の発症や自殺行為，衝動的な行動につながることがあり，薬物やアルコー

ル依存のほか，性犯罪の加害者にも被害者にもなりうる．

　児童虐待への曝露が脳に及ぼす数々の影響を見てみると，人生の早い時期に幼い子どもがさらされた想像を超える恐怖と悲しみの体験は，子どもの人格形成に深刻な影響を与えずにはおかない．しかし，子どもの脳は発達途上であり，可塑性という柔らかさを持っている．早いうちに手を打てば回復することが我々の研究からわかってきた．そのためには，専門家による心理治療やトラウマに対するこころのケアを，慎重に時間をかけて行っていく必要がある．

　「虐待の連鎖」が言われて久しいが，3分の2の被虐待児たちは自らが親になって虐待しないという事実にも目を向けてほしい．現代社会には，育児困難に悩む親たちを社会で支えるアロペアレンティング（きょうどう子育て），すなわち子育て困難家族の脇にいてともに寄り添う「とも育て」が必要であろう．

　しかし，少子化・核家族化が進む社会の中で，養育者である親を社会で支える体制は，いまだ乏しい．そういう意味では，虐待を減少させていくためには多職種と連携し，また，子どものみならず親たちとも信頼関係を築き，根気強く対応していくことから始めなければならない．「将来を担う子どもたちを社会全体で育て守る」という認識が，広く深く浸透することを願ってやまない．

［文献］

Andersen Susan L., and Tomoda, A., 2008, *Syounikarinsyou Japanese,* 61(6): 1227-1239.

Bouchard, Thomas J Jr., & Loehlin, J. C., 2001, *Genes, evolution, and personality.* Behavior Genetics, 31(3): 243-273.

Bowlby, J., 1988, *A Secure Base: Parent-Child Attachment and Healthy Human Development.* New York, Basic Books, p1-224.

Bradbury, J., 2005, *Molecular insights into human brain evolution.* PLoS Biology, 3(3):e50.

Giedd, Jay N., 2004, *Structural magnetic resonance imaging of the adolescent brain.* Annals of the New York Academy of Sciences, 1021:77-85.

Giedd, Jay N., and Blumenthal, J., and Jeffries, N. O., and Castellanos, F. X., and Liu, H., and Zijdenbos, A., and Rapoport, J. L., 1999, *Brain development during childhood and adolescence: a longitudinal MRI study.* Nature Neuroscience, 2(10):861-863.

Giedd, Jay N., and Snell, J. W., and Lange, N., and Rajapakse, J. C., and Casey, B. J., and Kozuch, P. L., and Rapoport, J. L., 1996, *Quantitative magnetic resonance imaging of human brain development: ages 4-18.* Cerebral Cortex, 6(4):551-560.

Gogtay, N., and Giedd, J. N., and Lusk, L., and Hayashi, K. M., and Greenstein, D., and Vaituzis, A. C., and Thompson, P. M., 2004, *Dynamic mapping of human cortical development during childhood through early adulthood.* Proceedings of the National United States of America, 101(21): 8174-8179.

Mizuno, K., and Takiguchi, S., and Yamazaki, M., and Asano, M., and Kato, S., and Kuriyama, K., and Tomoda, A., 2015, *Impaired neural reward processing in children and adolescents with reactive attachment disorder: a pilot study.* Asian Journal of Psychiatry, 17:89–93.

Mizuno, K., and Yoneda, T., and Komi, M., and Hirai, T., and Watanabe, Y., and Tomoda, A., 2013, *Osmotic release oral system-methylphenidate improves neural activity during low reward processing in children and adolescents with attention-deficit/hyperactivity disorder.* Neuroimage Clin, 2:366-376.

Paus, T., and Zijdenbos, A., and Worsley, K., and Collins, D. L., and Blumenthal, J., and Giedd, J. N., and Evans, A. C., 1999, *Structural maturation of neural pathways in children and adolescents: in vivo study.* Science, 283(5409):1908-1911.

Sowell, Elizabeth R., and Thompson, P. M., and Holmes, C. J., and Batth, R., and Jernigan, T. L., and Toga, A. W., 1999, *Localizing age-related changes in brain structure between childhood and adolescence using statistical parametric mapping.* Neuroimage, 9(6 Pt 1):587-597.

Sowell, Elizabeth R., and Thompson, P. M., and Mattson, S. N., and Tessner, K. D., and Jernigan, T. L., and Riley, E. P., and Toga, A. W., 2001, *Voxel-based morphometric analyses of the brain in children and adolescents prenatally exposed to alcohol.* Neuroreport, 12(3):515-523.

Sowell, Elizabeth R., and Thompson, P. M., and Tessner, K. D., and Toga, A. W., 2001, *Mapping continued brain growth and gray matter density reduction in dorsal frontal cortex: Inverse relationships during postadolescent brain maturation.* Journal of Neuroscience, 21(22):8819-8829.

Takiguchi, S., and Fujisawa, T. X., and Mizushima, S., and Saito, D. N., and Okamoto, Y., and Shimada, K., and Tomoda, A., 2015, *Ventral striatum dysfunction in children and adolescents with reactive attachment disorder: functional MRI study.* Br J Psychiatry Open, 1(2):121–128.

van der Kolk, Bessel A., 2003, *The neurobiology of childhood trauma and abuse.* Child and Adolescent Psychiatric Clinics of North America, 12(2):293-317.

（ともだ・あけみ）

第3章

少年の認知特性と司法面接
法と心理学の観点から

仲真紀子

1. はじめに

　日本全体において犯罪件数は減少しているが，少年事件も同様である．かつては身近であった暴走族や番長には，今はもう出会うことはない．刑務所に服役する人の数が減っているのと同様，少年院や少年鑑別所に入所している人の数も減っている（法務省, 2017）．しかし，兵庫，長崎，愛知，山口，神奈川等において少年が起こした重篤な事件は広く報道され，こういった報道の影響もあるのか，世の中は少年に厳罰を与える方向へと向かっているように思われる．2014年の少年法改正では，18歳未満の人に対する懲役または禁錮の有期刑の上限が15年から20年に引き上げられた．2016年には裁判員裁判で少年事件における死刑判決が確定した．そして2019年の現在，少年法の適用年齢を20歳未満から18歳未満へと引き下げる議論も行われている．犯罪を犯した少年を大人と同様に裁いてよいのか，少年と大人の「違い」を反映させた対応を取らなくてよいのかといった議論があるが，ここでは特に認知行動的な側面における少年と大人の違いに焦点を当て，少年に対し，どのような配慮が必要かを考える．

　以下では，第一に，少年の能力に関する従来の見方，すなわち斉一的な発達観について述べる．第二に，近年脳科学の発展に相伴って明らかになってきた少年の認知・判断に関わる問題を，まずは記憶と被暗示性，次に実行機能におけるホットシステムやクールシステム，そして法的知識や推論といった点から検討する．こういった知見は，少年が「大人」と同じように取り調べを受けたり，自らの身に関わる判断をしたり，法廷に立つことが必ずしもできないことを示唆している．これらを踏まえ，筆者が現在進めている司法

面接（正確な情報を，被面接者の心理的負担に配慮しつつ聴取することを目指す面接法）の観点から，被疑少年に対する聴取法の整備と録音録画を提案したい．正確な事実調査は法的判断やその後の対応・処遇を行うための要であり，いずれの当事者にとっても重要である．少年の特性に鑑みれば，発達科学の知見を踏まえた聴取法や録音録画の整備は必須の課題であるように思われる．

2．子どもの能力

何歳になれば何ができるか．この問いに答えることは難しい．同一の課題を年少児，年中児，少年，青年，大人に対して行えば，それが言語課題であれ，記憶課題であれ，意思決定課題であれ，成績には年齢差がみられるのが普通である．しかし，私達は，ありとあらゆる課題の成績を調べ，その結果をもとに「何歳になれば何ができるか」を理解しているわけではない．そうではなく，一定の能力観や発達に関する理念を想定し，それにもとづいて子どもを教育し，事実というよりも理念として，「何歳になれば何ができる」かを決めている，ということが多いように思われる．

(1) 斉一的な発達観

「一定の能力観」という観点から大きな影響力を及ぼしてきたのはピアジェの認知発達の理論である．ピアジェは赤ん坊から成人までの認知発達の段階を運動感覚期（0-2歳），前操作期（2-就学前），具体的操作期（学童期），形式的操作期（概ね11歳以降）に分け，その思考の発達を記述した．

感覚運動期は見る，掴む，噛む，なめる等の身体的な知覚・感覚によって世界を理解するという段階である．前操作期とは，物の見かけに捕らわれるために論理的な思考ができない段階を指す．この段階の子どもは，表面的なものの見かけに左右されやすく，動くものは生きていると考えたり（空を流れていく雲は自分で動いていると考える等），自分に見えるものは他者にも見えると考える（電話の相手は自分が見ているものを同じように見ていると考える等）．

具体的操作期とは，具体的な事物を手がかりに論理的な「操作」（変換）を行うことができる段階である．丸い粘土を平たくするなど「形」（見かけ）を変えても，「加えたり取ったりしなければ」量が変わることはない，ということを理解する．しかし，抽象的な思考は難しく，「ネズミよりもネコは大きい，ネコよりもトラは大きい」という関係性から「ネズミよりもトラは

大きい」という推論はできても，「トラよりもネコは大きい，ネコよりもネズミは大きい」という関係性から「トラよりもネズミは大きい」と推論するのは難しい．記号を使っての推論や論理的操作が可能になるのは，形式的操作期に入ってからであり，年齢的には11，12歳頃だとされる（高橋ほか，1993など）．

　ピアジェによれば，こういった発達の諸相は斉一的であり，移行は段階的に起きる．すなわち，コミュニケーションにおいて具体的操作期にある子どもは数の理解においても，量の理解においても，道徳的な判断においても見かけに惑わされやすく，抽象的な推論ができない．これに対し，形式的操作期に至った子どもは領域をまたいで形式的，抽象的な推論ができるようになると考える．こういった見方はわかりやすく，子ども像を思い描く上で便利であり，教育における理念となって，大人による子どもへの対応をガイドしてきたと考えられる（仲，2000など）．

(2)　斉一的でない認知発達

　斉一的な発達観に対し，記憶，言語，数の理解，空間認知，物理，心理（心の理解），判断，道徳性といった心の活動の領域ごとに，得手や不得手，発達のスピードが異なるとする考え方を領域固有の発達理論という（Karmiloff-Smith, 1992等）．領域固有説を支持する研究の多くは，乳児や幼児に関して行われてきた．例えば，論理的な推論ができないとされる乳児であっても，力が加わらないと事物は動かない，などの合理的な推論をしたり，自己中心的な段階にあるとされる幼児であっても他者を思いやるなどの行動を示す．こういった乳幼児研究によって，ピアジェが想定するような段階や斉一性に沿わない結果が示されてきた．

　また，抽象的な「能力」が存在するのではなく，子どもは書くことや数えること，そのほか文化において生活や職業に必要な知識や技能を一つずつ身につけていく，ということを重視する発達観もある．そこでは，幼児・児童は初期においては周辺的な活動に参与し，徐々に中心的な活動をまかされ，文化の担い手になっていく．この場合，何が期待され，何を学ぶかは個別の領域ごとに異なり，何かを「斉一的に」学ぶわけではない．このほか，身につけたスキルは段階的に向上していくのではなく，必要に応じて引き出され用いられる，という見方もある（仲，2000の概説などを参照のこと）．

　こういった見方を支持する研究成果は，詳細な観察や繊細な測定を可能に

するテクノロジーや技法の発達に負うところが大きい．そして，その結果，形式的操作期に達したと考えられる少年であっても各種心理機能の発達は一様ではないこと，大人と同じ刑事手続を適用することは必ずしも適切とはいえないことが認識されるようになってきた．以下では，事情聴取や法的な判断に関わる認知機能に焦点を当て，少年の特性を見ていくことにしたい．

3．エピソード記憶と被暗示性

(1) 記憶の発達

　少年が司法手続きにかかわる場合，まず配慮されなければならないのは記憶や被暗示性の問題である．被害者，目撃者，被疑者の別によらず「何が起きたか」という出来事の記憶（エピソード記憶）は司法手続きの基盤となる．

　図1は，記憶と対応する脳の領域を示している（Reed, 2010によるSquire & Knowlton, 1994）．作業記憶（ワーキングメモリー）はいわば「意識」の役割を果たす記憶であり，聴覚的，視覚的な情報を一時的に保持する機能（音韻ループ，視覚的スケッチパド），注意の配分をコントロールする機能(中央実行機能)，出来事の文脈を保持する機能（エピソードバッファ）から構成される，と考えられている．

　長期記憶は顕在的な記憶と潜在的な記憶からなる．潜在的な記憶とは「自転車に乗る」「箸を使う」などの身体が覚えている記憶であり，言葉にすることは難しい．意識化できないので，アノエティックな記憶ということもある．顕在的な記憶は意識化し言葉にできる記憶であり，意味記憶とエピソード記憶に分けられる．意味記憶はいわゆる知識であり「知っている（know）」（ノエティック）という感覚と関わる（「長期記憶には顕在的な記憶と潜在的な記憶がある」等）．これに対しエピソード記憶は「いつ，どこで，誰が，どうした」などの具体的な場面を思い浮かべることのできる（remember）記憶であり，「私が覚えている」（オートノエティック）という感覚を伴う（「昨日の心理学の授業で，長期記憶の種類を学んだ」等）．

　こういった記憶の発達は斉一ではない．潜在的な記憶は生後数カ月で発生するのに対し，前頭前回路に依拠する作業記憶の発生は6-12カ月頃だとされる．海馬・側頭葉を含む顕在的記憶の発生・発達は相対的に遅く，10年単位の期間がかかる（Nelson, 1995）．事件において少年から何があったかを聞く場合，その対象となるのはエピソード記憶であるが，その発達には長い期

図 1：記憶の構造（Reed, 2010 を改変）

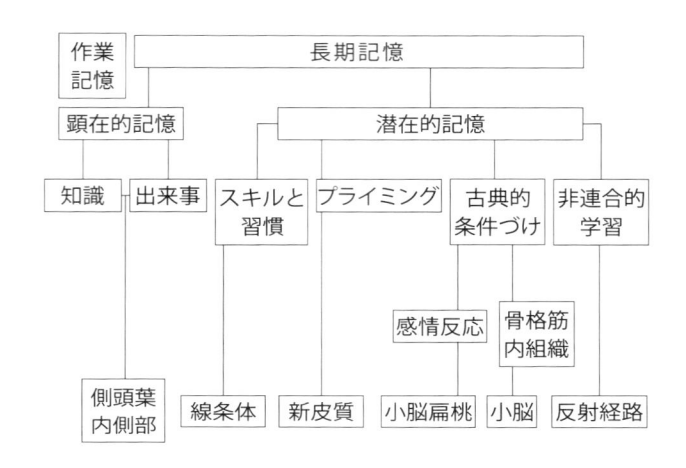

間がかかるといえる．

　エピソード記憶はまた，種々の認知機能の発達と関わっている．一つは，自己意識である．エピソード記憶は「私が覚えている」という感覚を伴う記憶であり，自己の認識が重要である．自己の発達は，1 歳で自分の名前がわかる，2 歳でミラーテストに通過する，というところから徐々に発達し，学童期，思春期を経て青年期でようやく自己の確立が達成される．エピソード記憶は，私が見た，聞いた，体験したという感覚と関わっており，自己が希薄であれば，確固たるエピソード記憶を維持することは難しい．

　情報源の理解や認識も重要である．私達は通常，これは人から聞いた，あれは新聞で見た等，情報の「内容」と「情報源」とを対にして記憶する（情報源の気付き・判断をソース・モニタリングという）．また，現実の世界に由来することと，イメージや思考に由来することとを区別している（リアリティ・モニタリングという）．こういった能力も就学前から発達し始め，学童期，思春期を通じて向上する．情報源の理解や把握が十分できないということは，記憶が思い浮かんだとしても，それがどこから来たのか——自分が体験したのか，人から聞いたのか，テレビで見ただけなのか——混乱が生じやすい，ということでもある．

　さらにメタ認知の能力，すなわち一段上から自分の心の活動や状態をモニターしたりコントロールする能力の発達も関わっている．メタ認知能力も就

学前から学童期，思春期を経て向上する．メタ認知が不得手だということは，思い出す努力をしたり，思い出せそうか否かの判断をしたり，思い出したとしてもその記憶の正確性を査定することがうまくできない，ということでもある．

　これらを踏まえると，少年においては出来事や体験を記憶する力が大人に比べて十分ではなく，何かを思い出しても情報源の判断ができなかったり，正確さの査定ができないという事態が生じがちだ，ということになる．刑事手続に関わるようになった自己の状況を客観的に理解し，自分を守るために出来事を想起する，ということも大人と同じようにはできないかもしれない．さらに，エピソード記憶や関連する認知能力が未熟な状態は，被暗示性が亢進しやすい，つまり誘導や暗示にかかりやすい状態だ，ということができる．

(2)　**被暗示性**

　被暗示性とは，実際には体験していないのに，体験したかのような認識をもってしまうことをいう．被暗示性の源泉として，グドジョンソン (Gudjonsson, 1987) は社会対人的な圧力（権威のない人は，権威の高い人からの情報を受け入れやすい）と認知的な問題（認知発達の途上にある，または遅れのある人は，健常の成人に比べ被暗示性が亢進しやすい）を挙げている．グドジョンソン被暗示性尺度と呼ばれる尺度では，被検者に物語を聞かせ，その内容につき暗示的な質問，例えば，物語中に「犬」は出てきていないのに「ペットは犬でしたか，ネコでしたか」などと問う．また，すべての問いに回答してもらった後，権威的な検査者が「あなたの回答には間違いが多い．もう一度よく考えるように」などと言い，再度回答を促す．これらの手続きを通し，暗示的な質問に回答する度合いと，権威者からの教示の後で回答を変更する度合いをもって被暗示性を測定する．

　筆者もかつて，グドジョンソンの尺度を用いて大学生の被暗示性を測定したことがある（仲, 1998）．物語を読み上げ，5分後に暗示的な問いを含む20問に回答を求める．また，その20分後に「やりなおし」を求めた．その結果，1回目は暗示質問の13%において，2回目は18%において参加者は暗示に沿った回答をした．また「やりなおし」によって，5問に1問の割合で回答に変更が生じた．大学生であっても暗示や社会的圧力の影響を受けるといえる．

　また，中学生と大学生を対象に誘導の効果の検討を行ったこともある（仲ほか, 2008）．この調査では，中学生または大学生に法律事務所に来てもらい

図2：大学生と中学生のメタ認知

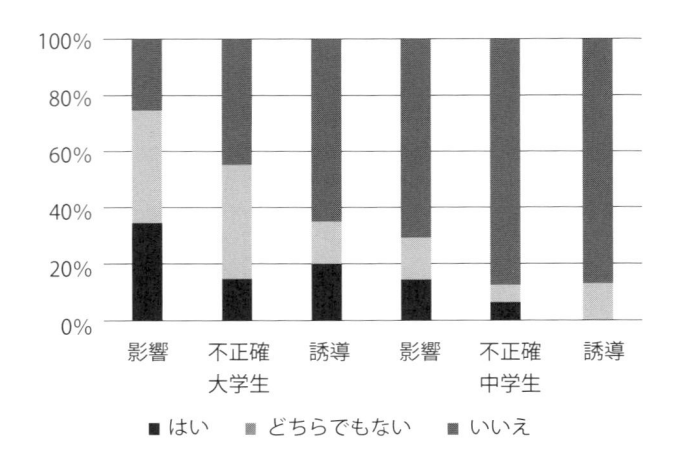

凡例: ■ はい ■ どちらでもない ■ いいえ

「裁判員裁判に関する調査」に回答を求めた．しかし，真の目的は事務所を訪れた弁護士と受付嬢との口論（実は芝居）を目撃してもらい，その出来事について事情を聴取することであった．研究参加者である中学生（15名）と大学生（20名）は事件の目撃後，個別に面接室に呼ばれ「責任者」たる人物から面接を受けた．面接で尋ねる質問は14問であるが，その中の10問には「誘導情報」（例えば，弁護士は来た時から怒っていた）が含まれている．その結果，中学生，大学生とも質問の約2割において，回答が誘導した方向に変化した．例を示す．「面」は面接者，「被」は被面接者である．

面：（弁護士さんは）来た時から怒ってたのかな？
被：最初はあまり怒鳴ってなかった．
面：初めはおだやかだったの？　来たときからイライラしてた感じ？
被：あ，でもちょっとイライラしてた．
面：ちょっとイライラしてた？
被：うん．

面：（弁護士さんは）来た時から怒ってたのかな？
被：最初はそれほどでもない．ああ，でも微妙に．
面：ちょっとイライラってしてた感じで？

被：そうですね.

　さらに，面接に関するメタ認知（気付き）を調べてみた．上述の面接終了後，調査表を用いて「面接者の言葉の影響を受けましたか」「誘導されましたか」「誤ったことも話してしまいましたか」等の質問を行う．その結果，平均すると，大学生ではおよそ3分の1の参加者が「はい」と認め，3分の1は「どちらでもない」，3分の1は「いいえ」という回答であったのに対し，中学生では3分の2以上がこれらの問いに対し「いいえ」と回答した（図2）．中学生は大学生に比べ，自らが誘導されたことに対する気付きが低いといえる．暗示的な面接が行われたならば，未成年者は容易に誘導され，しかもそれに気づかない可能性がある.

(3)　虚偽自白

　グドジョンソンはこの被暗示性と，虚偽自白に関連があるとしている．**表1**は，グドジョンソンらが実施した研究の7つのサンプル（15.5〜24歳）における虚偽自白の割合である．自己報告であることや，取り調べの方法（警察署内かそれ以外での取調べか）が異なるなどの制約はあるが，それでも高校生，

表1：少年と成年の虚偽自白の割合（Gudjonsson, 2010より）

サンプル	人数	平均年齢	取調べ%	有罪%	虚偽自白%
アイスランド短大	1080	18	25	67	3.7
アイスランド大学	666	24	25	66	1.2
アイスランド短大	10472	18	19	67	7.3
アイスランド短大	10363	18	20	-	8.8
アイスランド生徒	7149	15.5	11	65	11.3
ヨーロッパ生徒	24627	15.5	11.5	44	13.8
デンマーク短大	715	19	10	51	6.8

＊Gudjonssonらによる複数の調査結果が示されている.
＊取調べ率は「警察署内かそれ以外での取調べか」により異なる可能性がある.
＊有罪率は「（真の自白＋虚偽否認）／尋問数」で算出されている.

中学生において虚偽自白が多いことを示す貴重な資料である（Gudjonsson, 2010）．

　筆者も無罪事例集（日本弁護士会）のCD-ROMに含まれる事例1049件に関し「自白」や「少年」というワードで検索を行ったことがある．1049件中「少年」で検索されたのは56件であった．また，1049件中「自白」で検索された事例は125件であった．1049件中125件という数字は比率でみると11%だが，少年の56事例における「自白」が問題となっている事例は13件（21%）であり，割合は高いように思われた．例えば，以下のようなものがある．

　50：少年に"逆転無罪"家裁差し戻し審　窃盗の自白は誘導（宮崎家裁, 1992）
　94：警官が暴行　自白を強要　無免許容疑の少年無罪（大阪家裁, 1992）
130：暴走容疑の３少年無罪　仙台家裁決定「非行の証明なし」警察の強要，誘導で自白？（仙台家裁, 1994）
310：窃盗少年に無罪　自白に信用性ない（和歌山家裁, 2000）
418：連続放火事件について，少年の自白の信用性が否定された事例（山口家裁, 1988）
438：少年の脅迫事件につき，自白の信用性が否定された事例（新潟家裁, 1985）
474：少年らの監禁殺人事件で，一被告人の監禁荷担（見張り）について，自白や共犯者の供述が信用できないとして，一部無罪を言い渡した事例（福岡地裁, 1989）
528：２名の被告人（A・少年B）に対する強姦致傷等被告事件において，各被告人の複数の自白調書（員面・検面）中，数通につき任意性を否定して証拠調請求を却下した事例（浦和地裁, 1991）
549：少年の窃盗事件において，関係者の供述の矛盾を指摘し，かつ自白調書の任意性，信用性を否定して無罪を理由に不処分とした事例（山形家裁, 1992）
819：建造物侵入の幇助の故意について，捜査段階で自白した少年の供述の信用性を否定し，非行事実なしとした事例（山形家裁, 1998）

　こういった内容は，グドジョンソンの大量データの分析と同じ方向を示しているように思われる．なお，グドジョンソンの研究では，虚偽自白の理由としてもっとも多いのは「同年代の仲間（ピア）の圧力」であった．これも

少年において特徴的な，重要な要因である．

4．実行機能と判断

(1) クールな実行機能，ホットな実行機能

エピソード記憶の脆弱性や被暗示性とならび，少年の認知特性として近年指摘されているのは，クール，およびホットな実行機能（EF：Executive Function）である．実行機能とは知的活動，行動，情動のコントロールに関わる認知機能であり，ワーキングメモリ，認知的柔軟性，抑制などと関わっている（Prencipe, et al., 2011）．

従来，実行機能は認知的な注意の配分や抑制，切り替え課題（「クール」な課題）において検討され，ピアジェの理論を反映するように，その機能は思春期，青年期で達成されるものと考えられてきた．しかし，同様の認知課題であっても，自己の報酬や情動が関わるような「ホット」な課題では，課題成績が落ちることが知られるようになった．

こういった能力は，fMRIなどで示される脳の各部位の発達を反映していると考えられるが，行動科学的には以下のような課題で検討される．

・**ストループ課題**：図版に，「赤」「青」「緑」などの色名が，その色名とは異なる色で書かれている（例えば，青インクで「赤」，緑のインクで「青」，赤いインクで「緑」など）．参加者は色名を無視してインクの色をできるだけ早く読み上げるよう求められ，読み上げに要する時間とエラーがカウントされる．ストループ課題で高いスコアをとるためには，自動的に活性化される「色名」を抑制しなければならない．

・**逆唱**：数字の列を1秒に1数字ずつ提示した後，被面接者に逆順で反復するように求める．被面接者が二度続けて失敗するまで，数字の列を1数字ずつ増やしていく．逆唱で高いスコアを得るには，数列を短期記憶に保持しながら，逆順に変換し報告するということができなければならない．

これらが抽象的で，自己の欲求や情動に直接的には関わることのない課題であるのに対し，以下のような課題はより欲求，情動，動機づけと関わる．

・**アイオワギャンブリング課題**：スクリーン上に2000ドルのバーと，A, B, C, Dの4つのカードの束（デック）がある．いずれかの束からカードを引くと，カードには報酬と損失が書かれている．A，Bの束のカードは，報酬は多いが（100ドル）長い目で見ると損失が大きい．C，Dの束のカードは，報

酬は小さいが（50ドル）長い目で見ると損失が小さい．損失はランダムに起きるが，A，Bでは頻度が高く（50%），C，Dでは少ない（10%）．20回の試行を1回と数え，これを5回行い，それぞれの束からカードを引く回数をカウントする．そして，堅実な束（C，D）のカードを引いた回数から，リスキーな束（A，B）のカードを引いた回数を減じた値をスコアとする．参加者は，大きな報酬を得たり，大きな損失により負けがこんでくると「熱く」なり，A，Bからカードを引く度合いが高くなる．

・**遅延割引課題**：10ドルを1日（あるいは2，30，180，360日）後にもらうのとXドルを今日もらうのとを比較し，どちらかを選ぶ，という課題である．Xは0.5ドルからスタートし，0.5ドルずつ増え，遅延後に10ドルをもらうのと等価になるまで増え続ける．そして，この等価点を算出する．

　　等価点$=10/(1+kD)$　　Dは遅延

　例えば，10ドルを9日後にもらうのと今日1ドルをもらうのとが同じだという場合，

　　$1=10/(1+9k)$

で$k=1$となる．kが小さいほうがより長く待てるということになる．

(2) ホットEFとクールEFの発達差

プリンシッペらは上記の課題を用い，思春期の少年（8-9歳，10-11歳，12-13歳，14-15歳の4群）のクール／ホットな実行機能を組織的に調査した（Prencipe, et

図3：クール課題（左：順唱と逆唱）**とアイオワギャンブリング
　　課題の成績**（Princepe, et al., 2011）

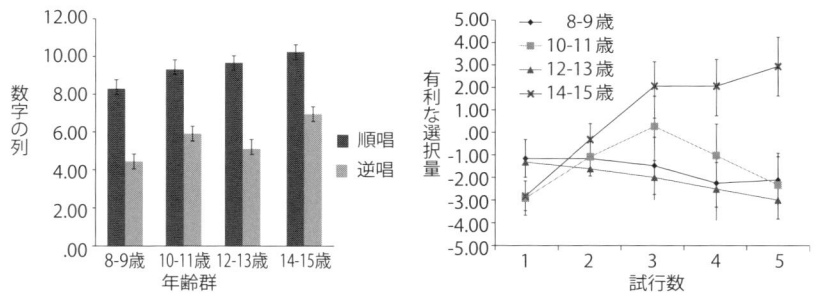

＊クールな課題では年齢差が見られないのに対し，ホットな課題では14-15歳でのみ向上が見られ，かつさらなる「伸びしろ」が存在する．

al., 2011).　その結果，クールな課題（ストループ課題と逆唱課題）では8-9歳群に比べ他の3群の成績は高かったが，ホットな課題（アイオワギャンブリング課題と遅延割引課題）では8-9歳，10-11歳，12-13歳の3群に比べ14-15歳群でのみ向上がみられた（図3）．また，アイオワギャンブリング課題では14-15歳群でも最後の試行でさらなる向上がみられるなど，能力にさらなる「伸びしろ」があることが示唆された．抽象的なクール課題に比べ，動機づけの抑制やコントロールに関わるホット課題では，発達に遅れがあるといえるだろう．

　ホットな実行機能の発達が遅いことは欲求や情動，損得に関わる状況では客観的，長期的な判断が難しく，目先の利益に流されてしまいがちだ，ということでもある．取り調べにおいて「自白すれば家に帰れる」「軽くて済む」などと思えば，事実でなくとも罪を認めてしまう可能性がある．また，虚偽自白の理由として最も多いのは「ピアの圧力」であった．仲間に認められたい，仲間を裏切れない，といった仲間の影響力も，短絡的な判断を後押しする要因となるかもしれない．

5．法手続に関する知識

(1)　権利の理解や推論

　次に，グリッソら（Grisso et al., 2003）の研究を参照しながら，法手続に関する知識や推論，法廷に立つ能力について検討する．

　グリッソらは被疑者被告人に求められる知識や判断について大規模な調査を行った．対象者は少年院にいる青年，刑務所にいる若年成人，ならびに一般の同年代の少年，若年成人約1500人であった．調査は二種類ある．第一は，法的手続きや被告人の権利の理解（以下，「理解」），法的な情報処理（「推論」），自分は過度に楽観的ではないかなどの自分の状態の認識（「認識」）を尺度により調べるものであった．第二は，物語を示し，物語での①警察の取調べへの対応（自白，否認，黙秘），②弁護人への開示（全面開示，部分開示，否認，協力を拒否），③司法取引への対応（応諾か拒否か）を調べるというものであった．これらの課題では「最善だと思う/最悪だと思う選択」を尋ね，彼らがリスクをどのように査定しているか，またリスクがもたらす短期的，長期的な結果の理解や，ピア（仲間）が反対の判断を求めたらどうするか等を調べた（図4）．

　その結果，理解，推論，認識は年齢とともに向上し，特に11-13歳と14-15

**図4：少年の法的判断：警察の取り調べ（左）
　　　　と司法取引（右）への最良の応答（Grisso, et al., 2003）**

警察の取り調べにおける最良の応答　　　　司法取引における最良の応答

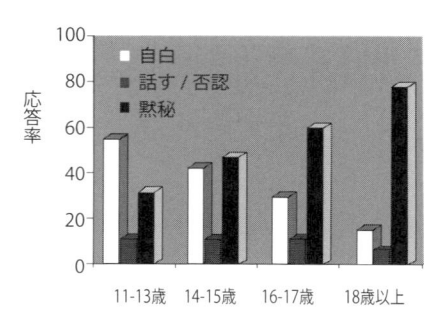
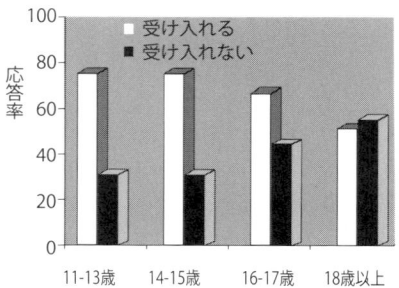

歳の差が大きかった．成人では収容の有無による差がみられたが，少年では
その差はみられなかった．また，第二の課題（物語）では，警察の取り調べ
に関し，11〜13歳の半数が「最善の選択」として「自白」を選んだのに対し，
成人で「自白」を選んだのは2割であった．同様に，11〜13歳では7割以上
が「司法取引」に同意したが，成人で同意したのは5割であった．さらに，
成人に比べ，少年はリスクを低く査定し，リスクがもたらす影響の重大性の
認識も低かった．これらのことから，グリッソらは，14歳以下の子どもは法
的手続きを理解しておらず，自分にとって有益な情報処理や情報提供もでき
ない；短期的な結果しか見通せず，権威に屈服しやすい；よって法廷に立つ
能力がないと結論している．

(2)　刑事責任を問える最小年齢

　被暗示性やホットな判断の遅延，そして知識や推論の欠如は，少年が刑事
手続において大人とは同様には振る舞えないことを示唆している．Weijers
（2016）はこの問題を，刑事責任を問える最小年齢（MACR：minimum age of
criminal responsibility）という観点から議論している．

　Weijersによれば，MACRにはスコットランドやギリシャの8歳からベル
ギーの16歳までばらつきがある．英国は10歳，フランスは13歳，ドイツやイ
タリアのほか，多くの国々は14歳であり，日本の20歳未満は例外的だとして
いる．スコットランド，アイルランド，ポーランドでは，殺人や強姦のよう

な重犯罪と軽犯罪とでは，重犯罪のほうがMACRが低く設定されている．例えば，スコットランドでは一般的な犯罪では12歳だが，重罪では8歳となっている（ただし，MACRは訴追される年齢というわけではなく，刑事的無能力が終わる年齢だとされる）．

Weijersは，スコットランドなどでMACRを8歳という低い年齢に設定している背景には①現代の8歳児は，過去の8歳児よりも世界のことがよくわかっている．そのため年齢を下げることが可能である．②発達心理学の知見を踏まえよ，というのであれば，なぜ国によりMACRが異なるのか．③特定の年齢になるまで刑事責任がもてないということには実証的な支えがない，といった議論があるとしている．そして，①に対しては，栄養状態やライフスタイルの変化による身体的な発達加速現象はあっても，精神的に発達しているわけではないこと，②や③に対しては，少年においては仲間集団の圧力が大きく，法よりも仲間に同調しやすいこと，情動のコントロールが難しいこと，自己の行動や他者との関係性を振り返るのが難しいこと，道徳的推論が可能になる視点取得は16歳ころからであることなどの理由を挙げ，MACRの下限の見直しを提唱している．

グリッソらは，さらに，法的判断や法的含意，悪の認識，責任対象（家族，友人，教師，近隣の人ではなく，法や国家）を理解していない少年を重い犯罪だからといって訴追することは——軽い犯罪で訴追しないのであればなおさらのこと——できないとし，重罪においてMACRを低く設定することも批判している．

これらの議論は，少年の認知・発達的な行動特性が指し示す方向と一致している．刑事事件の手続きに関わることとなった少年には，発達途上にある弱者への配慮が必要だといえるだろう．取り調べの方法もその一つであると思われる．

6．司法面接と被疑少年面接

前述したように，筆者は司法面接という聴取法の研究をしている．司法面接とは未成年者，障害者等の供述弱者である被害者から，できるだけ正確な情報を，精神的な負担をかけることなく聴取することを目指す面接法である．その特徴は，①誘導・暗示を避けるために主としてオープン質問（「何がありましたか」「そして」「それで」等）を用い，被面接者から自由報告（自発的な語

りによる報告）を得ること，②面接が構造化されていること，すなわち，面接の説明や面接での約束事を示し，話しやすい関係性を築き，思い出して話す練習をした後に本題に入る等の段取りをとること，③正確な記録のために録音録画を行うこと，④複数の機関が繰り返し面接を行うことのないよう多機関連携が推奨されていること，などである（仲，2016, 2017）．

司法面接は，欧米では1990年代ころから，日本でも2010年ころから児童虐待事案等で用いられるようになった．2015年には面接の繰り返しの影響を低減するために，児童相談所，警察，検察の三者が連携して実施する協同面接（代表者聴取）が推奨され，実施されるようになった（厚生労働省，2015; 警察庁，2015; 法務省，2015）．司法面接の手法がより正確な情報をより多く引き出すことについては，多くの実証的な研究が存在する（Lamb et al, 2015等）．

被疑少年に対しても，司法面接の方法に準じた取り調べを行うことができるかもしれない．司法面接の先進国である英国やイスラエルでは，司法面接の対象者は広がりつつある．1992年に司法面接が導入された英国では，当初の対象年齢であった16歳未満を18歳未満へと引き上げている（英国内務省，1992; Ministry of Justice, U.K. 2011）．また，成人であっても知的障害，身体的障害，精神障害をもつ人，怯えている人（intimidated witness），一定の性犯罪の被害者に対しては司法面接が用いられるようになった．さらに，成人被疑者もそうであるが，被疑少年に対しても同様の面接法であるPEACEモデルが用いられている．PEACEモデルは段階を踏んで面接の説明や権利告知等を行い，被疑者から十分なアカウント（自由報告）を得ることを目指す面接法だが（Shepherd, 2007），被疑少年の場合は，保護者や適切な大人（appropriate adult）が同席し，面接者と少年のコミュニケーションを助ける．

イスラエルでは1990年代後半から被害者に対し司法面接を行ってきたが，2000年にはいってからは被疑少年にも被疑少年版の司法面接を行っている．ハーシュコヴィツらは9〜14歳の72人の少年に対する現実の面接（主として性的な加害事案）を分析し，被疑少年への面接でも被害者と同様，オープン質問がもっともよく情報を引き出すことを示した（Hershkowitz et al., 2004）．

日本でも，加害や違反が疑われる少年に対する司法面接の方法は工夫されている．例えば，学校でのいじめ等が疑われる事案にかかわる調査（札幌市，2017）や，（様々な立場の，また障害のある大人，子どもが含まれ得る）福祉サービス事業者等への指導監査（厚生労働省，2018）では，司法面接に準じた面接法が提案されている．被害者への司法面接と同様，被疑少年に対する面接に

おいても同様の司法面接を用いることは，技術的には可能であるように思われる．

2019年6月には日本でも被疑者取調べの録音録画制度が施行された．少年は録音録画の対象とはなっていないが，先に見てきた脆弱性を踏まえれば，少年の面接でも録音録画を行うことが，少年への配慮の重要な第一歩となるように思われる．その発達特性に配慮し，正確かつ負担の少ない面接を行い，自由報告を得て客観的に記録しておくことは，エピソード記憶が不十分であり未熟な判断に陥りがちな少年の人権を守るとともに，加害が判明したならば，その対応や予後，処遇のあり方に関し重要な手がかりとなるだろう．

大人で録音録画面接を行うのであればなおさら，少年での録音録画面接も必要である．オーエン—コステリンクらがいうように「どのような文脈にあっても『子どもは子どもだ』…．犯罪を犯した疑いがあるからといって，子どもが大人になるわけではない」（Owen-Kostelink et al., 2006）．

[文献]

英国内務省・英国保健省（2007）．仲真紀子・田中周子（訳）子どもの司法面接——ビデオ録画面接のためのガイドライン．誠信書房.

Grisso, T., Steinberg, L., Woolard, J., Cauffman, E., Scott, E., Graham, S., Lexcen, F., Reppucci, N. D., & Schwartz, R. (2003). Juveniles' competence to stand trial: A comparison of adolescents' and adults' capacities as trial defendants. *Law and Human Behavior, 27*(4), 333-363.

Gudjonsson, G. H. (1987). A Parallel form of the Gudjonsson Suggestibility Scale. *British Journal of Criminal Psychology, 26*(pt3), 215-221.

Gudjonsson, G. H. (2010). The psychology of false confessions: A review of the current evidence. In G. D. Lassiter and C. A. Meissner (Eds.) *Police interrogations and false confessions: Current research, practice, and policy recommendations*. American Psychological Association: Washington, D. C. pp. 31-47.

Hershkowitz, I., Horowitz, D., Lamb, M. E., Orbach, Y., & Sternberg, K. J. (2004). Interviewing youthful suspects in alleged sex crimes: a descriptive analysis. *Child Abuse & Neglect, 28*(2), 423-438.

Home Office (1992). *Memorandum of good practice on video recorded interviews with child witnesses for criminal proceedings. London:* The Stationery Office.

法務省（2017）．平成29年版 犯罪白書 第3編/第2章/第3節/2.
http://hakusyo1.moj.go.jp/jp/64/nfm/n64_2_3_2_3_2.html

Karmiloff-Smith, A. (1992) *Beyond Modularity: A Developmental Perspective on cognitive*

Science. Cambridge: The MIT Press.

警察庁（2015）．児童を被害者等とする事案への対応における検察及び児童相談所との更なる連携強化について.
https://www.npa.go.jp/pdc/notification/keiji/keiki/keiki20151028.pdf

厚生労働省（2015）．子どもの心理的負担等に配慮した面接の取組に向けた警察・検察との更なる連携強化について. http://www.mhlw.go.jp/file/06-Seisakujouhou-11900000-Koyoukintoujidoukateikyoku/0000104931.pdf

Lamb, M. E., Orbach, Y., Hershkowitz, I., Esplin, P. W., & Horowitz, D. (2007). A structured forensic interview protocol improves the quality and informativeness of investigative interviews with children: A review of research using the NICHD Investigative Interview Protocol. *Child Abuse and Neglect,* 31(11-12), 1201–1231.

Lamb, E., Lindsay, C. M., Hershkowitz, I., & La Rooy, D.(2015). Children and the law. In Lerner,R.H.(Ed.), (2015). *Handbook of Child Psychology and Developmental Science.* Wiley. pp. 464-511. (p.466)

Ministry of Justice, U.K. (2011). *Achieving Best Evidence in Criminal Proceedings: Guidance on interviewing victims and witnesses, and guidance on using special measures.* https://www.cps.gov.uk/publications/docs/best_evidence_in_criminal_proceedings.pdf

Naka, M. (2014). A training program for investigative interviewing of children. In R. Bull (Ed.) *Investigative Interviewing.* New York: Springer. pp. 103-122.

仲真紀子（2016）．（編著）子どもへの司法面接：考え方・進め方とトレーニング. 有斐閣

仲真紀子（2000）．3歳と4歳：年齢というバイアス，理念と個人の姿. 岡本他（編）年齢の心理学. ミネルヴァ書房. pp. 143-175.

仲真紀子（1998）．偽りの記憶と諸尺度－被暗示性尺度（GSS, CIS,）解離体験尺度（DES）. 千葉大学教育学部研究紀要, 46(1), 1-18.

仲真紀子・杉浦ひとみ・廣井亮一・白取裕司・西田美樹・西尾洋介（2008）．少年事件における少年へのインタビュー. 法と心理, 7, (1), 70-72.

仲真紀子（2017）．司法面接の四つの特徴と応用：自由報告，構造，録音録画，多機関連携. 刑政, 128, (11), 50-60.

Nelson, C. A. (1995). The ontogeny of human memory: A cognitive neuroscience perspective. *Developmental Psychology,* 31(5), 723-738.

日本発達障害連盟（2018）．指定障害福祉サービス事業者等への指導監査の在り方に関する調査研究報告書. 厚生労働省平成29年度障害者総合福祉推進事業.（注：pp.76-116 5 面接における留意事項，特にp.107-116には被害，目撃，加害・違反が疑われる場合の面接手続きがある）http://www.jldd.jp/wp-content/uploads/H29_mhlw_shidoukansa.pdf

Owen-Kostelink, J., Reppucci, N. D., & Meyer, J. R. (2006). Testimony and interrogation of minor: Assumptions about maturity and morality. *American Psychologist,* 61(4), 286-304. (p.286)

Prencipe, A., Kesek, A., Cohen, J., Lamm, C., Lewis, M. D., & Zelazo, P. D. (2011). Development of hot and cool executive function during the transition to adolescence. *Journal of Experimental Child Psychology,* 108(3), 621-637.

Reed, S. K. (2010). *Cognition: Theories and Applications,* 8th edition. Belmont, CA: Wadsworth. (p.124). "Memory, hippocampus, and brain systems" by L. R. Squire & B. J. Knowlton, 1994, in M. Gazzaniga (Ed.) *The cognitive neurosciences* (Cambridge, MA: MIT Press).

最高検察庁 (2015). 警察及び児童相談所との更なる連携強化について. http://www.moj.go.jp/keiji1/keiji10_00006.html

札幌市 (2017). 札幌市立中学校における重大事態調査報告書【公表版】平成29年 1 月 (本文p.22-25, 資料 4, p.36-40に面接法ガイドラインがある) http://www.city.sapporo.jp/kyoiku/sidou/jidouseito/huzokukikan/huzokukikan.html

Shepherd, E. (2007). *Investigative interviewing: The conversation management approach.* New York: Oxford University Press.

高橋道子・藤崎眞智代・仲真紀子・野田幸子 (1993). 子どもの発達心理学. 新曜社.

Weijers, I. (2016). The minimum age of criminal responsibility in continental Europe has a solid rational base. *The North Ireland Legal Quarterly,* Jan, 301-310.

(なか・まきこ)

第4章

脳科学化する社会と少年観

赤羽由起夫

1. はじめに

　本章の目的は，脳科学と少年観の関係について，社会学的にどのように捉えたらよいかを考察することである[*1]．

　周知のとおり，日本では2000年代から脳科学ブームが起きている．それ以来，脳科学の知識や技術は日本社会に広がり，さまざまな影響を社会に及ぼしつつある．ここでは，一般社会での用法にしたがって，脳を対象とした科学の総称を「脳科学」と呼ぶ．また，脳科学の知識や技術が社会に普及し，影響を及ぼしていく過程を「社会の脳科学化」と呼ぶ．社会学では，すでに心理学の社会的影響について，「心理主義化」（森 2000）や「心理学化」（樫村 2003）が論じられており，それによると，人間の行動が社会ではなく，心の働きから説明されるようになったと指摘されている．これに対して，社会の脳科学化は，さらに一歩進んで，人間の行動が心ではなく，脳の働きから説明されるようになる点で，新たな社会現象として捉えることができる（片桐・樫村 2011: 379-80; 中井 2009, 2013: 51-97）．社会の脳科学化は，一足早くアメリカにおいて進行し，その影響は少年司法にまで及んでいる．実際，アメリカの少年司法においては，25歳程度までは行動制御能力が未成熟であるという脳科学の知見にもとづいて，少年への刑罰の緩和や少年法適用年齢の引き上げなどが目指されるようになっているという（山口 2015）．つまり，脳科学の知見が，子ども期の拡大や子どもの教育の必要性の根拠として用いられるようになってきたのである．

＊1　本章は，赤羽（2017）を加筆修正したものである．

このような事態は，日本の少年司法に影響を与える可能性があるのはもちろんのこと，脳科学に関する日本の社会学の議論にも少なからぬ影響を与えていく可能性がある．なぜなら，これまで脳科学の知見について論じた社会学の議論では，その知見が子ども期の拡大や子どもの教育の必要性の根拠として用いられる事態をあまり想定してこなかったからである．そのため，日本において社会の脳科学化が進行し，その影響が少年司法に及ぶとすれば，それを社会学的に捉えるためにどのような議論が可能なのか，あらためて整理する必要がある．

　その際，本章が着目するのは，脳科学と社会の少年観との関係である．その理由は，脳科学と少年司法の関係を捉えるためには，それらの領域の内部だけではなく，その外部の社会との関連も見なければならないからである．なぜなら，脳科学が少年司法に影響を及ぼすためには，ただ単になんらかの科学的知見があるだけでは十分ではなく，人びとがその知見に権威や正統性を認め，社会的に支持することが必要だからである．すなわち，デュルケムが言ったように，「社会生活では，科学そのものが世論に依存している」（Durkheim 1912=1975下: 361）のである．つまり，科学が司法を変えるのではなく，科学が司法を変えることを支持する社会が，司法を変えるのである．そのため，本章では，社会こそが知識のあり様を規定しているという知識社会学の基本的視座，すなわち，知識の存在拘束性という視点を強調して，議論を進める（Mannheim 1931=1973）．そして，個々の脳科学の知見の内容だけではなく，その知見が位置づく社会的な文脈としての社会の少年観を見ていくことで，社会の脳科学化を捉えていきたい．

　そのために本章では，つぎの2つの議論を経ていくことによって，課題を達成していく．それは，脳科学と少年観の関係について，第1に，これまでの社会学ではどのような議論があったのか，第2に，これからの社会学ではどのような議論がありうるのか，である．以上を経ることで，これまでの社会学の議論を紹介しつつ，それをふまえて今後の議論の展開を適切に捉えていくことができるようになるだろう．

　なお，本章において，少年とは，年齢的には10代とその周辺の世代を指しており，少年司法とは，少年の逸脱の事後統制としての矯正を指している．

　本章の構成は，つぎのとおりである．第2節では，議論の前提となる基本的な理論的枠組みについて説明する．第3節では，脳科学に関する社会学の研究を検討し，脳科学と少年観の関係を社会学的に捉える際の方針を提示す

る．第4節では，今後の脳科学と少年観の関係について，社会学的にどのような論点があるのかを論じる．第5節では，本章の議論をまとめる．

2．少年観と矯正

本節では，議論の前提となる基本的な理論的枠組みについて説明する．

(1) 子ども・社会化・教育

子どもとは，社会の成員性を習得していない存在であり，大人とは，社会の成員性を習得した存在であると定義できる．子どもを大人にする過程が社会化である．社会化とは，個人が他者との相互作用を通した学習によって，社会の成員性を習得する過程である（柴野 1977: 19）．社会化の営為のなかでも，とりわけ重要なものが教育である．教育とは，「未成年者の体系的社会化」（Durkheim 1922=1976: 59）である．

(2) 教育・処罰・治療

少年とは基本的に子どもであるが，少年観は，子どもと大人との差異や，健康な少年と病気の少年との差異も含めて形成されている．ここでは，赤羽由起夫（2007）の整理にしたがい，少年の逸脱を非行，犯罪，病気の3つに類型化して，本章の理論的枠組みとして用いたい．これは，逸脱者の性質とその矯正方法を基準とした類型であり，少年の逸脱を，第1に，子どもの非行とみなして教育する，第2に，大人の犯罪とみなして処罰する，第3に，病人の病気とみなして治療する，という3つの理念的な逸脱への対処方法に対応している（赤羽 2007: 105-7）．

少年の逸脱をめぐっては，第1に，少年法の厳罰化をめぐる議論のように，少年を教育すべきか処罰すべきかといった論点，第2に，医療少年院をめぐる議論のように，少年を教育すべきか治療すべきかといった論点がしばしば展開される．それぞれの論点について，以下で説明する．

まず，教育と処罰の関係についてである．教育と処罰の区別は，子どもと大人の区別と重なるものであり，それぞれ想定される逸脱の原因が異なっている．すなわち，子どもの逸脱の原因は社会化の失敗とみなされ，教育によって矯正される一方，大人の逸脱の原因は自由意志による選択の誤りとみなされ，処罰によって矯正されるのである．

つぎに，教育と治療の関係についてである．非行と病気の区別は，健康な子どもと病気の子どもの区別と重なるものであり，それぞれ想定される逸脱の原因が異なっている．すなわち，健康な子どもの逸脱の原因は社会化の失敗とみなされ，教育によって矯正される一方，病気の子どもの逸脱の原因は病気とみなされ，治療によって矯正されるのである．

3．脳科学と社会学

本節では，脳科学に関する社会学の研究を検討し，脳科学と少年観の関係を社会学的に捉える際の方針を提示する．

(1) 脳科学を社会学的に捉える

本節で検討する議論は，大きく2つに分けられる．

1つは，脳科学の知見の使用法をめぐる議論であり，脳科学による逸脱の統制方法の変化を論じたものである．これには3つの議論が含まれる．これらのうち2つは，1990年代以降の少年犯罪観をめぐる議論であり，それぞれを本質化，医療化と呼ぶ．残りの1つは，ジル・ドゥルーズの管理社会論にもとづいた議論であり，ここではそれを環境制御化と呼ぶ．

もう1つは，脳科学の知見が受容される社会的文脈をめぐる議論であり，ミシェル・フーコーの大きな影響のもとで，新自由主義と脳科学との関連について論じたものを検討する．

(2) 本質化

「物事には変化しがたい普遍的な本質がある」（赤川 2006: 53）という見方が本質主義であり，そのような見方が強くなる過程が本質化である．本質化の議論では，脳科学や精神医学の知見が，少年の逸脱の原因を，生来的な脳の障害のように変化しがたい普遍的な本質に帰属することによって，教育も，処罰も，治療もできない矯正不能な少年観の形成を促すと指摘されている．その代表的な議論としては，土井隆義（2003, 2010）と牧野智和（2008）がある．

土井は，高度飽和社会の到来を社会的背景として，少年犯罪が脳を含めた本質的な心の問題として捉えられるようになったと指摘している．土井によると，近代化の終了した高度飽和社会では，成長し続ける「大文字の社会」に対するリアリティが衰退するに伴い，人間性の発達や成長という観念もリ

アリティを失ったため，少年犯罪の原因が社会化以前の与件として少年がもっていた本質的な心の問題に帰属されるようになったという（土井 2003: 281-308）．また，これにより，矯正不能な犯罪少年という人びとのイメージが強まり，厳罰化による排除の要求が高まる要因になったという（土井 2010: 179-220）．

牧野は，『朝日新聞』の分析から，ジョック・ヤング（Young 1999=2007）の排除型社会論を用いて，少年犯罪が精神疾患などの本質的な心の問題として捉えられるようになったと指摘している．ヤングによれば，著しく多様化した後期近代社会において，逸脱者は人びとの存在論的な不安を煽る存在であるため，人びとはその逸脱の原因を逸脱者の本質的な属性に還元して逸脱者を排除するようになるという（Young 1999=2007: 245-308）．これを受けて牧野は，少年犯罪を本質的な心の問題として捉える人びとの見方を「心理学的本質主義」と呼び，それが厳罰化による排除の要求へと結びついていたことを指摘している（牧野 2008: 1-19）．

以上の議論は，指摘されている社会的背景に違いはあるものの，脳科学や精神医学の知見が少年の逸脱の本質化に用いられ，少年が矯正不能な存在として排除される危険性を論じたものである．

(3) 医療化

医療化とは，「非医療的問題が通常は病気あるいは障害という観点から医療問題として定義され処理されるようになる過程」（Conrad & Schneider [1980] 1992=2003: 1）である．少年の逸脱の場合，医療化は，矯正の仕方が教育から治療へと移る過程として捉えられる．その代表的な議論としては，木村祐子（2008, 2015: 142-58）と赤羽（2007, 2012）がある．

木村は，専門家や実践家の文書資料から少年非行と障害（行為障害，発達障害など）との関連を分析し，非行の医療的な解釈が，非医療的な解釈（家庭，学校）を含んでいることを明らかにしている．そして，その背景として木村は，障害の原因として医学的要因（器質，遺伝）だけでなく環境要因や情緒的要因が指摘されていることや，医学的根拠に欠陥があったり，障害と非行の概念が類似していたりすることを指摘している（木村 2008, 2015: 142-58）．

赤羽は，新聞や官公庁の資料を用いて，非行グループとの接触による逸脱の学習過程を経ない「いきなり型」非行の問題化が，教育的配慮だけでは不十分な部分を補完するための医療的配慮が必要であるという主張に結びつき，

少年非行の医療化を促したことを指摘している（赤羽 2007）．また，別のところで赤羽は，新聞による少年事件報道の歴史的変化から，広汎性発達障害が対人能力やコミュニケーション能力の障害として登場し，治療と教育を合わせた「療育」が目指されていることを指摘している（赤羽 2012）．

　以上の議論は，発達障害などの精神疾患との関連で少年非行の医療化を論じ，少年非行が医療と教育のあいだに位置づけられるようになったことを指摘している．

(4)　環境制御化

　脳科学の知見の使用法をめぐっては，「規律から管理へ」（平井 2014）という逸脱の統制の変化のなかに脳科学を位置づける議論がある．ここでは，これを環境制御化と呼んで，その代表的な議論を紹介する．

　中井孝章（2009, 2013）は，ドゥルーズによる管理社会の議論を参照し，日本が1990年代あたりから，「外的環境の物理－工学的制御」と「内的環境の生理的制御」による環境制御型管理社会の黎明期に入ったと位置づけている．ドゥルーズは，学校などの閉鎖的な監禁環境で個人を規律訓練する規律社会（Foucault 1975=1977）とは違い，管理社会では，開放的な環境のあいだをたえず移動し，変化し続ける個人が，情報処理のテクノロジーによって統制されること指摘している（Deleuze 1990=1996）．中井は，規律社会の権力を規律権力，管理社会の権力を制御権力と名づけ，現代社会が制御権力による社会統制の支配的な社会へと移行しつつあることを指摘している．制御権力による社会統制は，規律権力のように規範を内面化する主体の存在を前提として，逸脱に対して教育や処罰による事後統制をおこなうのとは違い，人間の外的環境や内的環境を制御する管理技術を用いて，逸脱に対して行動の事前統制をおこなうものとなる．このような社会統制において，脳科学は，内的環境への働きかけによる逸脱の事前統制のために用いられることになる．それはたとえば，向精神薬のリタリンによってADHD（注意欠陥多動性障害）の子どもの行動制御をおこなうといったことである（中井 2009, 2013: 51-97）．

　この議論は，医療化とは違い，第1に，医療と教育とを排他的な関係として把握し，第2に，脳科学や精神医学の知見が予防による逸脱の事前統制に用いられることを指摘している．

⑸ 新自由主義と脳科学

脳科学の知見が受容される社会的文脈としては，新自由主義的な主体像の浸透が，フーコーの影響を受けた論者たちによって指摘されている．すなわち，脳科学を，一般社会の人びとが自己責任で主体的に行為し，自己変容を続ける新自由主義的な主体としてふるまうために用いる知見として位置づけるものである．これらの議論では，脳科学の知見のさまざまな使用法や，それによる自己像や心身観の変化が論じられている．これらは少年観について論じているわけではないが，仮説として有望な議論の１つであるため，ここで紹介する．欧米の議論も含めれば，その代表的な議論としては，ニコラス・ローズ（Rose 2007=2014: 350-417），ヴィクトリア・ピッツ＝テイラー（Pitts-Taylor 2010），牧野（2012）[*2]がある．

ニコラス・ローズは，現代社会の人びとが，脳神経科学の概念によって自らを理解する「神経化学的自己」になりつつあると論じている．ローズによると，心を脳の活動として可視化するさまざまな技術の発展や，精神医療における向精神薬の開発や消費の拡大などを背景として，人びとは，自らを脳の働きや神経化学によって理解するようになってきたという．また，ローズは，このような自己像の形成が，自らの心の状態を常時モニタリングし調整することを義務づける管理社会（Deleuze 1990=1996）と結びついていることを指摘している（Rose 2007=2014: 350-417）．

ピッツ＝テイラーは，英語圏のメディアの分析から，脳の可塑性をめぐる言説を分析し，その特徴として，つぎの４つを指摘している．それは第１に，脳が，身体や自己のための限りなく広大で未開拓な資源という視点から，潜在的な可能性として描かれていること，第２に，可塑的な脳が，その柔軟性，新しさへの要求，適応性によって歓迎されていること，第３に，脳の健康と性能が，個人の責任と関連しており，脳の健康に関する言説が労働や体力の比喩で語られていること，第４に，脳がリスクに関連していること，である．以上の特徴からピッツ＝テイラーは，脳の可塑性をめぐる言説が，柔軟に環境に適応しながら健康などへのリスクを回避しつつ自己責任で前進し続けるべきという新自由主義の倫理と親和的であることを指摘している（Pitts-

---

*2 牧野は，自らの分析結果を新自由主義の文脈に位置づけることに慎重だが（牧野 2012: 258-9），本章では自己責任での自己変容を新自由主義的と呼んでいるので，そのかぎりにおいて，牧野の議論も新自由主義をめぐる議論に含めている．

Taylor 2010）．

　牧野は，2000年代後半からの自己啓発メディアのベストセラーを対象として，脳科学ブームを検証している．牧野によると，脳科学を用いた自己啓発メディアでは，脳の強化，脳内快楽の最大化，勉強・仕事等目標の達成を目的として，強化学習，負荷の強化，ポジティブ思考，没入環境の構築といった作業により，脳科学的メカニズムにもとづく習慣変革が目指されているという（牧野 2012: 33-94）．

　以上のように，いずれの議論も，新自由主義的な主体が社会的に求められるようになっていることを前提として，脳科学の知見が自己責任による自己変容のために一般社会において用いられるようになったことを指摘している．

⑹　脳科学を捉えるための社会学的方針

　ここでは，以上で紹介した議論をまとめ，脳科学と少年観を社会学的に捉える際の方針を提示する．その方針としては，つぎの2つが考えられる．

　第1に，脳科学と少年観の関係を捉えるためには，あらゆる脳科学の使用法を考慮する必要があるという点である．本質化，医療化，環境制御化といった議論は，いずれも脳科学の知見が脱教育的に使用されると位置づけている．しかし，実際に脳科学の知見が教育的に使用されるようになっている以上，脱教育的な使用法に限定して脳科学の知見を捉えるだけでは，偏った見方になってしまう恐れがある．また，脳科学の知見が，逸脱の事前統制や一般社会での自己変容など，さまざまに使用されることも指摘されている．そのため，少年司法について考える場合でも，それ以外のより幅広い脳科学の知見の使用法との関連から検討する必要があるだろう．

　第2に，社会への新自由主義的な主体像の浸透が，社会の脳科学化を促進する社会的文脈の1つとして仮説的に考えられる．ただし，先述したように，新自由主義と脳科学の議論では，少年観について特に論じているわけではない．そのため，この点こそが，本章で検討すべき課題ということになるだろう．つまり，次節の課題は，新自由主義的な主体像と脳科学の知見の関係のなかに少年観を位置づけることである．

4．脳科学と少年観

　本節では，今後の脳科学と少年観の関係について，社会学的にどのような

論点があるのかを論じる.

(1)　脳科学と少年観の関係をめぐる論点

　ここでは，前節で述べたように，あらゆる脳科学の知見の使用法を考慮し，新自由主義的な主体像の浸透を１つの仮説としながら，それらと少年観の関係について，今後ありうるだろう論点を論じていく．以下では，第１に，処罰と教育の関係について，第２に，治療と教育の関係について，第３に，事前統制と事後統制の関係について，それぞれ論じていく．

(2)　処罰と教育

　処罰と教育をめぐっては，大人と子どもの境界の線引きに，どのように脳科学の知見が関係するのかが論点となる．つぎの３つの論点が考えられる．

　第１に，成員性の基準となる能力と脳科学の知見との関係がある．すなわち，なにを基準にして，大人と子どもを区別するのかという問題である．大人と子どもを区別する基準は数多くあり，少年観にも影響を及ぼしうる基準として考えられるのは，序章で述べた行動制御能力だけではない．他にもたとえば，会話能力や読み書き能力（Postman 1982=2001），労働能力や消費能力（佐藤 1992）など，さまざま能力があるだろう．どのような能力を成員性の基準として重視するのかは，時代や社会によって違うため，脳科学の知見の有用性も，これらの社会的文脈によって規定されることになる．

　第２に，成人年齢の線引きと脳科学の知見との関係がある．すなわち，大人と子どもの境界線をどこに引くのかという問題である．これは，さらに２つの論点に分けられる．１つは，発達可能性の有無を基準とする場合である．つまり，いつまで能力を習得することが可能かという問題である．この場合，たとえば，能力の習得にかかわる脳の部位に発達可能性があるあいだを子ども，発達可能性がなくなって以降を大人とすることが考えられる．もう１つは，習得される能力の程度を基準とする場合である．つまり，どの程度の能力を習得する必要があるのかという問題である．この場合，基準となる程度の能力を習得していなければ子ども，習得していれば大人とすることが考えられる．

　第３に，上記の発達可能性の有無と関連して，能力の習得にかかわる脳の部位が一生のあいだ発達可能性をもつ場合が考えられる．これをもう１つの論点として扱う理由は，生涯にわたる脳の可塑性という知見こそが，一般社

会において歓迎され，社会的影響力をもつものであり，もっとも新自由主義的な主体像と親和的だからである（Malabou 2004=2005; 美馬 2010: 163-92; Pitts-Taylor 2010）．

　ここではまず，第1の論点と第2の論点について，行動制御能力を具体例として，脳科学の知見がどのように少年観に影響を及ぼしうるかを論じたい．あらためて詳しく説明すれば，アメリカの少年司法に影響を及ぼしつつある脳科学の知見とは，人間の脳が25歳程度までは未成熟であることにより，それ以前の年齢では衝動性と反応性が強く，リスクを低く見つもって無謀で感覚追求的な行動に及びやすいため，誘惑に駆られた場合の行動制御能力が低いというものである（山口 2015: 31-4）[*3]．

　最初の論点は，行動制御能力と成員性の基準との関係である．行動制御能力に関する知見が少年観に影響を及ぼすとすれば，その背景としては，それが成員性の基準として社会的に重視されるようになることが考えられる．実際，行動制御能力は，新自由主義的な主体像と親和性のある能力である．たとえば，リスク回避のための自己コントロール能力は，その一例だろう（平井 2015; O'Malley 1996; Rose 1999）．また，円滑な自己変容や相互行為を可能にするための感情の認知と自己コントロールの能力も，これに加えることができる（赤羽 2016; 森 2000; 山田 2007）．このように，行動制御能力に関する知見は，新自由主義的な主体像が浸透することで，成員性の基準として重視され，少年観に影響を与える可能性が高くなると考えられる．

　しかし，ここでは，新自由主義と関連して少年観に影響を及ぼす能力が，行動制御能力だけではないという点にも注意が必要である．なぜなら，新自由主義においても司法においても重視される責任の問題は，行動制御能力だけではなく，是非善悪を弁別する事理弁別能力によっても判断されるからである（上野 2017）．そのため，たとえば，事理弁別能力と行動制御能力の成熟年齢が食い違うという知見が明らかになった場合，そのどちらを優先するのかという問題が起こりうる．

　つぎの論点は，行動制御能力と成人年齢の線引きの関係である．行動制御能力の場合，25歳程度までは発達可能性があるとされる．この知見は，発達

＊3　具体的には，第1に，前頭前野が未発達であるため認知統制機能が脆弱であること，第2に，社会情緒システムの機能が不完全であるため感覚追求的であること，第3に，神経伝達物質がアンバランスであるため報酬追求の傾向が強い一方，危険回避の傾向が弱いことである（山口 2015: 31-4）．

可能性の有無を成人年齢の基準とするのであれば，極端な場合，成人年齢を25歳にまで引き上げる根拠にもなりうる．しかし，ある年齢に発達可能性があることは，その年齢を子どもとして扱うための必要条件にはなっても，十分条件にはならない．なぜなら，これは，習得が必要な能力の程度というもう1つの基準とも関連してくるからである．というのも，たとえば，平均的な社会成員が20歳までに習得する行動制御能力の程度を成員性の習得の基準とみなすのであれば，25歳までそれがさらに発達しようが，20歳で大人とみなすことが可能だからである．この場合，20歳以降に行動制御能力を発達させることは，子どもの教育の問題ではなく，大人の学習や訓練の問題となる．つまり，ある年齢を子どもとして扱うためには，発達可能性があり，かつ習得が必要な能力の程度を満たしていない必要がある．そのため，行動制御能力に関する知見が成人年齢を変化させる根拠になるか否かを判断するには，成員性の基準となる能力の程度への社会的な要求水準との関係も考慮する必要がある．たとえば，行動制御能力の要求水準が引き上がっている場合には，それを習得するための子ども期の長さを延長する必要が生じるため，行動制御能力に関する知見が成人年齢を引き上げる根拠となりうるだろう．

　このように，脳科学の知見と少年観の関係を見る上では，社会の成員性の基準として，どのような能力を，いつまでに，どの程度，習得する必要があるのかが重要となってくる．そして，これらの基準にかかわる脳科学の知見こそが，少年観を変えうる影響力をもつのである．

　最後に，生涯にわたる脳の発達可能性という論点がある．先述したように，脳の可塑性と新自由主義は親和性が高い発想である．これは，どのような能力でも，いつまででも，どの程度でも習得できることを強調する点で，先に検討した論点とは異なるものである．このような知見が少年観とかかわる場合，大人と子どもの線引きを曖昧化させる可能性が高い．なぜなら，つねに変化を続けるような主体像は，成熟という観念を無効化するからである．実際，ドゥルーズは，個人に「刻一刻と変貌をくりかえす自己＝変形型の鋳造作業」（Deleuze 1990＝1996: 294）を要求する管理社会では，「生涯教育が学校にとってかわり……何ひとつ終えることができない」（Deleuze 1990＝1996: 295）ことを主張している．これを受けて仁平典宏は，新自由主義において教育や職業訓練が重視されることを指摘している（仁平 2009）．つまり，新自由主義と脳科学の組み合わせは，社会化か否かを問わず，学習や訓練の可能性を強調し，大人と子どもの区別を曖昧化させる可能性があるのである．

ここから考えられる可能性としては，つぎの2つがある．それは，子どもか大人かにかかわらず，第1に，事後統制における教育的な矯正を促進していく可能性と，第2に，本節(4)で述べるように，事前統制が強調されていく可能性である．

(3) 治療と教育

少年の発達可能性に関する脳科学の知見は，矯正において教育だけでなく，治療を促す可能性がある．そのため，教育と医療の関係のなかで，脳科学の知見がどのように位置づけられるのかが論点となる．つぎの2つの論点が考えられる．

第1に，少年の逸脱と脳科学の知見との関係がある．すなわち，なにが逸脱とみなされるのかという問題である．少年の逸脱としてなにが問題視されるのかは，成員性の基準となる能力と関連しており，その能力の不足がしばしば逸脱とみなされることになる．

第2に，医療や教育と脳科学の知見との関係がある．すなわち，脳科学の知見が，少年の逸脱に対して，どのように使用されるのかという問題である．ここでは，医療化の対概念として，教育化という概念を用いたい．これは，非教育的問題が通常は非行という観点から教育問題として定義され処理されるようになる過程である．これをふまえてまとめると，脳科学の知見が，少年の逸脱の医療化を促進するのか，教育化を促進するのかというのが論点となる．

まず，第1の論点についてである．少年観と逸脱との関係では，やはり発達障害の存在が注目される．なぜなら，発達障害が逸脱として問題化した背景として，新自由主義的な主体像の存在を指摘できるからである．赤羽は，広汎性発達障害が問題化した背景として，「ポスト近代型能力」（本田 2005）の要求の高まりを指摘している．ポスト近代型能力とは，多様性・新奇性，意欲，創造性，個別性・個性，能動性，ネットワーク形成力，交渉力といった「生きる力」としてまとめられる能力である（本田 2005: 22）．広汎性発達障害は，社会性やコミュニケーションの障害とされており，ネットワーク形成力や交渉力といった円滑な対人関係の能力への社会的な要求水準が引き上がったために，それらの能力の障害として問題化したと考えられる（赤羽 2012）．この指摘を敷衍するのであれば，ADHDについても同様の指摘ができる．ADHDは，不注意，多動性，衝動性といった症状によって特徴づけ

られるが（磯部 2005: 123-7），これは行動制御能力の不全と捉えられ，リスクや感情を認知する能力や自己コントロール能力の不足と関連づけることができる．このように，脳科学や精神医学の対象となる少年の逸脱も，新自由主義的な主体像のように，社会が要求する能力観と関連したものなのである．

つぎに，第 2 の論点についてである．ここで重要な点は，脳科学の知見が，それだけでは医療化を促したり，教育化を促したりはしないという点である．社会の脳科学化を促した脳科学の知見としては，脳画像技術と神経化学の進展があげられる（Rose 2007=2014: 350-417; 坂井 2009）．これらのうち，脳画像技術としては fMRI（機能的核磁気共鳴画像）が有名だが，これ自体は測定技術であるため，教育の効果も治療の効果も証明しうる．また，神経化学の知見は，向精神薬の使用のような医療化を促すようにも見えるが，必ずしもそうではない．たとえば，ローズは，精神病理の説明がニューロンや神経伝達物質などを「通過」しなければならなくなったと述べているが，同時にそれが家庭内ストレスや性的虐待などの来歴，失業や貧困などの環境，薬物乱用やトラウマなどの経験の効果を除外するわけではないことも指摘している．つまり，精神病理の説明は，あいだに神経化学的な変数を含まなければならないだけで，来歴，環境，経験が脳の神経化学的な状態を変化させることも否定しないのである（Rose 2007=2014: 404-5）．そのため，神経化学的な知見は，向精神薬の使用だけでなく，教育環境の改善の根拠にもなりうる．

加えて，新自由主義的な価値観も，医療化か教育化のどちらか一方だけを促すというわけではない．すでに見てきたように，医療化を促す可能性もあれば（Rose 2007=2014: 350-417），教育化を促す可能性もある（Deleuze 1990=1996; 仁平 2009）．つまり，脳科学の知見は，個人の変容を促しうるのであれば，どのような使用法でも促進しうるのである．

そのため，医療や教育と脳科学の知見との関係については，むしろ，なにが医療化を促し，なにが教育化を促すのかといった基本的な知見の蓄積こそが，今後の社会学の重要な課題となるだろう．

⑷　事前統制と事後統制

これまでは教育，処罰，治療という事後統制をめぐる論点について論じてきたが，最後に事前統制との関連についても触れておきたい．つぎの論点が考えられる．

脳科学の知見は，事後統制から事前統制へと統制の重点が移っていくなか

で使用される可能性がある．渋谷望は，医療において，国家による医療支出を削減しようとする新自由主義的な論理のなかで，自己責任による予防が求められる一方，国家が治療的な介入から手を引いていく可能性があることを指摘している（渋谷 2003: 165-96）．これは，医療だけでなく逸脱の統制の全般に敷衍できる指摘である．たとえば，脳科学の知見が逸脱の前段階で行動制御能力を向上させる技術として普及すれば，自己責任による逸脱の予防というかたちで，事後統制から事前統制への重心の移動を促進しうるだろう．実際，アメリカでは，向精神薬のリタリンがADHDの治療だけではなく，普通の子どもに集中力をつけさせるエンハンスメント（能力増強）にも用いられるようになっているという（中井 2009, 2013: 51-97）．

　事前統制の時期や方法は，どのような脳科学の知見が影響力をもつのかによって異なったものになるだろう．たとえば，生涯にわたる脳の発達可能性が強調される場合，年齢にかかわらないさまざまな予防的介入を促進しうるが，脳の発達可能性が子ども期に限定されているとされれば，子どもへの事前統制が強化される一方で，大人への事前統制がそれほど変化しないということもありうるだろう．

5．おわりに

　最後に，これまでの本章の議論をまとめる．

　本章の目的は，脳科学と少年観の関係について，社会学的にどのように捉えたらよいかを考察することであった．議論の結果は，以下の5点にまとめられる．

　第1に，脳科学と少年観の関係を捉えるためには，あらゆる脳科学の使用法を考慮する必要がある．第2に，新自由主義的な主体像の浸透が，社会の脳科学化を促進する社会的文脈の1つとして仮説的に考えられる．第3に，少年に対する処罰と教育の関係については，なにが社会化すべき能力とみなされ，どのくらいその能力の発達可能性があるとみなされているのかを見る必要がある．第4に，少年に対する治療と教育の関係については，なにが逸脱とみなされ，どのように脳科学の知見が使用されるのかを見る必要がある．第5に，少年に対する事前統制と事後統制の関係については，それらの重点の変化を見る必要がある．

　本章では，科学が司法を変えるのではなく，科学が司法を変えることを支

持する社会が，司法を変えるということを一貫して主張してきた．すなわち，なにかしらの脳科学の知見があるということは，少年司法を変えるための必要条件ではあっても，十分条件ではないのである．これをあらためて強調するのは，「客観的な」脳科学の知見によって「あるべき姿に」少年司法が変わるだろうと期待することが，ただの希望的観測に過ぎない危険性があるからである．たとえば，少年の発達可能性を証明する脳科学の知見は，これ以上の少年法の厳罰化を阻止する可能性もあるが，それを支持する社会的文脈を伴わなければ，そうならない可能性も当然のように存在するのである．また，本章では，脳科学の知見として行動制御能力や発達障害を取り上げ，社会的文脈として新自由主義的な主体像の浸透を取り上げて議論を展開してきたが，これらの議論が仮説的なものであるということもあらためて強調しておきたい．

　最後に，本章では十分に論じられなかったが，重要だと思われる今後の検討課題を示して，本章を終えたい．以下の3点があげられる．

　第1に，脳科学の知見は，逸脱者の矯正をおこなう特別予防だけではなく，一般の人びとの逸脱を抑止する一般予防や，矯正を目的としない応報を支持する根拠として使用される可能性がありうるという点がある．たとえば，将来，逸脱者への厳正な応報刑の執行が，一般の人びとの規範意識を高めるとか，犯罪被害者のPTSD（心的外傷後ストレス障害）からの回復を促進するといった脳科学の知見が産出されるかもしれない．また，脳の可塑性の限界が再発見された場合，逸脱の本質化を促す可能性も否定できない．いずれにしても，脳科学の知見が，逸脱者の矯正の必要性以外の根拠として用いられる可能性についても検討する必要がある．

　第2に，司法に影響を与えうる学問分野が脳科学だけではないという点がある．とりわけ，人間の行動と遺伝との関係を研究する行動遺伝学の知見は，今後，司法にも大きな影響を及ぼしていく可能性がある（Rose 2007=2014）．そのため，発展している他の学問分野と司法の関連についても検討する必要がある．

　第3に，そもそも科学が司法に影響を与えないこともありうるという点がある．実際，少年法の厳罰化を促進した厳罰化ポピュリズムにおいては，少年犯罪の増減や，刑罰の抑止効果の有無といった基本的な科学的知見すら容易に無視されることがあるのが知られている（浜井 2008）．そのため，科学が司法に影響を与えうる社会的条件についても検討する必要がある．

以上のように，多くの検討課題を残してはいるものの，本章の議論が，脳科学と少年司法の関係をめぐる今後の社会学的研究の刺激となれば幸いである．

［文献］

赤川学，2006，『構築主義を再構築する』勁草書房．

赤羽由起夫，2007，「少年非行における医療化と厳罰化――『子供と医療化』の再検討」『犯罪社会学研究』32: 104-18.

――――，2012，「少年犯罪と精神疾患の関係の語られ方――戦後の新聞報道の分析を通じて」『犯罪社会学研究』37: 104-18.

――――，2016，「子どもの『心』と逸脱の知識社会学――少年犯罪報道における心理主義化を対象として」筑波大学大学院人文社会科学研究科博士論文．

――――，2017，「脳科学化する社会と少年観」『犯罪社会学研究』42: 19-32.

Conrad, Peter & Joseph W. Schneider, [1980] 1992, *Deviance and Medicalization: From Badness to Sickness,* Expanded edition, Temple University Press.（=2003，進藤雄三・杉田聡・近藤正英訳『逸脱と医療化――悪から病へ』ミネルヴァ書房．）

Deleuze Gilles, 1990, *Pourparlers: 1972-1990,* Minuit.（=1996，宮林寛訳『新装改訂版 記号と事件』河出書房新社．）

土井隆義，2003，『〈非行少年〉の消滅――個性神話と少年犯罪』信山社出版．

――――，2010，『人間失格？――「罪」を犯した少年と社会をつなぐ』日本図書センター．

Durkheim, Émile, 1912, *Les formes élémentaires de la vie religieuse: le système totémique en Australie,* Presses Universitaires de France.（=1975，古野清人訳『宗教生活の原初形態（上・下）』岩波書店．）

――――，1922, *Éducation et sociologie,* Félix Alcan.（=1976，佐々木交賢訳『教育と社会学』誠信書房．）

Foucault, Michel, 1975, *Surveiller et Punir: Naissance de la prison,* Gallimard.（=1977，田村俶訳『監獄の誕生――監視と処罰』新潮社．）

浜井浩一，2008，「はじめに――グローバル化する厳罰化ポピュリズムとその対策」『犯罪社会学研究』33: 4-10.

平井秀幸，2014，「『規律から管理へ』テーゼを再考する――『個別化に基づく規範化と序列化』としての現代的規律の考察に向けた試論」『四天王寺大学紀要』58: 441-68.

――――, 2015,『刑務所処遇の社会学――認知行動療法・新自由主義的規律・統治性』世織書房．

本田由紀，2005，『多元化する「能力」と日本社会――ハイパー・メリトクラシー化のなかで』NTT出版．

磯部潮, 2005, 『発達障害かもしれない——見た目は普通の, ちょっと変わった子』光文社.

樫村愛子, 2003, 『「心理学化する社会」の臨床社会学』世織書房.

片桐雅隆・樫村愛子, 2011, 「『心理学化』社会における社会と心理学／精神分析」『社会学評論』61(4): 366-85.

木村祐子, 2008, 「少年非行と障害の関連性の語られ方——DSM型診断における解釈の特徴と限界」『人間文化創成科学論叢』11: 227-36.

————, 2015, 『発達障害支援の社会学——医療化と実践家の解釈』東信堂.

牧野智和, 2008, 「少年犯罪をめぐる『まなざし』の変容——後期近代における」羽渕一代編『どこか〈問題化〉される若者たち』恒星社厚生閣, 3-24.

————, 2012, 『自己啓発の時代——「自己」の文化社会学的探求』勁草書房.

Malabou, Catherine, 2004, *Que faire de notre cerveau?,* Bayard Culture. (=2005, 桑田光平・増田文一朗訳『わたしたちの脳をどうするか——ニューロサイエンスとグローバル資本主義』春秋社.

Mannheim, Karl, 1931, "Wissenssoziologie," *Handwörterbuch der Soziologie,* Alfred Vierkandt. (=1973, 秋元律郎・田中清助訳「知識社会学」『知識社会学』青木書店, 151-204.）

美馬達哉, 2010, 『脳のエシックス——脳神経倫理学入門』人文書院.

森真一, 2000, 『自己コントロールの檻——感情マネジメント社会の現実』講談社.

中井孝章, 2009, 「『心理主義化』社会の終焉／『環境・脳制御主義』社会の黎明」『生活科学研究誌』8: 101-124.

————, 2013, 『W環境制御社会の到来』日本教育研究センター.

仁平典宏, 2009, 「〈シティズンシップ／教育〉の欲望を組みかえる——拡散する〈教育〉と空洞化する社会権」『自由への問い 5 教育』岩波書店, 173-202.

O'Malley, Pat, 1996, "Risk and Responsibility," Andrew Barry, Thomas Osborne & Nikolas Rose eds., *Foucault and Political Reason: Liberalism, Neo-liberalism and Rationalities of Government,* The University of Chicago Press, 189-207.

Pitts-Taylor, Victoria, 2010, "The Plastic Brain: Neoliberalism and the Neuronal Self," *Health,* 14(6): 635-52.

Postman, Neil, 1982, *The Disappearance of Childhood,* Dell. (=2001, 小柴一訳『子どもはもういない』新樹社.）

Rose, Nikolas, 1999, *Powers of Freedom,* Cambridge University Press.

————, 2007, *The Politics of Life Itself,* Princeton University Press. (=2014, 檜垣立哉監訳, 小倉拓也・佐古仁志・山崎吾郎訳『生そのものの政治学』法政大学出版局.）

坂井克之, 2009, 『脳科学の真実——脳研究者は何を考えているか』河出書房新社.

佐藤直樹, 1992, 「〈少年〉法の現在」芹沢俊介編『少年犯罪論』青弓社, 276-96.

柴野昌山, 1977, 「社会化論の再検討——主体性形成過程の考察」『社会学評論』27(3): 19-34.

渋谷望，2003，『魂の労働──ネオリベラリズムの権力論』青土社．

上野正雄，2017，「第 4 報告 脳科学・神経科学の進歩と少年司法」日本犯罪社会学会編『日本犯罪社会学会 第43回大会報告要旨集 2016』日本犯罪社会学会ホームページ，22-3，（2017年 4 月 5 日取得，http://hansha.daishodai.ac.jp/meeting_reports/PDF/meeting-reports_43_2016.pdf）．

山田陽子，2007，『「心」をめぐる知のグローバル化と自律的個人像──「心」の聖化とマネジメント』学文社．

山口直也，2015，「脳科学・神経科学の進歩が少年司法に及ぼす影響──米国における最近の動向を中心に」『自由と正義』66(10): 30-7.

Young, Jock, 1999, *The Exclusive Society: Social Exclusion, Crime and Difference in Late Modernity,* Sage.（=2007，青木秀男・伊藤泰郎・岸政彦・村澤真保呂訳『排除型社会──後期近代における犯罪・雇用・差異』洛北出版．）

（あかはね・ゆきお）

第5章

脳科学・神経科学と少年に対する死刑・終身刑

本庄　武

1. はじめに

　本章では，アメリカ合衆国連邦最高裁判所が，脳科学・神経科学の知見を取り入れることで，少年（犯行時18歳未満）に対する死刑の適用を禁止し，仮釈放のない終身刑の適用を厳しく制限する判断を示した諸判決を紹介し，その意義について，若干の検討を行う．

2. ローパー判決

　議論の端緒を開いたのは，犯行時18歳未満の少年に対する死刑賦科は，合衆国憲法修正8条が禁止する「残虐で異常な刑罰」として，憲法違反であると宣明したローパー判決であった[*1].

　問題になった事案は，17歳の高校生が住居侵入をしたところ，以前交通事故のトラブルで面識のあった女性に顔を見られたという理由で，女性を拉致し橋の上から投げ棄てて，溺死させたという殺人事件であった．

　本判決では，その根拠として心理学の発展を強調した．すなわち，少年の能力は，①合理的意思決定の能力が弱い点，②周囲に影響を受け振り回されやすい点，③自身の本来的な人格特性とは異質な行動をしてしまいやすい点において，非難可能性（culpability）が低いというのである．

　ただし，少年の発達は一様ではなく，稀には成熟した少年もいると思われるものの，その正確な判別を行うことは困難で，未成熟な少年を誤って死刑

＊1　*Roper v. Simmons*, 543 U.S. 551 (2005).

にしてしまうおそれが否定できず，それを防止するために，この年代の少年にはカテゴリカルに死刑を禁止することが必要である，とされたのである．

しかし，子どもから大人への発達は徐々に行われていくものであり，20歳を超えてもなお発達し続けるとされているにもかかわらず，なぜ18歳で線を引くのだろうか．これに関しては，社会が多くの目的のために子ども期と大人期の線を引いているのが18歳であり，死刑の適格性もこれに倣うべきだから，とされている．

ローパー判決は，当初，死刑は特別だ（Death is different）という考え方に沿って出されていた一連の死刑抑制判決の一環として理解されていた．連邦最高裁判所は一般的に犯罪と刑罰が著しく不均衡である場合にのみ憲法違反とする姿勢をとる一方で，死刑が問題となる場合についてだけは，死刑という刑罰が終局性と回復不可能性という2つの特殊性を有することを根拠に，ある類型の事件に死刑を科すことの憲法適合性について，厳格な審査を行ってきた．ローパー判決の前後においても，精神遅滞者に死刑を科すことや幼児への性的虐待事件に死刑を科すことは憲法違反であるとした判例が出されており，[*2]ローパー判決もこの一環であると理解するのが自然であった．連邦最高裁判所は，死刑の合憲性を審査する際に，国民的同意を重視し，その指標として，どのくらいの州が当該ケースで死刑を廃止しているかを考慮してきた．判断の決め手になるのは，当該類型の事件で死刑判決を言い渡すことが，「社会の成熟度合に応じて発展する品位という基準（the evolving standards of decency that mark the progress of a maturing society）」に合致し得るか，という規範的な価値判断である．そのため，ローパー判決が援用していた，少年の非難可能性が低減していることを示唆する発達心理学的知見は，それ自体が少年に死刑を科すことの決定的な論拠というわけではなく，あくまでも，品位の基準に照らした評価を行うに当たっての重要な検討材料にとどまる，と位置づけるのが穏当なところであったように思われる．

ところが，ローパー判決が依拠した国民的合意というのは，かなり脆弱なものであった．かつて連邦最高裁判所は，16歳以上18歳未満に対する死刑判決を合憲と判断した．[*3]ローパー判決当時，その時点から15年が経過していたが，その間に死刑を廃止したのは5州にとどまり，依然として20州が少年

＊2　*Atkins v. Virginia,* 536 U.S. 304 (2002), *Kennedy v. Louisiana,* 554 U.S. 407 (2008).

＊3　*Stanford v. Kentucky,* 492 U.S. 361 (1989).

に対する死刑を存置している状況であった．各州の態度に決定的な変化があったわけではなかったのである．にもかかわらず，少年に対する死刑が違憲と判断されたことには，強固な発達心理学の知見が影響したのではないかと推測されるところである．

　ローパー判決は前述のように，3点にわたって少年の非難可能性が低減しているとみるべき根拠を挙げていた．この指摘は，心理学者ローレンス・スタインバーグと法学者エリザベス・スコットの共著論文に依拠したものであったが[*4]，そこでは非難可能性の低減が説得的に論述されていた．すなわち，一般論として刑事責任の限定は3つのカテゴリーにおいてなされる．第1に，犯罪に関与するという選択に影響する意思決定能力に内因性の損傷や欠如がある場合である．これは，精神病，精神遅滞，極端な精神的苦痛，影響や支配にさらされることによって生じうる．第2に，行為者が直面した外部的状況が，通常の（合理的な）人であっても同様のプレッシャーにさらされたと言えるほどに強制的である場合である．これは，強要，挑発，外傷のおそれや極端な必要性に関係している．第3に，典型的な犯罪と異なり，その行為が行為者の性格を反映しておらず，犯罪が悪性格の産物ではないとされる場合である．例えば，初犯の場合，真摯な悔悟が表明されている場合や損害回復の努力がなされている場合，堅実な仕事に就いていた場合，家族への義務を果たしていた場合，よき市民である場合のように，被告人の確立した性格特性や法の価値を尊重する姿勢に照らして犯罪が異常といえる場合には刑が減軽されうるのである．これらのカテゴリーに照らして少年の有責性を検討するならば，①青年期の認知的・心理社会的な発達水準が十分でないことは，犯罪を含む行動選択に影響し，意思決定能力を損ない得る．②意思決定能力の未成熟さと自律性の不足の故に，青年期は成人よりも周囲の人間関係から影響を受けやすい．③青年期はなおアイデンティティの形成過程にあるため，その犯罪は成人の犯罪より悪性格を反映しづらい．以上のような説明により，典型的な青年期にあっては成人よりも有責性は低減していると主張されていたのである．

　なお，刑事責任論の根拠として意思理論と性格理論の2つの対立があるところ，①②は意思理論に依拠し，意思決定の自由度が類型的に低いことを指

---

*4　Steinberg, Lawrence and Elizabeth S. Scott, *Less Guilty by Reason of Adolescence: Developmental Immaturity, Diminished Responsibility, and the Juvenile Death Penalty,* 58(12) Am. Psychologist 1009 (2003).

し示すものであるが，③は性格理論に依拠し，性格の行為への反映の程度が低いがゆえに責任が低減するという主張につながる．この2つの理論が両立するかは責任論の課題であるが，ここではその問題には踏み込まない．今ここで確認しておくべきは，意思理論に依拠する場合，③が非難可能性の低減をもたらす根拠になるかはさらに検討が必要であるものの，少なくとも，人格が流動的であることは，将来的に適切な支援を受けつつ成長発達を遂げていけば，自らの行動を統制していけるようになることを示すことは疑いがない，ということである．これこそが少年法が重視してきた少年の可塑性であり，可塑性について実証的基盤が示されたことの意義は大きなものがある．

このように少年の有責性低減に関する科学的知見は，一般的な青年期の特性論にとどまらず，刑法の基本原則に即して整理された形で主張されるに至っており，かなりの説得力を有するようにみえる．しかし，ローパー判決の反対意見は多方面にわたって反論を試みているため，それを検討しなければならない．[*6]

第1に，青年期が一般的に成人よりも成熟していないとしても，十分に成熟している場合が稀であるとの証拠はない．第2に，成熟性の程度には個人差があり，年齢で線引きを行うことは恣意性を免れない．第3に，アトキンス判決で問題となった精神遅滞者の場合は，「定義上」認知や行動の能力が損なわれているが，青年期と能力の間にはそのような対応関係がない．第4に，罪刑の均衡性をよりよく達成できるのは，一律に少年への死刑を禁止することではなく，陪審が減軽要素を適切に判断できるように個別事情に即した量刑を可能にしておくことである．第5に，陪審に死刑の決定を委ねる制度は，彼らに適切な判断能力があると信頼することが前提となっている．陪審は成熟性の判断を適切に行えないというが，他の要素とは異なり成熟性だけを特別に扱う根拠は示されていない．

さらに，第6に心理学的知見は妊娠などのリスクについての調査に基づいており，殺人のような重大な結果をもたらす行動を同列に扱うことはできない．第7に，アメリカ心理学協会は，親の同意なしに中絶を決断する能力は16歳未満でも十分に備わっているという科学的知見があると主張しており，その主張と18歳未満の成熟性は十分でないとの主張の整合性は疑わしい．

＊5　Scott, Elizabeth and Laurence Steinberg, *Rethinking Juvenile Justice,* Harvard University Press, 2008, at 124.

＊6　以下の第1点から第5点はオコナー裁判官の反対意見，第6,7点はそれに加えてスカリア裁判官の反対意見に表れた指摘である．*Roper, 543 U.S. 551, 598; 617.*

以上の批判のうち，１点目については，ある目的のために一定の年齢で線引きを行う制度を設ける際に，そこまでの証拠の存在は通常要求されないと思われる．例えば青年期への悪影響を理由に喫煙禁止年齢を設定する場合，悪影響が及ぶことが一般的に認められるのであれば十分なのではないだろうか．

　２点目，４点目については，例外的に青年期で既に十分な成熟を遂げている場合があり得るとしても，それを適切に判別できないとすれば，個別審査に委ねるべきでないという見解には説得力がある．少年期に犯罪を犯した者の予後を調査した研究で，成人後に立ち直った場合と常習的な犯罪者になった場合とで，少年期の犯罪の特徴は類似しているとの指摘は重い[*7]．

　３点目については，青年期にあっては必ずしも精神遅滞者ほどに認知・行動能力が低減していない場合があるというのはその通りであろう．むしろそうでない場合が通例だと思われる．しかし，少年の有責性低減の根拠に，人格が形成途上にあり，犯行に本人が本来有している悪性が反映する程度が低いという精神遅滞者にはみられない特徴が含まれている点に注目する必要がある．この可塑性とか成長発達可能性という言葉で語られてきた要素を有責性評価に組み込むことで，精神遅滞者ほどに能力が低減していない場合であっても，それを補うという論理構成が用いられているのである[*8]．これはまさに，少年に特有の罪責評価と言いうるであろう．

　５点目については，未成熟性という要素を特別扱いするのは，それが将来についての予測判断を伴っており，かつ，刑を減軽する要素でありながら加重する要素としても受け取られうるという両義的な性質を有しているからであろう．再犯の可能性など予測判断は一般に難しいが，科学的知見を適正かつ謙虚に用いれば不可能とまでは言えないであろう．他方で，精神障害のように両義的な性質を有する判断は他にもあるが，その場合は必ずしも予測判断には重点がない[*9]．この２つの特徴を併せ持つ未成熟性の評価は，陪審の

＊7　Steinberg & Scott, *supra* note 4, at 1015.

＊8　犯行に規範意識（の低さ）が反映している程度に応じて，責任が重くなるという理論は，日本でも性格論的責任論（性格相当性の理論）という名で主張されている．問題点も含め，井田良『講義刑法学・総論（第２版）』（有斐閣，2018年）393頁を参照．他方で，少年には将来成長発達を遂げることで，自らの犯行を冷静に見つめ刑事罰を受ける以外の形で責任を果たしていくことが期待できる，という点に注目して，少年に特有の有責性の低減論を導く可能性もあると思われる．こうした構想については，本庄武「少年刑事事件における，憲法上の権利としての手続的・実体的デュー・プロセス」同『少年に対する刑事処分』（現代人文社，2014年）15頁を参照．

＊9　ただし，裁判員裁判で責任能力判断をどう適正に行うかは難問である．

判断にはなじまない，という結論は十分な合理性を有すると思われる．

　6点目については，殺人などの行動を別異に扱うというのであれば，むしろその根拠を示すべきであろう．一定の科学的知見を受け入れた上で，その適用範囲について素人的に限定をかける姿勢は科学の用い方として適正とは思われない．

　7点目については，認知的能力は情緒的・社会的成熟性よりも早期に成人と同じ水準に達するため，青年期は，妊娠を終わらせる決断をするのに必要な能力を有しつつ，それでもなお刑事責任の程度は成人よりも低いと主張することは全く合理的である，と反論されている．具体的には，認知能力の発達は16歳まででほぼ頭打ちになるのに対し，心理社会的成熟性は青年期中期に初めて発達し始め，青年期後期から成人期初期にかけて発達し続ける．すなわち10-11歳，12-13歳，14-15歳，16-17歳の各グループ間では心理社会的成熟性に有意な相異はないのに対し，16-17歳と22-25歳の間，18-21歳と26-30歳の間には有意な相異がある，というデータが存在するとされている[10]．

　このように見てくると，裁判所が独自の判断として，少年の有責性は一般に成人より低減しており，そうでない場合があるとしてもそれを適切に判別するのが難しい以上，最悪の犯罪者だけに留保されるべき死刑を少年に科すことは一律にすべきでない，とした判断は，相応の科学的根拠を有し，それに究極の人権侵害でありかつ取り返しがつかないという死刑の特殊性[11]を加味するならば，十分に是認できるように思われる．

3．グラハム判決

　次いで，連邦最高裁判所はグラハム判決において，非殺人事件において犯行時18歳未満の少年に仮釈放のない終身刑（Life Without Parole, 以下LWOP）を科すことが憲法違反であるとした[12]．

　事案は，強盗未遂による保護観察中に武装住居侵入強盗を犯した17歳の少

＊10　Laurence Steinberg, et al., *Are Adolescents Less Mature Than Adults?: Minors' Access to Abortion, the Juvenile Death Penalty, and the Alleged APA "Flip-Flop"*, 64 Am. Psychologist 583 (2009).

＊11　本庄武「裁判員時代における死刑事件のデュー・プロセス」季刊刑事弁護64号（2010年）70頁．

＊12　*Graham v. Florida*, 560 U.S. 48 (2011).

年に対し，もはや矯正不能であるから社会防衛に焦点を当てざるを得ないとして，裁判所がLWOPを言い渡したというものである．連邦最高裁は，非殺人事件を犯した少年にLWOPを科すのは，残虐で異常な刑罰として憲法修正8条違反であると判示した．その論理は以下のようなものである．

　従来，判例は罪刑均衡が問題となる場合に2つの審査方法を使い分けてきた．第1に，拘禁刑が問題となる場合は，犯罪と量刑との間に厳密な均衡性は要求されず，犯罪と著しく不均衡な極端な量刑のみが禁止される．第2に，死刑事件については，犯罪の性質や犯罪者の属性に着目して，カテゴリカルなルールが定立されてきた．これにより非殺人事件，行為時18歳未満，精神遅滞者について，カテゴリカルに死刑が禁止されている．カテゴリカルなルールを採用する場合，当該量刑実務に反対する国民的合意の有無が考慮されるとともに，裁判所独自の判断により当該処罰が憲法に違反するかどうかが決定される．このように死刑事件かそれ以外かにより判断基準の使い分けがなされていたところ，グラハム判決は，この事件では，ある属性を有する犯罪者が一定の犯罪を犯した場合に適用される特定の量刑が問題になっていることを理由に，カテゴリカル・アプローチが適用されるとした．

　そこでまず国民的合意の客観的指標が問題になるところ，37州，DC及び連邦が非殺人罪について少年にLWOPを科すことを認めているが，実際の量刑実務において，殺人を犯していない少年にLWOPが科されることは極めて稀であり，判決当時この類型に該当する受刑者は11州の123名にとどまる．この人数は，他の修正8条違反が問題となった類型に比して多いものの，[*13] 母数の多さからすれば，残虐で異常な量刑実務と評価されるほど稀であるといえ，この類型に反対する国民的合意が形成されているといえる．また，多くの州が少年を刑事裁判所に移送したり訴追したりすることを認め，刑事裁判所ではLWOPを含む成人と同様の刑罰が科されることになっているが，この事実は多くの州が少年にLWOPを科すことを意図していたことを意味しない．

　国民的合意は大いに尊重されるべきものであるが，決定的ではない．刑罰が残虐で異常であるかは，裁判所が，罪質と性格に照らした行為者の有責性と処罰の重大性を考慮して，自らの責任で決する事柄である．ローパー判決は，少年は①成熟性が欠如し責任感が未発達であること，②同輩を含む周囲

＊13　殺人共犯事件での非殺害者に対する死刑判決は1954年から1982年の間に6件のみ，精神遅滞者への死刑判決は13年間で5件のみ．

の否定的影響や圧力を受けやすいこと，③性格があまり固まっていないことという特徴を有しているが，少年の犯罪が不幸で流動的な未成熟性を反映したものか，稀に存在する修復不可能な堕落を反映したものか，を判別することは専門家でも難しいため，信頼性のある方法で少年を最悪の犯罪者と分類することはできず，従って少年の犯罪を成人ほどに非難することはできない，と判示した．最近のデータによっても，この判示を再考する必要はない．心理学や脳科学の発展は，少年と成人の心には基本的な相違が存在することを示し続けており，例えば行動の統制に関わる脳の部分は青年期後期にかけて成熟し続けるとされている．他方で裁判所は殺害を行わず，殺害を認識・予見していない被告人は殺人者ほど最も重い処罰にはふさわしくないと判示している．そのため，成人殺人者に比べて少年の非殺人者は二重の意味で道徳的有責性が低減している．

　次に，処罰に関しては，LWOPは法が認めた2番目に重い刑罰であり，死刑との間でだけ共有している特徴がいくつかある．LWOPでは，犯罪者の最も基本的な自由が回復不可能な形で奪われる．この刑罰が少年に適用されると，希望を否定することをも意味する．少年は成人よりも長期の間，人生の大部分を刑務所で過ごすことになる点で，LWOPは少年には特に厳しい刑罰となる．さらに当該刑罰の刑罰論上の正当化が出来なければ，性質上犯罪と均衡しなくなるため，刑罰論的考察が必要となるが，以下のように正当化は出来ない．❶応報に関しては，社会の道徳的激昂の表明であれ，被害者の被った害悪の是正であれ，少年に対しては成人に対するほど強くはなく，非殺人事件ではさらに弱くなるため，2番目に重い刑罰を正当化しない．❷抑止に関しては，少年は抑止されにくく，少年の非殺人者の道徳的責任が低減していることからすれば，LWOPの限られた抑止効果はこの刑罰を正当化するのに十分ではない．❸隔離に関しては，少年が永久に社会にとって危険だと想定するには，少年が矯正不能だと判断することが必要となるが，その判断は専門家でも難しいことである．❹社会復帰に関しては，LWOPは少年が社会に戻る権利を否定するものであるが，この判断は少年非殺人者が変化の能力を有し，道徳的有責性が低減していることからすれば適切ではない．またLWOPを科されると，しばしば職業訓練等の社会復帰のための支援を受けられなくなる．

　政府が義務付けられるのは，非殺人犯罪で有罪となった少年犯罪者に対して，終局的な自由を保障することではなく，成熟と改善を示すことにより釈放を得る有意義な機会を提供することである．州は，非殺人事件を犯した少

年に終局的に自由になることを保障する必要はない．修正8条は，刑事施設内で一生涯を送らせることを妨げるわけではなく，あくまでも刑執行開始時点で社会に戻る可能性を閉ざすことを禁じているのである．

　こうしたカテゴリカルなルールが必要になるのは，ⓐ犯行が，回復不能なほど腐敗した少年の性格を徴表するとの主観的判断に基づいて，LWOPが言い渡されることや，少数の矯正不能者が多数の変化の能力を有する者から正確に判別されないことを防ぐ必要があり，ⓑ少年は，成人に不信感を抱き，刑事司法について十分な理解を有していないため刑事手続で弁護人から有効な援助を受けることが難しい，という事情に起因して，裁判官や陪審員が，仮釈放のない終身刑に値するほどの有責性があると誤って判断するおそれがあり，ⓒすべての少年に成熟し改善したことを示す機会を与えなければならないためである．

　さらにアメリカが非殺人事件で少年にLWOPを科している唯一の国であり，国連の子どもの権利条約が犯行時18歳未満の者にLWOPを科すことを禁じていることから，圧倒的多数の国際世論がこの刑罰に反対していることが窺えることは，違憲という結論の正しさを確認させる．

　以上見てきたグラハム判決の特徴は，第1に，死刑だけが特別に厳格な均衡性審査に付されるという長きに亘る伝統を打破したことである．確かにLWOPは，死刑に付きまとう国家による殺人の正統性に対する疑念を免れている．一方で，再び社会に戻る可能性が閉ざされる点で，死刑に次ぐ重さを有している刑罰でもある．

　グラハム判決は，少年にLWOPを適用することは終身の自由を剥奪するのみならず希望をも剥奪すると指摘しており，通常の拘禁刑にはない特性を有することから，1つのカテゴリーを構成するとされた．LWOPという刑罰の特性についての鋭い指摘である．このことは，判決がLWOPが残虐で異常な刑罰であると判断し得た理由にも関連している．判決は，対象犯罪が最も重大とは言えない場合であり，行為者が非難可能性が類型的に低減する少年であることの2つの要素を併せて考えている．仮釈放の可能性を閉ざすというLWOPの特性からすれば，隔離の観点と社会復帰の観点で，少年の成長発達可能性の高さから，被告人が将来社会にとっての脅威的存在ではなくなる可能性が十分あるとされれば，違憲判断を導くのに十分であるようにも思える．しかし判決は，応報の観点や抑止の観点からも，LWOPは違憲であるとしている．このことは，応報や抑止の観点からは終身の拘禁が必要であり，隔離

や社会復帰の観点から仮釈放の余地が認められるかだけが，LWOPと仮釈放のある終身刑の違いであるということではなく，既に応報や抑止の観点からもLWOPは仮釈放のある終身刑よりも重い刑罰である，という理解を示唆している．仮釈放のある終身刑を受け終身拘禁された場合でもなお，LWOPよりも軽い刑罰であるとすれば，その違いは仮釈放の希望を抱けるかどうかだということになる．

なお，判決が弁護活動が不十分である場合が否定できないという理由から，個別的にLWOPが許容されるか否かを審査するのでは十分でない，と判示した点も重要である．この点は，矯正不能性の誤認に関するローパー判決の指摘にも通じ，少年事件を考える際に見落としてはならない重要な指摘である[*14]．

第2に，グラハム判決は，国民的合意に関して，実際に非殺人事件でLWOPを科されている少年が稀ではないにもかかわらず，賦科の比率を問題にすることによりその稀少性を論証している．これは「成熟社会の品位の基準」を適用するに当たり，世論の占める地位がローパー判決よりもさらに一層後退し[*15]，裁判所独自の判断がより前面に出たことを意味する．このことは，次に指摘する脳科学の援用にも関連しているのかもしれない．すなわち，経験科学による裏付けが一層増したことにより，裁判所独自の判断の妥当性についての確信も増し，世論にとらわれない判断が可能になった側面があるように思われるのである．裁判所は，世論の圧倒的多数が残虐だと考える場合についてだけ，ある刑罰賦科を違憲と判断するわけではない，という事実は，今後の刑罰改革に展望を抱かせるものだといえる．

第3に，グラハム判決はローパー判決を引き継いで，経験科学の知見を重視している．とりわけローパー判決にはみられなかった，脳科学への明示的言及がなされている点が注目される．脳科学には，虐待の影響などを見る異常脳科学と正常脳科学があるが，ここで言及されたのが正常脳科学である．現在の脳科学において，脳の所見の違いが行動にどう影響するかはまだ十分に解明されていない．学説上は，脳科学は未だ発展途上の科学であり，過剰

---

*14 トーマス裁判官の反対意見は，我々の刑事司法制度の廉潔性は被告人と怒れる公衆の間に立つ市民の能力に依拠しているとして，こうした理由付けは全く十分でないと主張している．*Graham,* 560 U.S. 48, 118.

*15 トーマス裁判官の反対意見は，成人にLWOPを科し得る犯罪で少年への賦科を認めない州は5つしかないことが，当該類型に反対する国民的合意が存在しないことを圧倒的に示す，と主張する．*Graham,* 560 U.S. 48, 107.

に重視すべきではないとの強い批判が提起されているが，その批判は正当[*16]であろう．脳を個別事件で鑑定して，その発達の遅れを明らかにすることには慎重でなければならない．しかし，一般論として青年期の脳の発達過程に関する知見を取り入れて，制度改革を行うことは可能である，ということを示したのがグラハム判決である．注意すべきなのは，脳科学の知見は，単独で意味を有したというわけではなく，心理学の知見を補強するものとして言及された，という点である．前述したローパー判決が引用したスタインバーグとスコットの論文では，心理学の知見を補強するものとして脳科学の成果に言及されていた．青年期において，認知を司る脳の部位は早期に発達するが，行動統制を司る部位は遅れて発達するというのである[*17]．このことは，心理学実験を通じて確認された青年期の行動統制能力の弱さに関する知見と符合し，それに生物学的な根拠を付与するものであるといえる．この段階で，連邦最高裁判所は，自ら脳科学の知見を承認したことになる．こうした副次的な使われ方である限り，脳科学を援用することも許されるものと思われる．

4．ミラー判決

　次いで2012年のミラー判決の事案では[*18]，アーカンソー州とアラバマ州の2人の14歳の少年が，それぞれ死刑相当殺人（Capital Murder）と放火殺人で有罪となり，いずれの犯罪も必要的最低刑（Mandatory Minimum Punishment）がLWOPであったため，裁判所は裁量の余地なくそれを宣告した．これに対し連邦最高裁は，殺人を犯した少年に対しLWOPを科すことを義務付ける制度は，修正8条違反であるとした．その理由は以下の通りである．

　本件は2種類の先例に関係する．1つは，ある属性を有する行為者の有責性と刑罰の重さが不均衡である場合のカテゴリカルな禁止である．ローパー判決は少年に対する死刑を禁止し，グラハム判決は非殺人事件で少年にLWOPを科すことを禁止した．この両判決はまず，子どもは量刑に際して成人とは憲法上異なることを立証している．これは常識だけでなく，科学的知

＊16　Terry A. Maroney, *Adolescent Brain Science After GRAHAM v. FLORIDA*, 86 Notre Dame L. Rev. 765 (2011), Stephen J. Morse, Brain Overclaim Redux, 31 Law & Ineq. 509 (2013).

＊17　Steinberg & Scott, *supra* note 4, at 1013.

＊18　*Miller v. Alabama*, 567 U.S. 460 (2012).

見に裏付けられたものである．また両判決は，若年性という属性は少年に最も峻厳な罰を科すことの刑罰論的正当化を難しくするとも強調している．グラハム判決はLWOPの禁止を非殺人事件のみに適用しており，殺人事件との道徳的有責性の差異に注意を払ってはいるが，しかし子どもの流動的な精神的属性や環境への脆弱性についての指摘には，何ら罪種に特化したものはなく，その特徴は同様にかつ同程度に，強盗が失敗し殺害に至った事例にも当てはまる．より基本的なこととして，グラハム判決は若年であるという事情は，LWOPの相当性を考えるに当たり重要な事情であるとしている．にもかかわらず，必要的に刑を科せばこの事情を考慮することができなくなり，グラハム判決の基本原理に反することになる．

そしてグラハム判決が少年へのLWOPを死刑になぞらえたことにより，死刑を科す際に個別的な量刑を要求する第2の先例群を，LWOPに関連づけることが可能になった．必要的にLWOPを科す制度は，少年の年齢，実行犯か従犯か，家庭環境の悪さといった事情を考慮できず，さらに悪いことに類似の犯罪をした成人と同じ刑を科され，実際は少年にはより重く作用してしまうという事態を招いてしまう．LWOPを科す際に若年性を考慮しない場合，不均衡な処罰となるリスクが大きすぎるため，修正8条は少年に対して必要的にLWOPを科すことを禁止する．本件を判断する上ではこの判示で十分であるため，少年に対するLWOPのカテゴリカルな禁止の是非については検討を行わない．しかしながら，ローパー判決やグラハム判決が示すように，少年期に，不幸にも流動的な未成熟性ゆえの犯罪を犯した場合と，修復不能なほどに腐敗したがゆえの犯罪を犯した稀な場合とを判別することは特に困難であるがゆえに，仮釈放なしの終身刑が少年に適切と判断される状況は「めったにない（uncommon）」と考えられる．

650グラムのコカイン所持に必要的にLWOPを科す制度を合憲とした先例[19]は，少年を念頭に置いていないため，本判決と抵触しない．この先例が承認したように死刑が特別（death is different）であるならば，子どももまた特別である（children are different too）．社会で最も峻厳な刑罰に関する法律が，そうした区別を行うのは驚くべきことではない．

国民的合意に関しては，29の法域が殺人を犯した少年に対しLWOPを必要的に科しているが，本件では一定の刑のカテゴリカルな禁止が問題になって

---

*19　*Harmelin v. Michigan*, 501 U.S. 957 (1991).

いるわけではなく，また本件はローパー判決，グラハム判決と個別化量刑という2つの先例群から直接に導出される帰結であるため，立法を吟味する必要はない．また，グラハム判決では39法域が非殺人事件で少年にLWOPを科しており，ローパー判決等では死刑禁止州が許容州の半分以下であったのに，その刑に反対する国民的合意があったとされており，いずれにせよ本件では国民的合意が肯定できる．さらに，グラハム判決の場合と同様に，多くの州は少年を成人裁判所に移送することを認める制度と一定の犯罪に対し必要的にLWOPを科す制度を有しているだけで，少年を念頭に置いた別個の処罰規定を有しておらず，少年に対し必要的にLWOPを科すことを意図していたとは言えない．また移送判断が裁量的に行われる場合でも，量刑の個別化としては十分ではない．というのも，移送段階では，典型的には少年自身や犯行状況については限られた情報しかなく，また少年として軽く処罰するか成人として重く処罰するかが争点となっており，LWOPが念頭にない場合も容易に想像できるためである．

　ミラー判決の特徴は，何よりもまず第1に，「少年も特別だ」と明言することにより，少年に対する刑事処分は，独自の原理により規律されなければならないことを示した点にある．今や，死刑が問題になる場合と並び，被告人が少年である場合も，厳密な審査が求められるようになったといえる．

　第2に，ミラー判決は，29の法域が認めている制度について，グラハム判決が問題にした39の法域よりも少ないことを理由に，当該制度に反対する国民的合意の存在を肯定する．しかしながらグラハム判決で重視された，当該刑が実際に賦科された件数は，必要的にLWOPを科す場合，量刑判断者の裁量が剥奪されるため，必然的に多くなるところ，ミラー判決ではその点は単に殺人を行った少年の数を示すに過ぎないとして軽視されている[20]．立法者が量刑判断者の裁量を剥奪する判断をしたことも1つの民主的正統性を有する決定であるとみる余地もあるところ，敢えてこうした立論が行われている点で，世論というメルクマールが占める地位はグラハム判決に比べても一層後退したと評価できよう．

　第3に，ミラー判決は，ローパー判決とグラハム判決の結論を支持する科

＊20　*Miller,* 567 U.S. 460, 484. 少年へのLWOP賦科件数は，それを任意的としている15州が15％に過ぎず，必要的としている29州が85％を占めていることから，賦科が任意的となれば，少年にLWOPが科されることは相対的に稀であることがわかる，と指摘されている．

学的知見は遥かに強化された，との評価を加えている[21]．

第4に，ミラー判決は，殺人事件であったとしても個別の非難可能性を見極めることが必要であるとした．自動的にLWOPを科す制度には，①少年の年齢やそれにまつわる未成熟さ，性急さ，リスクや結果の評価の不適切さ，②家族・家庭環境，③犯罪の状況とくに仲間の圧力，④若年ゆえに，捜査官と取引したり弁護人を助けたりする能力が存在しない，という状況がなかったとした場合に，より軽い罪で訴追及び処罰された可能性，⑤社会復帰できる可能性を無視すること，の5点の懸念が存在する[22]．逆に言えば，これら5つの要素を考慮することなしに，LWOPを言い渡してはならないことになる．

ただし，ローパー，グラハム，ミラーと続いた少年に対する刑事処分に関わる判例の射程がどこまで及ぶのかは，なお未知数である．ミラー判決では，本件の解決には上記の理由づけで十分であるという理由により，そもそも少年に対してはカテゴリカルにLWOPが禁止されるべきではないかという点については，判断が示されなかった．判決は，殺人を犯した少年に対する仮釈放のない終身刑がカテゴリカルに禁止されるか，という問題を保留している．

ミラー判決が敢えて必要的な賦科のみを禁じたのは，少年に対する仮釈放のない終身刑賦科に反対する国民的合意はなお成立していないとみたためかもしれない．それに代えて，問題を必要的賦科の是非に限定することで，国民的合意の有無を判断する際に，少年に対する仮釈放のない終身刑の実際の適用状況を問題にせずに済んだ．しかし，それにより判例は深刻な矛盾を抱え込むことになってしまった．ローパー判決，グラハム判決はいずれも，少年期において，十分に成熟し最も重い刑罰が相当な少数の少年犯罪者と，それ以外の有責性が低減した大部分の少年犯罪者を的確に判別することは専門家にとってすら難しい，ということをカテゴリカルなルールを設定する根拠としていた．ところがミラー判決は，それと矛盾する個別的な審査による対応という道を選択し，判別困難性を，仮釈放のない終身刑が少年に科されることは「めったにない」という予測の根拠としてしか用いていない．そして，「われわれは殺人事件での量刑判断者の判断能力に制約を付すことはしないものの，子どもがどう特別なのか，その特別さが取返しのつかない形で終身刑を量定することに対していかなる忠告を行うのか，を考慮することを求め

---

*21　*Miller,* 567 U.S. 460, 472.
*22　*Miller,* 567 U.S. 460, 477.

るものである」と述べるのである[23].

　しかし個別的な考慮により，真に当該刑に値する者の正確な判別がなされ，結果として，当該刑の賦科が「めったにない」という状態が確保されうるのであれば，そもそも量刑の個別化を求める先例群とは別に，カテゴリカルな禁止を宣言する先例群は生まれなかったはずである．また，ローパー判決は，少年犯罪に特有の野蛮さや冷酷さが少年の未成熟さ等に基づく刑の減軽の主張から目を奪い，むしろ刑を加重する事情と評価されるおそれがあることをも，カテゴリカルな死刑禁止の理由としていた[24]．ミラー判決はこの点に言及していないが，同様のことは，LWOPを量定する際にも妥当するであろう．またミラー判決自体，少年の特性に関するグラハム判決の指摘は殺人の事例にも妥当すると述べている．今後，少年に対するLWOPが一律に禁止される可能性はあるだろう[25]．

5．モントゴメリー判決

　最後に，2016年のモントゴメリー判決は，ミラー判決が下される遥か以前，17歳のときに殺人を犯し必要的にLWOPを科された69歳の受刑者が，遡って判断をやり直すことを求めた訴訟において，ミラー判決が遡及適用されることを確認する判断を下した[26]．

　前提として，憲法上の新たな刑事手続規範の効果は原則として遡及しないが，新たな実体法規範の効果は遡及する，という判例が存在した[27]．手続規範は判断の正確性を高めるのに過ぎないのに対し，どんなに手続に誤りがなくても，憲法がある刑罰を科すことを免れさせているところでは，当該刑罰は正当なものであり得ないからである．違憲の法律の下での有罪は，単に誤っているだけでなく，違法であり無効であるため，拘禁の合法的原因足り得ない．

＊23　*Miller*, 567 U.S. 460, 479.

＊24　*Roper*, 543 U.S. 551, 573.

＊25　James Donald Moorehead, *What Rough Beast Awaits? Graham, Miller, and the Supreme Court's Seemingly Inevitable Slouch towards Complete Abolition of Juvenile Life Without Parole,* 46 Ind. L. Rev. 671 (2013). ミラー判決のロバーツ首席裁判官反対意見は，本判決は少年に対するLWOPの完全な禁止に道を開き，さらには，少年に対するあらゆる必要的量刑や，少年に対する同様の状況の成人と同程度の刑を科すことを阻む明確な理由は存在しなくなる，との「警告」を発している．Miller, 567 U.S. 460, 501.

＊26　*Montgomery v. Louisiana,* 136 S. Ct. 718 (2016).

＊27　*Teague v. Lane,* 489 U.S. 288 (1989).

問題は，ミラー判決が新たな憲法上の実体法規範を宣明したものかどうか
であるが，これは肯定される．ミラー判決の下では，少年の年齢が量刑に当
たって考慮されただけでは，修正8条違反である．ミラー判決は，犯した犯
罪が修復不能な腐敗を反映しているといえる稀な少年犯罪者以外に対しては，
LWOPは過剰であると述べており，犯した犯罪が若年者の過渡期の未成熟性
を反映したといえる少年犯罪者にLWOPを科すのは憲法違反となるためで
ある．ただし州は，ミラー判決違反を解消するために，量刑をやり直さずと
も，仮釈放の可能性を検討すればよい．ローパー，グラハム，ミラー判決は，
子どもは憲法上有責性のレベルで大人とは区別されるとしているため，申立
人モントゴメリーには，犯した犯罪が修復不能な腐敗を反映してはいないこ
とを示す機会が付与され，そうでなければ，刑務所外で生きる希望が回復さ
れなければならない．
　ミラー判決を巡っては，犯罪者の若年性とそれに伴う属性を考慮するとい
う一定の手続の履践を求めたものだと解する余地もあったが[*28]，その中で多
数意見が敢えてミラー判決を実体法規範であると解した意義は大きい．少年
の殺人事件に対してLWOPが相応しい刑罰であることは「めったにない」と
いうミラー判決の指摘は，拘束力のない単なる指針ではなく，当該少年の犯
罪が修復不可能な性格の悪性を反映しているような稀な事例を除き，少年へ
のLWOPの適用は憲法に違反する過剰な刑罰として禁止されるという，より
強い意味を有することが明確になった．こうした判断が導かれたのは，少年
におよそ死刑を科すべきでなく，ほとんどの場合LWOPも科すべきでないと
いうのが，単に特定の法思想に基づく原則ではなく，少年の特性に関する経
験科学に裏打ちされた規範だったからだと思われる．少年はほとんどの場合，
未成熟であり，改善の余地を残しているというのが，現在のアメリカにおけ
る憲法上の実体法規範である，ということになる．

6. 一連の判例から汲み取れること

　一連の連邦最高裁判所の判決は，経験科学を積極的に用いつつ，少年に対

---

*28　スカリア裁判官反対意見は，ある刑罰が少年にとって不適切でかつ不均衡であるという
　　ことと，憲法上違憲無効であることは異なり，多数意見はミラー判決を適用したのではなく，
　　書き換えたのである，と論難している．*Montgomery*, 136 S. Ct. 718, 743.

する刑事処分を抑制する方向性を示している．ローパー判決では心理学に言及されるのみであったが，グラハム判決では脳科学にも言及されるようになり，ミラー判決ではこれらの経験科学の知見は一層強固なものになっているとして，自明のことのように扱われるようになっている．

こうした知見の確立には，発達心理学の研究対象が広がったことが影響している．伝統的な発達心理学は子ども期（Childhood）を研究対象とし，子どもが大人（Adulthood）とはいかに異なるかを明らかにしてきた．しかし1980年代以降，青年期（Adolescence），すなわち10代の意思決定を対象とした研究が盛んになり，この年代の少年たちに特有の心理状態が解明されてきていた．そのうえで90年代後半になり，科学技術の発展に伴い脳の画像研究が可能になったことで，青年期の脳が発達途上であるとの知見がもたらされ，さらに2000年代前半までには青年期の脳が子ども期や大人の脳とは異なっているという観念が支持されるようになっていた．脳科学は，発達心理学の知見の信頼性を補強するものとして，援用されるようになった[*29]．

見逃せないのは，法学者が心理学者と共同研究を展開することで，こうした経験科学の知見が伝統的な刑事責任論の観点から咀嚼され，裁判所に受け入れられやすい形で説明されるようになっていたことである．経験科学の知見を法理論に即した形で整除するためには，法学と経験科学の本格的な共同研究が必要となる．

法制度とは，一定の理念に基づいて整合的な形で種々のルールを設定したものである．そこでは生の社会的事実のうち，法制度にとって重要だと考えられる事実とそうでない事実の選別が行われる．そのため経験科学の知見を法制度の問題に取り入れるためには，様々な知見の中で法制度にとって意味のあるものを抽出する作業と，生の知見を法制度にとって意味のある形に洗練する作業，さらに前提として，法制度のうち経験科学の知見を取り入れるべき領域と法の自律性を維持すべき領域の見極めが必要となる．こうした作業は，経験科学の知見を理解できる法律家がいなければ難しい．

日本では，法学者・法実務家と脳科学者との共同研究は緒に就いたばかりである．そうした研究を今後力強く推進していかなければならない[*30]．

＊29　Maroney, Terry A., *The False Promise of Adolescent Brain Science in Juvenile Justice,* 85 Notre Dame Law Review 95 (2009).

＊30　本稿は，筆者の既存の論文である，本庄武「少年事件で死刑にどう向きあうべきか」同『少年に対する刑事処分』（現代人文社，2014年）289頁，同「少年に対する刑事処分のこれ

［文献］

Atkins v. Virginia, 2002, 536 U.S. 304-354.

本庄武, 2010,「裁判員時代における死刑事件のデュー・プロセス」,『季刊刑事弁護』64:70-75.

―――, 2014,『少年に対する刑事処分』, 現代人文社.

―――, 2017,「脳科学・神経科学と少年の刑事責任」,『犯罪社会学研究』42:33-49.

Graham v. Florida, 2011, 560 U.S. 48-125.

Harmelin v. Michigan, 1991, 501 U.S. 957-1029.

Kennedy v. Louisiana, 2008, 554 U.S. 407-469.

Maroney, Terry A., 2011, *Adolescent Brain Science After GRAHAM v. FLORIDA,* 86 Notre Dame L. Rev. 765-793.

―――, 2009, *The False Promise of Adolescent Brain Science in Juvenile Justice,* 85 Notre Dame. L. Rev. 95-176.

Miller v. Alabama, 2012, 567 U.S. 460-515.

Montgomery v. Louisiana, 2016, 136 S. Ct. 718-750.

Moorehead, James Donald, 2013, *What Rough Beast Awaits? Graham, Miller, and the Supreme Court's Seemingly Inevitable Slouch towards Complete Abolition of Juvenile Life Without Parole,* 46 Ind. L. Rev. 671-710.

Roper v. Simmons, 2005, 543 U.S. 551-630.

Scott, Elizabeth and Laurence Steinberg, 2008 *Rethinking Juvenile Justice,* Harvard University Press.

Stanford v. Kentucky, 1989, 492 U.S. 361-405.

Steinberg, Lawrence and Elizabeth S. Scott, 2003, *Less Guilty by Reason of Adolescence: Developmental Immaturity, Diminished Responsibility, and the Juvenile Death Penalty,* 58 Am. Psychologist 1009-1018.

Steinberg, Laurence et al., 2009, *Are Adolescents Less Mature Than Adults?: Minors' Access to Abortion, the Juvenile Death Penalty, and the Alleged APA "Flip-Flop",* 64 Am. Psychologist 583-594.

Teague v. Lane, 1989, 489 U.S. 288-345.

（ほんじょう・たけし）

から」同書355頁，同「脳科学・神経科学と少年の刑事責任」犯罪社会学研究42号（2017年）33頁の一部を再構成し，一定の加筆修正を行ったものである.

第6章

脳科学・神経科学と適正手続保障
米国連邦最高裁 J.D.B. v. North Carolina 判決の検討を中心に

山口直也

1. はじめに

　前章で見たとおり，今世紀に入り，米国連邦最高裁判所は，少年の量刑に関して注目すべき判断を立て続けに示した．犯行時18歳未満の少年に対する死刑が残虐かつ異常な刑罰にあたり合衆国憲法修正 8 条に違反するとした2005年ローパー判決（*Roper v. Simmons*），非謀殺罪で有罪が確定した少年に対する仮釈放なし終身刑が同様に違憲であるとした2010年グラハム判決（*Graham v. Florida*），謀殺罪で有罪が確定した少年に自動的に仮釈放なし終身刑を科すことが同様に違憲であるとした2012年ミラー判決（*Miller v. Alabama*），そして，ミラー判決が過去の少年受刑者に遡及適用されるとした2016年モントゴメリー判決（Montgomery v. Louisiana）である（Merlo 2017: 76-77）．これらの判例はすべて，近年の脳科学・神経科学の発展によって明らかにされた青少年期の脳の未成熟性に関する知見[*1]，すなわち，子どもが子どもである生物学的根拠に基づいて，少年犯罪者の帰責可能性（Culpability）が成人犯罪者のそれに比べて類型的に下がると判断したものであり，わが国の研究者，実務家の間においても注目されている（本庄 2014，海瀬 2014，山﨑 2014等）．

　一方で一連の判例の狭間に，J.D.B.判決（*J.D.B. v. North Carolina*）が同様の生物学的根拠を援用しつつ，少年司法手続における適正手続保障に関する判断を示したことはあまり注目されていない．2011年J.D.B.判決は，人が身体

　＊1　本稿では概ね25歳ぐらいまでの時期を意味するものとして使用している．
　＊2　本稿では「子ども（Child）」と「少年（Juvenile）」という表現を混在させているが，主として少年法の領域において「少年」という表現を用いているだけで，それ以上に区別して定義する実益は乏しいと考えている．

拘束状態におかれた場合に弁護人依頼権，自己負罪拒否特権を告知しなければならないとした1966年ミランダ判決（*Miranda v. Arizona*）に関して，このミランダ警告の供与時期とされる「身体拘束状態（in custody）」の判断に少年の「年齢」を客観的事情として加えなければならないと判示したものである．これは，判決文の中でも触れられているとおり，「子どもは子どもであり，大人とは異なる」という観念を前提とする判断である．

ローパー判決ほか一連の判決が少年刑事事件における少年の刑事責任に関連する判断に限定されていることに対して，J.D.B.判決は少年被疑者の捜査活動という少年裁判手続そのものに直結する領域の判断でもあり，近年の脳科学・神経科学の知見の影響が少年司法手続そのものにも及ぶのか否かは注目に値する．

そこで本章では，少年被疑者に対する取調べに関する判例の展開を踏まえたうえで，J.D.B.判決が少年司法手続における適正手続保障に与え得る影響について検討することにしたい．

2．取調べ下における少年の扱い

(1) 序

被疑者に対する取調べによる自白の証拠能力については，本件のように少年被疑者に対するミランダ告知の有無を争点とする段階以前に，そもそもミランダの権利が少年被疑者に保障されるのか，あるいはミランダの権利とは異なり，適正手続保障の観点から不任意自白排除の原則が適用されうるのかが問題となる．

以下では，時系列に従って，1966年ミランダ判決以前の少年に対する適正手続保障の在り方をめぐる判例の動向，ミランダ判決の翌年1967年に少年の適正手続保障を正面から認めたゴールト判決（*In re Gault*）から弁護人依頼権の放棄を事情の総合説（*the totally of the circumstances*）によって肯定した1979年フェア判決（*Fare v. Michael*）までの社会動向，そして，フェア判決以降2004年アルバラド判決（*Yarborough v. Alvarado*）までの実務の展開についてそれぞれ検討したうえで，本件の背景を明らかにしておきたい．

(2) ミランダ判決以前の少年の取調べ

ミランダ判決以前の段階で連邦最高裁は，少年被疑者の取調べによる自白

の証拠能力をめぐって二つの注目すべき判例を下している．一つは1948年ハーレー判決（*Haley v. State of Ohio*）である．事実の概要は，強盗殺人罪で逮捕された15歳の少年の取調べにおいて，捜査機関が弁護人依頼権の告知をしないばかりか，5日間にわたって母親及び母親が任命した弁護人との面会も認めないで，最終的に共犯者とされる者の自白調書を示して，少年本人の自白を得たというものである．争点は，成人被疑者に対する強制による自白を禁止した適正手続条項が少年被疑者にも適用されるかという点にあったが，最高裁は適正手続の保障が及ぶと判断している．もう一つは1962年ギャレゴス判決（*Gallegos v. Colorado*）である．事実の概要は，強盗致傷罪で逮捕された14歳の少年が，家族との面会を5日間制限されたうえ，少年拘置所においても隔離収容される中で，警察による自白が獲得され，被害者死亡後に第一級謀殺罪で訴追されたというものである．争点は，長期間にわたる隔絶状態の中で獲得された少年の自白が任意によるものといえるかという点であったが，連邦最高裁は，適正手続に反する不任意自白であると認定している．

　これらの二つの連邦最高裁判例は，いずれも合衆国憲法修正14条が保障する適正手続保障の観点から自白の任意性を否定したが，その判断枠組は，いわゆる事情の総合説によるものであり，被疑少年の成熟度，拘束期間の長さ，両親との面会の有無，少年裁判所裁判官の面前への迅速な引致の有無，弁護人による援助の有無の五つのファクターを中核的指標として，供述の任意性の有無を判断するというものである．したがって，この判断枠組を採用する限りにおいては，年齢という概念は，被疑少年の主観的成熟度を測る一つの補助要素にすぎないと評価されうることになる．

　実際に，ギャレゴス判決後の連邦地裁および各州最高裁では，事情の総合説によって被疑少年の自白の任意性が判断されたが，少年の成熟度自体が他の四つのファクターとの関係において相対的に位置づけられる主観的要素であるうえ，生物学上の年齢という要素は成熟度を測るうえでの一つの間接的指標に過ぎないことが確認されたといえる．例えば，1963年連邦地裁スミス判決（*United States ex rel. Smith v. New Jersey*）においては，17歳の少年による第一級謀殺罪の捜査において，9時間ないし10時間外界から遮断されて取調べが行われて自白が獲得されたとしても，少年が常習犯罪者であり警察の取調べに慣れていること，取調べ中に休憩時間が設けられていることから，自白の任意性は否定されないとの結論を導いている．また，1964年メリーランド州最高裁ビーン判決（*Bean v. State*）では，知能指数が低い15歳の少年がおよ

その10時間にわたり不十分な飲食しか与えられずに取調べをうけた末に強姦の事実を自白したことについて，逮捕段階でアリバイを主張するなど十分な自己主張能力が認められる点，取調べ時に自ら飲食を要求しなかった点などを理由に自白の任意性を否定しないという結論が，また1965年オハイオ州最高裁カーダー判決（*State v. Carder*）では，16歳の少年に対する第一級謀殺罪の取調べにおいて，取調べに先だって弁護人依頼権の告知を行い，取調べ中に母親および弁護人が来署して会いたいと言っている事実を告げたうえで得られた自白について，少年が弁護人にも母親にも会わないとした意思は明確であるとして自白の任意性を否定しないという結論がそれぞれ示されている．

これらの判例が援用する事情の総合説による判断においては，仮に年齢が低い場合であっても，そのことが客観的要素として自白の任意性を否定するものにはならず，あくまでも総合判断の一要素として，同年齢であっても相対的に評価され得る指標に過ぎないことがわかる．その意味で，年齢の評価は裁判所の自由裁量に委ねられており，自白の任意性判断はあくまでも客観的事情を基にした被疑者の主観面の判断に焦点があることは否定できなかったといえる．

(3) 1966年ミランダ判決以降1979年フェア判決まで

その意味で，自白の証拠能力判断の枠組を適正手続保障における自白の任意性判断から，取調べに先だって，自己負罪拒否特権，弁護人依頼権の告知を義務づける，いわゆるミランダ原則による判断を採用したことは，以下に見るように，自白の証拠能力判断を被疑者の主観面に着目する判断から一見明瞭な客観的判断に変更した点に大きな意味がある．

1966年ミランダ判決の要諦は，被疑者が捜査機関によって客観的な身体拘束下におかれた場合には，捜査機関によって自己負罪拒否特権および弁護人依頼権の告知義務が生じるので，これを告知しないで取調べを行って自白を獲得したとしても，その証拠能力は認められないとするものである．もっとも，権利告知を受けた被疑者が，知悉のうえ（knowingly）で任意に（voluntarily）当該権利を放棄した場合には，取調べ中の供述の証拠能力は認められることになるから，被疑者の知悉性・任意性判断のレベルでは依然として被疑者の主観面の評価は不可欠となる．結局のところ，被疑者が自己負罪拒否特権か弁護人依頼権を主張した場合には，捜査機関は取調べを行って自白を獲得することは不可能になるというわけである．それゆえに，ミランダ判決後には，

適正手続保障上の不任意自白排除の原則に基づいて自白の証拠能力を論じる余地が狭まる．まず，ミランダの権利告知が行われたか否かというレベルでの自白の証拠能力の排除，すなわち当該権利告知がミランダの権利告知の発動要件を充足するにも拘わらず，権利告知を欠いた状態で取調べを行って自白を得たとしてその証拠能力が否定されるという点（以下，「発動要件」の観点とする）に関する議論が，次にミランダの権利告知が適法に行われたとしても，被疑者は権利放棄をして取調べに応じて自白することができるわけであるから，被疑者が権利を放棄する意味を知悉して任意に権利放棄をしたか否かという点（以下，「知悉性・任意性」の観点とする）に関する議論が展開されていくことになったのである（デル＝カーメン 1994：323-365）．

　もっともミランダ判決は，成人被疑者の事件において示された判断であり，ミランダの基準が少年被疑者の事件についても適用があるのかは明確ではなかった．この点については，1967年連邦最高裁ゴールト判決において，被疑事実の告知を受ける権利，弁護人依頼権，そして手続のあらゆる段階において自己負罪拒否特権が保障されることが明らかにされたので，捜査の始まりの段階において保障されるミランダの権利についても少年被疑者に適用されると解されることになったのである．そしてこのような解釈は，全米法曹協会が1979年に発行した少年司法運営に関する標準的注釈書（IJA／ABA1977：69）においても確認されている．したがって，少年被疑者が身体拘束下におかれた場合には，捜査官にはミランダ告知の義務があるということが明確になったのである．

　そして少年事件との関係でミランダの権利を扱った1979年連邦最高裁フェア判決では，16歳の被疑少年による保護観察官との接見申出は，弁護人との接見を申し出る権利とは異なるからミランダ判決による権利保障は及ばないとしたうえで，少年は弁護人依頼権およびそれを放棄することの意味を知悉したうえで任意に放棄して自白しているので，自白の証拠能力は否定されないとの結論を導いている．さらに，少年によるミランダの権利の放棄が適法といえるか否かは，ギャレゴス判決で採用された事情の総合説によって判断すべきであるとして，少年の年齢，経験，教育程度，社会的背景，知的能力，告知内容・権利放棄についての理解力等を考慮すべきであるとしている．すなわち，ミランダの権利放棄における知悉性・任意性という観点の判断においては，被疑者の主観面についての判断が重視され，生物学上の年齢はその主観面を判断する一要素として位置づけられることが確認されたのである．

2004年アルバラド判決

　フェア判決以降はもっぱらミランダの権利放棄における少年の理解力（知悉性・任意性の観点）に関する基準の構築，そしてその基準を採用した州最高裁レベルの判例の蓄積[*4]があったが，2004年連邦最高裁アルバラド判決では，少年事件におけるミランダ警告の発動要件である身体拘束状態についての判断が初めて行われた（ドレスラー 2014: 682-683）．

　アルバラド判決の争点は，殺人未遂罪で任意の取調べを受けた17歳の被疑少年がミランダ警告の発動要件である身体拘束状態にあったか否かであるが，本事件において少年は，自己負罪拒否特権，弁護人依頼権の告知を受けることなく，警察官と二人きりの取調室で殺人事件について２時間の取調べを受け，最終的に同事件に関する不利益供述をしている．

　ケネディー裁判官による多数意見は，ミランダ警告の発動要件である身体拘束の判断は，明確に客観的基準，すなわち逮捕されているか否かを基準に判断すべきであって，逮捕されていない場合であっても実質的身体拘束状態と評価できる補充的判断基準を設けること自体を否定した．したがって，年齢はもちろんのこと，過去の取調べの経験などについては，被疑少年の主観的理解力に関わる要素に過ぎず，身体拘束の判断材料にはならないことを明言したのである．これに対してブライヤー裁判官による反対意見は，両親に連れられて任意出頭に応じたにも拘わらず取調べへの両親の立ち会いが認められなかったこと，狭い取調室で警察官と二人きりで２時間の取調べを受けたこと，警察官から少年が関与したことを示す強力な証拠があると言われたことから，取調べを終わらせて退室することは事実上困難であったと指摘し

＊3　1980年代以降，ABAを中心とした各弁護士会は，心理学者であるグリッソ（Thomas Grisso, Juveniles' Waiver of Rights, 1981）による社会科学のデータを用いて，ミランダの権利放棄における知悉性・任意性に関する少年の理解力基準（Grisso基準）を構築するに至った．それによれば，14歳以下の少年及び15歳・16歳でIQ80以下の少年については権利放棄の意味を十分に理解できないが，15歳でIQ80超の少年についてはその3分の1が，16歳の同様の少年については半数がそれぞれ権利放棄の意味を十分に理解できるとした．また，17歳から21歳の青少年については十分に理解できると結論づけた（Guggenheim 2012; 138-139）．

＊4　いくつかの州の最高裁においてはGrisso基準を採用して自白の証拠能力を検討するに至っている．例えば，ニューハンプシャー州最高裁（State v. Benoit (N.H. 1985)）は，ミランダの権利及び権利放棄の意味について子どもにわかる言葉で説明しなければならないことを，カンザス州最高裁判所（In re B.M.B. (Kan, 1983)）は，警察取調べ時の親の立ち会い権，少年が親と相談する権利をそれぞれ保障しなければならないと明言した（Guggenheim 2012; 139）．

ている．そのうえで，このように事実上の身体拘束状態にあるか否かの判断
は，統計的に決められている合理人，すなわち，35歳の白人既婚大卒女性で
ある必要はなく，一定の人的特性を適切に考慮することは妨げられないので
るから，若年性（youth）という客観的事実を考慮にいれてしかるべきであ
るとしている．

　このようにアルバラド判決の判断は，多数意見が純客観的に逮捕による身
体拘束が生じているかをミランダ警告発動要件に限定して被疑少年の年齢
（若年性）を考慮しない立場を鮮明にした．それに対して，反対意見は，身体
拘束状態にあるか否かについては，逮捕されている場合に加えて，事実上の
身体拘束状態にある場合も含まれることを前提に，取調室から容易に退去で
きない事実上の身体拘束にあたるか否かの判断に，被疑少年の年齢（若年性）
を客観的事実として組み入れることは妥当であるとの見解を示したのである．
五対四によるスプリットの判断は，以下で見るように，7年後のJ.D.B.判決
で意見が逆転する形で新たな展開をみせることになる．

3．J.D.B.判決

⑴　事実概要

　本件の事実の概要は以下のとおりである（J.D.B.: 2399-2401）．

　ノースカロライナ州の中学校で，制服警察官Ｃが13歳の中学生J.D.B.を教
室から会議室に連れ出し，学校警察官，副校長及び事務職員とともに，30分
ないし45分間，J.D.B.に対する質問を行った．質問の内容は，スポーツや家
族に関する他愛のない世間話から始まり，本格的には，J.D.B.の隣家で起き
た住居侵入窃盗について及んだ．この際にＣは，質問を始める前に，J.
D.B.にミランダの権利を告知することはなく，また，法定後見人であるJ.
D.B.の祖母に電話をする機会も与えなかった．そして，質問中であっても自
由に部屋を退出できることについて説明することもなかった．

　Ｃの質問について，J.D.B.は即座にすべての犯行を否認したが，芝刈りの
仕事をもらうために被害にあった隣家にいたことについては認めた．そこで
Ｃは，その詳細を追求するとともに，盗品の一つで警察がすでに発見してい
たデジタルカメラをJ.D.B.に見せた．その際に副校長は，「真実はいずれわか
るものだ」「正しい行いをしなさい」と言ってJ.D.B.に迫った．これを受け
てJ.D.B.は，現時点で「物」を返しても，やはり問題なのか否かをＣにを尋

ねた．これに対してCは，「物」を返還することはいい方向に作用するが，事件自体は裁判所に送致されると説明した．そのうえで，「やったことはやったこと．今はそれをどう正しい方向にもっていくかが大事だ」と告げ，さらに，J.D.B.に対して，「君がさらに侵入窃盗を継続するおそれがあると思われる場合には身体拘束命令を裁判所に請求することになるだろう」と忠告し，身体拘束命令とは「少年裁判所が少年拘置所に収容する裁判」であるとの説明を行った．これを受けてJ.D.B.は自らが友人一人と侵入窃盗を行ったことを自白するに至った．この自白後にCは，J.D.B.に対して答えたくないことは答えなくてよいし，いつでも自由に部屋を去ることができる旨を告げたのである．J.D.B.はこの権利告知に際して，自分の権利について理解したことをCに告げたうえで，さらなる詳細な供述を行い，その内容は，最終的に供述調書として作成された．

　その後J.D.B.は，少年裁判所に家宅侵入罪および窃盗罪で訴追されたが，弁護人は，J.D.B.が実質的な身体拘束状態にあったにもかかわらずミランダの権利について告知を受けることもなく，任意性を奪われた状態で供述させられたのであるから，当該供述調書の証拠能力は否定されると主張した．これに対して，少年裁判所は学校の会議室での質問は，ミランダの権利の告知が義務づけられる，いわゆる「身体拘束状態」ではなかったと認定して，弁護人の主張を退けたのである．これに受けてJ.D.B.は，少年裁判所が証拠排除の申立を否定したことに対して州中間上訴裁判所に異議を申立てたが，同裁判所は過半数で下級審の判断を支持した．さらに州最高裁判所も下級審の判断を支持して，J.D.B.は当時「身体拘束状態」下にはなく，特に年齢が考慮されなければならない状況にもなかったとしたのである．

　これを不服としてJ.D.B.が連邦最高裁に裁量上告を申立て，当該上告を受理したうえで，J.D.B.の学校会議室での質問がミランダ告知の発動要件である，「身体拘束状態」であったか否かが判断されたのが本件である．

(2)　双方意見書の内容

　米国裁判所における法律判断においては，当事者の主張に加えて，当該法律問題の判断に関心がある個人又は団体が，裁判所の判断に資する目的で，アミカスキュリエ（法廷の友）としてアミカスブリーフ（以下，単に意見書とする）を提出することができる．本件においても，少年の年齢がミランダ警告発動の要件となるか否かについて，肯定否定の両立場から様々な意見が出

されているが，最高裁判所が採択した意見書の中で，法廷意見，反対意見に影響を与えた意見書は概ね以下の6つである．

① J.D.B.側の主張に沿った意見書の内容

まずJ.D.B.側の主張を支える主要な意見書は，米国自由人権協会（American Civil Liberty Union，以下，ACLUとする），少年法センター（Juvenile Law Center，以下，JLCとする）および全米法曹協会（American Bar Association，以下，ABAとする）からそれぞれ提出されている．

ACLUの意見書（ACLU 2011）は，合理的な判断ができる人間が質問を受けている少年被疑者と同様の状況におかれた場合に，自由に退室して質問を終わらせることができるかを決めるうえで，ミランダ基準の中で少年の「年齢」を考慮に入れることは適切であるとした．そして，学校という環境の中では，さらに特異な状況を考慮に入れたうえで判断しなければならないことを指摘している．すなわち，学校という特別な環境の中で，生徒という立場におかれている少年にとっては，教室を自由に離れることも，校長室を自由に離れることもできないのであるから，捜査官による捜査の一環として学校という環境の中で行われる捜査官の質問から自由に逃れるということは考えられないとしている．そのうえで，1990年代以降の「不寛容政策（zero torelance policy）」に伴う公立学校における学校警察官配置の激増と校則違反を契機とした非行事件立件化の激増，いわゆる「学校と刑務所の直結化現象（school to prison pipeline）」の弊害としての，学校環境下における少年の無権利化について懸念を示している（Mallett 2016）．そして結論として，学校外部から来た捜査官が学校外部での犯罪について捜査するにあたっては，なおさら少年の権利保障を重視しなければならないことを指摘し，その折には少年の年齢及び学校という抑圧的環境そのものが考慮されなければならないとされている．

これに加えてJLCの意見書（JLC 2011）は，連邦最高裁によって確立されてきた「子どもは大人とは異なるという原理」（kids are different doctrine）によって貫かれたものであるが，特に，近年のローパー判決およびグラハム判決によって採用された知見，すわなち，膨大な社会科学及び脳科学・神経科学の研究によって明らかにされた，大人と少年は心理学上，心理社会学上，そして社会的に異なる存在であるという事実を重視している．少年の憲法上の権利を実現するためには，その年齢が考慮されなければならないと主張するものである．そしてJLC意見書は，少年の取調べに関する最高裁の先例（ア

ルバラド判決等）を引きながら，「年齢」という概念が個人的な特異性を表すもの，すなわち主観的に変動する内実をもつ概念ではなく，客観的に普遍的な概念である点を強調し，ミランダ警告発動の要件として，客観的指標としての「年齢」概念を取り込むべきことを主張したのである．

さらにABAの意見書（ABA 2011）は，少年の精神的未成熟性および外界からの影響の受けやすさに焦点をあてたもので，ミランダ警告の発動要件は，成人を基準とした合理人ではなく少年を基準とした合理人の判断からして，警察の質問を終わらせて自由に退室できる状況にあったか否かをもとに判断すべきであるとする．この点については，少年には固有の被暗示性，迎合性の高さが認められること，成熟した判断のもとで重大な決定ができないということ，少年は衝動的かつ無謀で自制が効かず，将来のことを予見する能力に劣っていることなどがABAが行った研究でも明らかにされている．そしてこのことは，捜査機関による自白の獲得過程において顕著であり，少年は捜査機関の圧力や強制に容易に屈しやすく，一般成人については何ら圧力的でない客観的事情も，少年にとっては大きな影響を与えて虚偽の自白を導くような場合があることが指摘されている．このような点を指摘しつつ，ABA意見書は，13歳の少年が学校の会議室という閉鎖空間で警察官や先生たちに囲まれて質問される状況は，自白の獲得において成人とはまったく異なる影響力があることとしている．

このようにJ.D.B.側の主張に沿った意見書の内容は，13歳という年齢の少年が類型的に未成熟であり，それは法学の領域のみならず，心理学，脳科学，神経科学といった学際領域によって裏付けられた科学的事実であるということ，そして，そのような未成熟な少年が学校の会議室で閉鎖領域で大人から質問を受ける場合，大人の常識では測ることができない外界の圧力が作用しているということに収斂される．後に見るように，ソトマイヨール裁判官による法廷意見は，まさにこれらの三つの意見書の内容を組み入れた形で構成されているといえる．

② **州側の主張に沿った意見書の内容**

次に，ノースカロライナ州側の主張に沿った主要な意見書として，全米地区検事協会（National District Attorneys Association, 以下，NDAAとする），ノースカロライナ州最高裁判所の判断を尊重する各州の司法長官，合衆国元訟務長官等からそれぞれ提出されている．

このうちNDAAによる意見書（NDAA 2011）は，ミランダ判決によれば身

体拘束されているか否かがミランダ告知の発動要件であるが，J.D.B.は明らか
に身体拘束されていないからミランダ告知は必要ないとしている．なぜなら，
年齢という概念は，知性や経験や知識といったその者が主観的に有している
要素と同じように，その者の主観的な要素に過ぎず，身体の自由を剥奪する
逮捕・拘禁の客観的要素を構成するとは考えられないからであると説明して
いる．そのうえで，仮に，年齢を身体拘束判断の「客観的」要素として組み入
れるとしたら，なぜ，性別や人種や言語の発達の程度等が「客観的」要素と
して組み入れられていないのかについてが説明がつかないことを指摘している．

　さらに32の州・準州の司法長官の連名による意見書（Zoeller et al, 2011）は，
ミランダ警告の発動基準は身体拘束という客観的指標に基づいてなされてき
た事実を摘示したうえで，そもそも，被疑者の経験や知性などの主観的指標
は警察官にとって不知の事実である点が強調されている．この観点からすれ
ば，取調べを受ける被疑少年の年齢が自由に退去できる意思にどのように影
響を与えるのかを予測するのは，警察官にとって至難の業であるとしている．
被疑者の年齢が低いからといって物理的な非拘束状況が拘束状況に変わると
いうのは奇妙であるし，仮に学校の閉鎖的会議室が問題になるのであれば，
それは年齢とは切り離された客観的物理的状況として判断すればよいだけで
あるとも指摘している．いずれにしても，32州・準州の司法長官は，年齢や
未成熟性といった主観的要素を自白の証拠能力との関係で議論するのであれ
ば，それは従来の適正手続保障の議論における任意性テストによって考慮す
れば足りるとの立場を鮮明にしている．

　そして，ニール・カティヤル元訟務長官らによる意見書（Katyal 2011）では，
まず，適正手続条項のもとにおいて供述の証拠能力（任意性）を判断する場
合には，いわゆる事情の総合説の考え方に基づいて，被疑者に対する質問の
状況と被疑者の心理に影響を与える客観的事情が検討されることが指摘され
ている．そのうえで，ミランダ警告は，この任意性テストの付加的テストと
して位置づけられること，すなわち，身体拘束下であるにもかかわらず自己
負罪拒否特権，弁護人依頼権を告知されないことが虚偽自白を誘発する危険
性を高めるがゆえに，そのような客観的状況下においては類型的に権利告知
を義務づけたということを強調している．したがって，生活年齢としては客
観的ではあるとしても，警察による取調べの圧力の影響の受けやすさといっ
た観点では純主観的である「年齢」をミランダ警告の発動要件とすることは，
今までの一見明瞭な客観的基準を曖昧にするというのである．

このように州側の主張に沿った意見書は，「年齢」という概念は時系列的には一見明瞭な客観的基準であるものの，被疑者として取調べを受ける際の警察官に対する迎合性，被暗示性という観点では個人差のある主観的性質のものであることが共通の理解となっている．確かに，年齢に基づくこれらの傾向を供述の証拠能力判断に加えることは重要であるが，それはすでに適正手続保障における任意性テストで行われており，これをミランダ警告のレベルであえて採り入れる必要はないというのがこれらの意見書の主張である．

(3)　**判決**

①　**法廷意見** （J.D.B.: 2398-2408）

　法廷意見はリベラル派のソトマイヨール裁判官によって執筆され，同じくリベラル派のギンズバーグ裁判官，ブライヤー裁判官，ケーガン裁判官及びアルバラド判決で法廷意見を執筆した保守中道派のケネディー裁判官が同調している．

　法廷意見の結論は，ミランダ警告の発動要件である客観的な「身体拘束状況」の判断に被疑少年の「年齢」を客観的指標として組み入れることができるというものである．この見解は，年齢という概念は被疑者が身体拘束状態にあるか否かを知覚する内心的な影響に拘わる主観的特徴に過ぎないとするノースカロライナ州最高裁の判断を否定して，年齢という客観的指標の明瞭性を強調するものである．

　この判断を導いた主たる理由は，「子どもは子どもであって，小さな大人ではない」ということによる．すなわち，警察の質問を受けている合理的判断ができる子どもであっても，合理的判断ができる成人が退去する自由を感じることができるのと同じように感じることはできず，しばしば退去の意思を示すことに圧力を感じるということである．そのことは，先例においても認められているように，子どもという存在は一般的類型的に未成熟かつ未発達であって，成人に比べて未成熟，責任観念が低く，成人に比べて経験，認識力，判断力が低く，成人より外界の圧力の影響を受けやすい，すなわち，被暗示性が強く，迎合性が高いとうことは，社会科学，心理学，脳科学・神経科学の知見によっても客観的事実として証明されているという認識に基づいている．したがって法廷意見は，拘束下か否かの分析において，客観的事実としての主体の性質を考慮に入れなければならないとしたのである．

　そして法廷意見は，年齢は行動および知覚に関する常識的結論をもたらす

一つの事実であることを強調する「常識アプローチ」を採用し，その中に，ローパー判決およびグラハム判決の先行規範の中で用いられた科学的調査結果，すなわちABA及びJLCによって援用されている心理学，脳科学の知見を含めたのである（Wesley 2013: 290-292）．そしてそのような常識は，少年の取調べにあたる警察官，少年事件を担当する裁判官について極めて常識的な事実をつきつけることになるとしている．

② 反対意見（J.D.B.: 2408-2418）

一方で，保守派のアリート裁判官が執筆し，同じく保守派のロバーツ長官，スカーリア裁判官，トーマス裁判官が同調した反対意見は，ミランダ判決における旧来の「発動要件」である客観的身体拘束判断を支持して，先例で採用された画一的合理人テスト（one-size-fits-all reasonable-person test）基準に依拠した判断を行った．すなわち，合理的な判断ができる一般人を標準として判断する場合に，明確に身体拘束下にあると認定される状況下にあるとき，典型的には逮捕されているときにはじめてミランダ告知の義務が生じるとしたのである．

反対意見によれば，年齢だけがいわゆる脆弱性に関係する要因ではなく，被疑者の知性，教育の程度，職業，捜査官による取調べを受けた経験の程度等さまざまな要因が被疑者の内面にかかる圧力と関わるわけであるから，年齢だけを特別扱いして客観的要因として区別することは困難であるとしている．年齢は，これらの他の要因と同様に，被疑者の主観面に関わる要因の一つに過ぎないのであるから，これを身体拘束判断に加えることはミランダ原則の客観的保障基準を不明確にするというわけである．

(4) 小結

以上で検討したように，J.D.B.判決において問題になっているのは，明らかにミランダ警告を行う際のその発動要件に関する議論である．ミランダ判決は，権利告知の発動時期を被疑者が「身体拘束状態（in custody）」に至ったとき，すなわち，逮捕されている場合あるいは顕著な方法で自由が剥奪されている場合に限定したので，被疑者の主観面を問題とすることなく，「身体拘束状態」という客観的基準で自白の証拠能力の有無を論じることが可能になったが，この「身体拘束状態」であるか否かの判断に，被疑者の生物学的「年齢」を客観指標として加えるというのがJ.D.B.判決の結論である．

4．J.D.B.判決の射程およびその含意

(1)　ミランダ警告発動要件における少年の「年齢」の考慮

　J.D.B.判決の直接的意義は，1966年ミランダ判決で示されたミランダ警告の「発動要件」である客観的「身体拘束状態」の判断基準に，少年の「年齢」そのもの，言い換えれば未成熟であるという客観的事実そのものを組み入れたところにある．これによって，「身体拘束状態」の客観的判断には，主観的意義を持つ「年齢」を組み入れないとしたアルバラド判決の内容は事実上変更されたことになる．もっとも，ミランダの権利の放棄に関する「知悉性・任意性」の要件については触れていないので，この点について最高裁が事情の総合説を変更して年齢を客観的指標にしたのか否かは判然としない．いずれにしても，少年に対する任意の取調べ状況の中ではミランダの権利告知の義務が生じなかった実務が，客観的指標によって事実上の身体拘束状態となる場合には，捜査官に権利告知の法的義務があることが明確にされたのである．

(2)　少年という固有の適正手続保障主体の確認

　1990年連邦最高裁パーキンス判決（*Illinois v. Perkins*）は，ミランダ警告は被疑者が身体拘束状態にあって，実際に警察官の質問にさらされている場合に必要的であるとしたうえで，ここでいう「身体拘束」とはあらゆる重大な方法において「自由を制限されること」であると認定した．そしてその際に，合理的人間が質問を拒否してその場を去ることができない状況および質問が行われる客観的な場所によって実質的な身体拘束下にあるか否かが決せられるとした，いわゆる「画一的合理人基準」を採用している．本基準からすれば，学校の会議室での「質問」は，「身体拘束下」でおこなわれたものではないからミランダ告知の必要がないというのが原審であるノースカロライナ州最高裁判所の判断であったし，それを支持した意見書の論理であった．これに対してJ.D.B.判決は，「少年の年齢」，すなわち少年が外界の影響を受けやすく脆弱であるという客観的事実によって「実質的身体拘束状況」が相対的に作出されるとしたのである．憲法が，従来想定してきた合理的人間像とは異なる存在である少年という合理的人間像を対象にする限り，従来の合理的人間（一般人標準人）が警察による質問を拒否できる状況のハードルが下

がり，少年という合理的人間像の被暗示性・迎合性の程度に応じて，「実質的身体拘束状況」を決することが求められるようになったといえよう．言わば一般人標準人を対象として発展し，ゴールト判決によって曖昧な形で少年固有の適正手続保障に含みを残してきた権利保障が，明確に少年固有の権利保障の必要性を確認したと考えられる．そして，その根拠とされたのが，ローパー判決以降，J.D.B.判決においても，心理学，脳科学の観点から証明された客観的事実としての少年の脆弱性（Vulnerability）である．

⑶　少年司法手続における少年の脆弱性

では，いかなる意味で少年は脆弱であるのか．このことを明らかにしてきたのが，すでに第1章でも触れたとおり，発達心理学および認知心理学上の知見であり，これを医学的・生物学的観点から裏づけた脳科学，神経科学の新たな発見である．

これらの内容は，ローパー判決，グラハム判決における法廷意見に影響を与え，J.D.B.判決以降，ミラー判決，モントゴメリー判決においてもその法廷意見に多大な影響を与えた全米医学会の意見書（AMA 2005）及び全米心理学会の意見書（APA 2005）によって明確に指摘されている．特に全米医学会意見書によれば，ここでいう少年の脆弱性とはいわゆる行動統制能力の脆弱性を指しており，従来の発達心理学および認知心理学の知見に拠れば，その内実は，①自らの行動によるリスクよりも目先の見返りに敏感で，リスクを低く見積もることによって物事の先を見通す能力が成人より劣っていること（報酬過敏性が強いこと），②認知的発達の基盤にある不適切な誘因（誘惑）の抑制が未成熟で，衝動統制能力が成人に比べて低いこと（衝動統制性が低いこと）及び③外的刺激に対する感情調整能力が低く，精神的・肉体的健全性の保持及び社会的相互作用がうまくいかないこと（感情調整性が低いこと）であることが広く知られている．

脳科学，神経科学の知見は，この①②③の傾向について，医学的観点からその理由を明らかにしたところに画期的な意義があり，一連の連邦最高裁における判断の理由づけをより説得的にしたといえる．具体的には，人間の認知機能を司る脳の前頭前野（前頭前皮質，pre-frontal cortex）の細胞分裂および脳神経の髄鞘化（myelination）が不完全であるために，危険の評価，衝動・感情の規制，計画化，意思決定といった，人間が確実かつ任意に行動をコントロールする能力，いわゆる認知統制機能が未だ完全でないということ，ま

たこの前頭前野の未発達に伴って大脳辺縁（limbic）および傍大脳辺縁（paralimbic）に存在する扁桃体（amyglada）及び側座核（Nucleus Accumbens）の機能も鈍く，危険行動や報酬（見返り）を重視した行動の動機づけといった，いわゆる社会情緒機能が不完全な状態にある，ということである（Jetha 2012; Jensen 2015; 山口b 2015: 31-35）.

　そしてこの脳科学・神経科学は，先の発達心理学および認知心理学の既存の知見を補強する形で連邦最高裁において採用されたが，それは，主として少年の刑の減軽に関する司法判断及び少年の適正手続上の権利保障に関する司法判断において応用されたのである.

５．少年の脳の未成熟性がもたらす法的関心

　少年の刑の減軽に関するローパー判決，グラハム判決およびミラー判決の骨子は，少年はその脳構造，神経システムの未成熟性ゆえに，成人に比べて，認識力，判断力が低く，犯罪に対する帰責可能性が成人犯罪者と比べて十分でない[*5]．したがって，成人であれば死刑ないし仮釈放なし終身刑に相当する犯罪であっても，少年の場合にはそもそも類型的に帰責可能性が下がるので，それらの刑は科すことができないとするものである（この点については，第５章を参照されたい）.

　一方でJ.D.B.判決の焦点は，「少年と大人は違う存在である」ということを認めたうえで，特に成人に比べてより外界の影響を受けやすく，迎合性が高く，被暗示性が強いという点に注目したことにある（Levick 2012）．すなわち，

＊5　米国刑法において用いられる帰責可能性（culpability）という概念は，その起源を辿ればそもそもは犯罪に故意（mens rea）と同義に用いられていたが，13世紀の英国裁判所で犯罪者の帰責的内心状態（a culpable state of mind）の証明を必要とし始めたことから，現在の刑事責任を問題とする概念に広がったとされている．現在では，一般的に刑事手続（刑罰）を前提としたcriminal culpabilityと少年手続（保護処分）を前提としたjuvenile culpabilityに分類されている．この広義の法的帰責可能性という概念は，狭義の法的帰責可能性である犯罪の主観的成立要件としての故意・過失の他，量刑における刑事責任（criminal responsibility），加重・減軽事由（内心状態）及び少年司法における「責任」も含むものと解されている（Dressler 2009: 118-119; Husak 2012: 454-459）．この観点からすると，ローパー判決，グラハム判決及びミラー判決は，少年犯罪者は脳構造・機能（認知統制システム＋社会情緒システム）の未成熟性を理由に，狭義の帰責可能性（刑事責任の賦課）の不十分性を，外界の影響を受けやすいという特徴から刑の減軽の必要性をそれぞれ説明しているものと思われる.

衝動を統制する能力が成人に比べて劣っているので，自分にとって不都合な要因をあえて排除して，目先の利益に飛びつくことで衝動を充たす傾向があること，そして，外的刺激に対して自らの感情を調整する能力が成人に比べて低いということである．したがって，そのような特性を持ち，そのレベルに応じた合理的判断しかできない少年が学校の閉鎖的な空間で警察官から質問を受ければ，成人であればいつでも自由に立ち去ることができると感じる状態でも，実質的に「身体拘束状態」にあると感じてしまうというわけである．

このような観点から脳科学を始めとする諸科学の知見を基に適正手続上の諸権利が保障される合理的少年像を捉えなおすと，以下のことが指摘できよう．すなわち，1966年連邦最高裁ケント判決（*Kent v. US*）以降，1967年連邦最高裁ゴールト判決で弁護人依頼権，自己負罪拒否特権，反対尋問権等成人に保障されている憲法上の諸権利が少年にも保障されることが明確にされた．だが，1971年連邦最高裁マッキーバー判決（*McKeiver v. Pennsylvania*）で少年の陪審裁判を受ける権利が否定され，1984年連邦最高裁シャル判決（*Shall v. Martin*）で少年の予防拘禁が合憲とされるなど，少年に対する適正手続保障は成人とすべて同じではないことが意識されていたのは確かであるが，適正手続上の権利保障，例えば，告知・聴聞の機会の保障，自己負罪拒否特権，弁護人依頼権の保障の内実が，成人におけるそれと異なるものであるのか否かは不明のままとされてきたきらいがあった．これについてJ.D.B.判決は，少年は成人と異なり類型的に物事に対する理解力および認知予測力が低く，それゆえに自分より優位な立場にある者については特に被暗示性が高く，迎合性が強い存在であることを確認し，少年司法手続において保障されるべき手続的権利の質が成人のそれとは異なり，少年の特性に配慮した手続的権利保障の必要性を示唆したのである（Levick 2012）．

6　J.D.B.判決後の米国少年司法の状況

実際に，J.D.B.判決後には，少年司法における適正手続保障に関する新たな議論が始まっている．

一つは，同判決の直接的効果として少年事件におけるミランダの権利放棄に関する議論が活性化している点が指摘できる（Goldstein et al. 2018）．通常，ミランダ告知を受けたうえで被疑者が権利放棄を行う割合は成人が68%程度

であるのに対して，少年はほぼ90％であると言われているが（Kassin et al. 2007: 389; Feld 2013: 429），このことは，権利放棄における少年の知悉性，任意性が成人のそれに比べて脆弱であることを推定させる．この点を踏まえて，全米のいくつかの州では，ミランダ告知自体を少年がわかるような特別な言葉でかみ砕いて説明すること，少年にとって重要な他者である保護者や後見人が取調べに立ち会うこと，取調べの過程をビデオ録画することなどがすでに実施されている．だが，いかに平易な言葉で時間をかけて説明しても抽象的法的概念や権利放棄に伴う将来予測などを理解させるのは困難であること，重要な他者を取調べに立ち会わせても，その者自体が捜査機関の圧力を受けてしまうこと，ビデオ録画を行っても，録画角度によるバイアスの問題や録画画面から少年の知悉性・任意性を判断するには限界があることなどが指摘されており，これらの方策はうまく機能していないのが現状である．そこで，弁護実務・実証研究のレベルではミランダの権利放棄の基準を成人のそれと異なる基準にすることの必要性が議論されている．その内容としては，脳科学・認知心理学の知見により類型的に知悉性（理解力）および任意性（他者からの影響についての耐性）が脆弱であることが証明されている14歳以下の少年の黙秘権放棄を禁止すること，同様に一般的に成人に比べて知悉性（理解力）が劣っている15歳・16歳の少年の黙秘権放棄は原則不許容として，検察官が例外的に劣っていないことを立証した場合に権利放棄を許容すること，そして，同様に権利内容及び権利放棄の意味が正確に理解できない傾向にあり，自己決定能力が成人に比べて脆弱である17歳以上19歳以下の少年については権利放棄について特に注意した扱いをすることなどの具体的提案もなされている（Goldstein et al. 2018: 47-67）．

　また，同様の議論は，ミランダ告知およびその権利放棄の法的構造と類似した修正4条の不合理な捜索・押収の禁止にも波及しつつある．被捜索者の同意があれば令状によらない捜索は適法であるが，問題は，被捜索者が捜索・押収及び同意することの意味を知悉したうえで任意に同意したかである．現在のところ連邦最高裁は，合理人判断基準を用いて自由にその場を立ち去ることができたか否かで任意性を認定している（*Michigan v. Chesternut*）が，J.D.B.判決同様に，被捜索者である少年の年齢自体を判断基準の客観的要素に加えるべきであるとの主張もなされている（Heidrich 2015: 99）．さらには，同様の少年に固有の適正手続上の権利保障の問題は，公立学校における学校管理者による生徒の身体捜索および押収，刑事施設内における施設管理者に

よる受刑者の身体捜索および押収等についても議論されている.

7. わが国への示唆——少年の未成熟性と固有の適正手続保障を受ける権利

　J.D.B.判決をはじめ一連の連邦最高裁が認めている「少年は大人とは違う存在である」ことを前提に，少年の権利享有・行使主体性を改めて考えてみると，このことはまさに国連児童の権利条約第6条および日本国憲法第13条において認められている「少年の成長発達権」に心理学，脳科学といった実在論的基礎に基づいた強固な定義づけを提供してくれる．すなわち，少年は成人とは異なって不完全かつ未成熟な人格的自律主体であって，完成型に至るまでの本質的権利を有しており，不完全なままの未熟な存在そのものが尊重されなければならないこと（山口a 2013: 150-154）を再認識させたのである．非行を行った少年を統制の対象として矯正するのではなく，非行を克服して成人としての完成型の本質的権利享有・行使主体となることを援助するのが少年法の目的となると理解してよいように思われる．

　そうなると，そのことに応じた適正手続保障の本質も，告知と聴聞についてその内容の理解が前提となるわけであるから，少年期に固有の認知統制システムの脆弱性を補完することが手続的権利保障の本質となると理解すべきことになろう．この点について，わが国も批准している国連児童の権利条約第40条1項は，非行を行った少年が「……その尊厳及び価値についての……意識を促進させるような方法で……かつ……社会において建設的な役割を担うことがなるべく促進される……方法により取り扱われる権利」を有するとしている．本規定は，大人と違う存在であり，性質的に大人とは異なる権利主体である少年の適正手続上の権利保障について，少年が自らの「尊厳」「価値」「社会的意義」について保持する権利を示すと同時に，国に対して特別の配慮をする義務を規定しているところに今日的意義を見いだすことができるように思われる．この観点から憲法31条以下に規定されているわが国の適正手続保障の内容を捉えなおすと，少年の特性に配慮できる専門的「弁護人」の援助が必要とされるとともに，そのような少年事件に特化した弁護人の援助を受けることができてはじめて手続に主体的に参加し，未成熟なままであっても自由に自らの意見を述べる権利（国連児童の権利条約第12条）が保障さ

れることになるのではないだろうか.

J.D.B.判決が少年司法手続に及ぼす影響は小さくないように思われる.

[文献]

American Bar Association(ABA), Brief as Amici Curiae submitted to *J.D.B. v. North Carolina,* 2011.

The American Civil Liberties Union (ACLU) , Brief as Amici Curiae submitted to *J.D.B. v. North Carolina,* 2011.

American Medical Association (AMA) et al, The Structural and Functional Immaturities of the Adolescent Brain Provide a Biological Basis for the Behavioral Immaturities Exhibited by Adolescent, Brief as Amici Curiae submitted to *Roper v. Simmons,* 2005.

American Psychological Association（APA）and Missouri Psychological Association, Brief as Amici Curiae submitted to *Roper v. Simmons,* 2005.

Bean v. State, 1964, 199 A.2d 773.

Breed v. Jones, 1975, 421 U.S. 517.

ロランド V. デル=カーメン（著），佐伯千仞（監修），樺島正法，鼎博之（訳），1994,『アメリカ刑事手続法概説——捜査・裁判における憲法支配の貫徹』第一法規出版.

Dressler, Joshua, Understanding Criminal Law, 2009.

ジョシュア・ドレスラー，アラン・C・ミカエル（著），指宿信（監訳），2014,『アメリカ捜査法』レクシスネクシス・ジャパン.

Fare v. Michael, 1979, 422 U.S. 707.

Feld, Barry C., "Behind Closed Doors : What Really Happens When Cops Question Kids", *Cornell Journal of Law and Public Policy,* Vol 23, 2013.

Gallegos v. Colorado, 1962, 370 U.S. 49.

Goldstein, Naomi E.S., Emily Haney-Caron and Marsha Levick, "Waiving Good-bye to Waiver: A Developmental Argument against Youths' Waiver of Miranda Rights", *New York University Journal of Legislation and Public Policy,* Vol.21, 2018.

Goss v. Lopez, 1975, 419 U.S. 565.

Graham v. Florida, 2010, 560 U.S. 48 .

Guggenheim, Martin and Randy Hertz, "Access to Justice: Evolving Standards in Juvenile Justice: From Gault to Graham and Beyond: J.D.B. and the Maturing of Juvenile Confession Suppression Law", 38 *Washington University Journal of Law & Policy* 109, 2012.

Haley v. State of Ohio, 1948, 68 S.Ct. 302.

Heidrich, Erin M,"Re-examining Juvenile Seizure in light of Roper, Graham and J.D.B.", *Northern Kentucky Law Review,* Vol.42, 2015.

本庄武，2014,『少年に対する刑事処分』現代人文社.

Husak, Douglas, " 'Broad' Culpability and the Retributivist Dream", *Ohio State Journal of Crimi-nal Law,* Vol.9, 2012.

Illinois v. Perkins, 1990, 496 U.S. 292.

In re Gault, 1967, 382 U.S. 1.

In re Winship, 1970, 397 U.S. 358.

Institute of Judicial Administration and American Bar Association (IJA/ABA), Juvenile Justice Standards : Standards Relating to Police Handling of Juvenile Problems, 1979.

Jensen, Frances E. The Teenage Brain, 2015.

Jetha, Michelle K. et al., Adolescent Brain Development, 2012.

J.D.B. v. North Carolina, 2011, 131 S. Ct. 2394.

Juvenile Law Center (JLC), Brief as Amici Curiae submitted to *J.D.B. v. North Carolina,* 2011.

海瀬弘章. 2014-2015.「アメリカ少年司法の新しい潮流とわが国への示唆（上）（下）」『季刊刑事弁護』80: 179-195, 81: 99-117.

Kassin, Saul M. et al., "Police Interviewing and Interrogation : A Self-report Survey of Police Practices and Beliefs", *Law and Human Behavior,* Vol.31, 2007.

Katyal, Nwal Kumar et al., Brief as Amici Curiae submitted to *J.D.B. v. North Carolina,* 2011.

Kent v.US, 1966, 383 U.S. 541.

Levick, Marsha L. and Elizabeth-Ann Tierney, "The United States Supreme Court Adopts a Reasonable Juvenile Standard in J.D.B. v. North Carolina for Purposes of the Miranda Custody Analysis: Can a More Reasoned Justice System for Juveniles Be Far Behind ? ", 47 *Harvard Civil Rights-Civil Liberties Law Review* 501, 2012.

Mallett, Christopher A, The School-To-Prison Pipeline : A Comparative Assessment, 2016.

McKeiver v. Pennsylvania, 1971, 403 U.S. 528.

Merlo, Alida v., Peter J. Benekos, Reaffirming Juvenile Justice : From Gault to Mont-gomery, 2017.

Michigan v. Chesternut, 1988, 486 U.S. 567.

Miller v. Alabama, 2012, 132 S. Ct. 2455.

Miranda v. Arizona, 1966, 384 U.S. 436.

Montgomery v. Louisiana, 2016, 136 S. Ct. 718.

National Campaign to Reform, State Juvenile Justice Systems, The Fourth Wave, 2013.

National District Attorneys Association (NDAA), Brief as Amici Curiae submitted to *J.D.B. v. North Carolina,* 2011.

National Research Council, Reforming Juvenile Justice, 2013

Roper v. Simmons, 2005, 543 U.S. 551.

Siegel, Daniel J., Brainstorm, 2013.

Shall v. Martin, 1984, 104 S.Ct. 2403.

State v. Carder, 1965, 210 N.E. 2d 714.

United States ex rel. Smith v. New Jersey, 1963, 323 F. 2d 146.

Wesley, John M.P, "Age of Intimidation: Why the Supreme Court Got it Right in J.D.B. v. North Carolina", 2013, 39 *New England Journal on Criminal & Civil Confinement* 269.

Yarborough v. Alvarado, 2004, 541 U.S. 652.

山口直也a, 2013,『少年司法と国際人権』成文堂.

————b, 2015,「脳科学・神経科学の進歩が少年司法に及ぼす影響」『自由と正義』66(10): 30-37.

山﨑俊恵, 2014,「アメリカにおける少年の刑罰」『修道法学』37(1): 37-61.

Zoeller, Gregory F. et al, Brief as Amici Curiae submitted to *J.D.B. v. North Carolina,* 2011.

（やまぐち・なおや）

第7章

米国少年司法の最近の動向

山﨑俊恵

1. はじめに

　アメリカ連邦最高裁判所は，2005年，ローパー判決において行為時18歳未満の少年の死刑を禁じ（*Roper v. Simmons*），2010年，グラハム判決において殺人罪以外の犯罪について少年の釈放可能性のない終身刑を禁じ（*Graham v. Florida*），そして2012年，ミラー判決において少年の釈放可能性のない終身刑の必要的科刑を禁じ（*Miller v. Alabama*），少年の刑罰を限定してきた[*1]．こうした判例の背景に，脳科学，神経科学，発達心理学等の進歩があった[*2]．本稿では，主としてミラー判決後のアメリカの状況を概観するとともに，日本法への示唆を得たい．

2. 連邦最高裁判所判例の概観

　連邦最高裁判所は，ミラー判決で，「子どもは，量刑の目的で，憲法上，成人とは異なる」とのローパー判決及びグラハム判決で確立された原則を採用した．この相違は，少年が，①未成熟で責任感が未発達である，②外部からの否定的な影響や圧力に脆弱である，③性格が未形成である，という3つの主要な点で，非難可能性が減少する一方でより大きな更生可能性を有する

＊1　これら一連の連邦最高裁判所の判例については，本庄2017が詳しく分析している．

＊2　グラハム判決では，法廷意見中で青少年の脳の発達についての言及があったものの，行動制御にとって重要な脳領域の青少年後期における成長への言及にとどまった．ミラー判決では，ローパー判決及びグラハム判決の結論が，神経科学により強化され続けていると指摘して，神経科学の所見について詳述した（*Miller*: 471-473）．

ことから生じる．他方で，成人とは異なるこうした少年の属性が，応報，抑止，無能力化及び社会復帰という刑罰の正当化根拠を弱める．釈放可能性のない終身刑の必要的科刑は，少年にとって過度に不均衡な刑罰を科す危険を呈する．したがって，少年の釈放可能性のない終身刑の必要的科刑は，連邦憲法修正 8 条の「残虐かつ尋常でない刑罰」の禁止に違反することとなる．

このように，連邦最高裁判所は，ミラー判決において，少年の釈放可能性のない終身刑の必要的科刑を禁じたものの，少年に対するその科刑を絶対的に禁じたわけではなく，その行為が更生不能な堕落を反映している稀な少年については，その刑を許容した．連邦最高裁判所は，刑の量定を行う裁判所に，釈放可能性のない終身刑を少年に科すに先立ち，「子どもがどのように異なるのか，及び，そうした相違が，いかに，刑務所で生涯を過ごす取返しのつかない刑を科さないよう助言するか」，すなわち，少年の若年性及びそれに付随する性質を考慮することを要求した．そして，釈放可能性のない終身刑が許容されない，その行為が一時的な未成熟を反映している少年と，その刑が許容される更生不能なほど堕落した稀な少年とを区別することを求めた（*Miller*: 471-480）．

ミラー判決後，同判決が，裁判が同判決言渡し時に終局していた少年の事件に遡及適用されるか否かという問題が生じた．各法域の裁判所は，この点に関して異なる結論に達してきた．連邦最高裁判所は，その問題を解決するために，モントゴメリー対ルイジアナ州事件で裁量上訴を認めた．そして，2016年，ミラー判決は少年の若年性及びそれに付随する性質を考慮するための手続を要求した単なる手続的規範を宣言したものではなく，釈放可能性のない終身刑が，その行為が一時的な未成熟を反映している少年という一定の類型の被告人にとって過度な刑罰であって違憲である，との遡及適用が認められる実体的規範を宣言したものであるとして，同判決の遡及適用を認めた（*Montgomery v. Louisiana*: 136 S. Ct. at 732-736, 193 L. Ed. 2d at 618-622）.[*3]

---

*3　モントゴメリー判決は，ミラー判決言渡し時に裁判が終局していた者の刑の再量定及び釈放の許可を，ミラー判決を遡及適用する方法として認めた（*Montgomery*: 136 S. Ct. at 736, 193 L. Ed. 2d at 622）.

3. ミラー判決後の各法域の立法動向，判例及び学説の議論状況

(1) 釈放可能性のない終身刑における個別の量刑審理と更生不能の判断

　少年に釈放可能性のない終身刑を科すためには，ミラー判決の要求に従い，少年の非難可能性の減少及び高い更生可能性といった若年性及びそれに付随する少年固有の事情を考慮しなければならない．この個別の量刑審理をめぐり，いくつかの論点が生じる．

1) 更生不能の認定の必要性

　ミラー判決は，釈放可能性のない終身刑を科す前に少年の若年性及びそれに付随する性質を考慮することを要求する一方で，裁判所が少年が更生不能であると正式に認定することを要求しなかった（*Montgomery*: 136 S. Ct. at 735, 193 L. Ed. 2d at 621）．そのため，そうした事由を考慮する裁量を裁判所に付与することで足りるとする法域もある一方[*4]，少年が更生不能であるとの正式な認定を裁判所に要求する法域もある．例えば，ジョージア州最高裁判所は，モントゴメリー判決前は，少年の若年性を考慮する裁量を裁判所に付与することでミラー判決の要求を満たすと判断していた．しかし，モントゴメリー判決が，釈放可能性のない終身刑の科刑が例外的な事情で稀な少年にしか許されない，と判示した点を捉えて先例を変更し，少年に釈放可能性のない終身刑を科すためには，少年が更生不能なほど堕落しており，釈放可能性のない終身刑が比例する刑罰と言える狭い層に含まれることの明示の認定を要する，と判断するに至った（*Veal v. State*）．

2) 少年の更生可能性に関する推定と挙証責任

　ミラー判決は，少年の釈放可能性のない終身刑に不利な推定を設けなかった．そのため，自己の行為が一時的な未成熟性を反映しており，釈放可能性のない終身刑が自己にとって過度な刑罰であって正当化されないことを証明する責任を，少年に課すことを認める法域もある[*5]．しかしながら，釈放可

---

*4　例えば，ワシントン州最高裁判所は，裁判所が少年の更生不能な堕落をできる限り詳細かつ明らかにすることが望ましいけれども，その認定は連邦憲法によって要求されていないと判断した（*State v. Ramos*）．

*5　例えば，ワシントン州最高裁判所は，釈放可能性のない終身刑が許容されないことの挙証責任を少年に課すことを認めた（*State v. Ramos*）．

能性のない終身刑が自己にとって不当であることの挙証責任を少年に課すことには，ミラー判決に照らして疑問が提起されている．

ミラー判決は，少年が未成熟であって成人よりも非難可能性が減少するので，少年の釈放可能性のない終身刑は「稀」となる，と述べてその例外性を明らかにするとともに，更生不能な少年と更生可能な少年との区別の難しさゆえにその刑が誤って科される危険性を強調した．こうしたミラー判決の判断から，少年の釈放可能性のない終身刑に不利益な推定があり，当該少年が更生不能なほど堕落しており，刑による処遇や成長によっても更生し得ず，この刑に値する稀な少年であることの挙証責任は，検察官が負わなければならない，と論じられる（Grisso et al. 2016: 237, 239; Scott et al. 2015: 11-12）．

少年の釈放可能性のない終身刑に不利益な推定は，ほかの理由によっても支持されている．それは，手続面での少年の法的能力の低さである．少年の若年性及びそれに付随する性質は，自己の防御・弁護に参加することを困難とし，刑事手続内で少年を不利な立場に置く[6]．そのような不利な立場にある少年に自己の更生可能性についての挙証責任を課すことは，適切ではないとされる（Hoesterey 2017: 176-177）．

3) 減軽事由についての証拠と判断

ミラー判決は，その行為が一時的な未成熟性を反映している少年と更生不能な堕落を反映している少年との間を区別するため，少年の若年性及びそれに付随する性質が量刑事由として考慮される審理を要求した．

同判決は，少年の未成熟性及びそれに付随する少年の性質として，ミラー要素として知られる少なくとも5つの要素を挙げた．①意思決定要素（未成熟性に伴う衝動性，リスクテイキングや不十分な判断力），②依存性要素（依存性ゆえに家庭や仲間の悪環境・悪影響から逃れられないこと），③犯罪の事情（未成熟性及び依存性と犯罪における関与の程度ないし役割等との関連性），④更生可能性（未成熟性のゆえに大きな変化の可能性），⑤手続面での法的能力（未成熟性及び依存性に伴う判断力の不十分性及び黙従傾向，法手続についての知識の欠如並びに弁護人と協働することの困難さ等ゆえの，捜査機関との取引や刑事手続への参加における不利）である（Grisso et al. 2016: 236; Scott et al. 2015: 11）．これらの要素は，少年の釈放可能性のない終身刑の必要的科刑を一般的に禁ずる根拠として挙

---

*6　J.D.B判決は，少年の迎合性や被暗示性等からこれを認めた．J.D.B判決については，山口2017aが詳しい．

げられたけれども，個別具体的な事件において特定の少年にそれを科すことが正当化されるか否かの判断に当たっても，指標となり得る．

　法域によっては，ミラー判決を反映させて，刑の量定に当たり考慮すべき事由を明確にしてきたところもある．例えば，ミシガン州法は，裁判所が少年に釈放可能性のない終身刑を科すためには，刑の量定に際してミラー判決が列挙した要素を考慮しなければならないと定める[*7]．また，ネブラスカ州法は，少年側は，発達歴，病歴，薬物依存歴等について，青少年の精神衛生の専門家による鑑定を提出できると定める[*8]．

　ミラー判決は，量刑審理において考慮され得る5つの事由を挙げたものの，それを証明するための証拠及びそれらの事由の考慮方法についての指針を示していない．連邦最高裁判所は，凶悪犯罪を行った少年でさえ変化する能力があることを承認したので（*Roper:* 570），仮に検察官が少年が更生不能なほど堕落していることを証明する責任を負う場合，検察官は，行為の残虐性等のみをもってこれを証明することは許されない．

　一方，少年及び弁護人が若年性及びそれに付随する少年の性質について争い，又はそれを証明するためには，弁護側の減軽専門家（mitigation specialist）が，少年本人及び保護者をはじめとする親族，教員，医師及びソーシャルワーカー等との面接並びに記録及び文書の検討等により，少年の年齢，未成熟性，衝動性，行為のリスク及び結果を正確に認識する能力，知能・知的発達，仲間・家族からの圧力の存在及びそれに対する脆弱性，犯罪の事情，犯罪への関与の程度，防御・弁護に有意義に参加する能力，更生及び悔悟の可能性，教育歴，前科・前歴及びその際の処遇歴，被虐待経験[*9]，職歴，身体及び精神の疾病歴並びに薬物依存歴等の多岐にわたる事項について，調査を行うよう提言されている（The Campaign for the Fair Sentencing of Youth 2015: 17-19）．

　特に，ミラー判決が挙げた5つの事由は，発達心理学に密接に関連するので，少年の脳の発達，未成熟性，衝動性，行為のリスク及び結果を認識できないことや，家族及び仲間からの圧力に対する脆弱性並びに更生可能性等に

---

*7　Mich. Comp. Laws § 769. 25(6). 具体的には，⑴年齢及びそれに伴う特徴，⑵家庭環境，⑶犯行の状況，⑷手続的能力及び⑸更生可能性である（*People v. Skinner*）．

*8　Neb. Rev. Stat. § 28-105.02.

*9　釈放可能性のない終身刑を科された少年の多くが，家庭内での暴力への暴露や被虐待経験を有することが明らかとされている(Nellis 2012: 10-11).

ついて，少年の発達についての知識を有する児童精神科医や心理学者等の専門家の証言が，裁判所の判断を補助し得る．そこで，少年及び弁護人がそうした専門家の証言を証拠として提出するよう提言されている（The Campaign for the Fair Sentencing of Youth 2015: 20）．また，釈放可能性のない終身刑が科される可能性のある少年は，心理鑑定を受ける権利を有する，との主張もみられる（Scott et al. 2015: 17）．

　他方，弁護人自身が少年の行動や脳の発達等に関する研修を受け，それに精通すること，また弁護活動を展開するためには少年の有意義な参加を得なければならないので，弁護人が，少年が未成熟性，精神疾患，発達障害，トラウマ等のゆえに，手続を理解し弁護人と効果的に協議して弁護に有意義に参加する能力を阻害されていないかに，注意を払うことが求められている（The Campaign for the Fair Sentencing of Youth 2015: 11-12, 26）．

　このように，5つの事由を明らかにするための多様な証拠が挙げられている．しかし，こうした証拠に基づいても少年の「更生不能なほどの堕落」の判断が難しいことが指摘されている．

　脳科学，神経科学及び発達心理学等の科学的研究の成果により，リスクテイキング，刺激追求，自己制御能力における少年の未成熟性及び非難可能性の減少といった点で「子どもが成人とは異なる」ことが明らかにされてきた．そして，これは，連邦最高裁裁判所が，未成熟な層としての少年を成人と一般的・類型的に区別し，その刑を制限する判断の基礎を築いた理由である．しかし，そうした科学研究の成果が，個別具体的な事件で特定の少年について信用できるほどの発達に関する情報を提供しうるかは，疑問視されている．

　また，現在の発達心理学，臨床心理学や精神医学により，特定の少年の精神的特徴・障害・疾患等を評価・診断することは可能であるとしても，その少年の更生可能性ついて，そうした特徴等のゆえにその少年が「更生不能なほど堕落」しているとの判断を行うことはできないと言われている（Grisso et al. 2016: 239-240）．

　脳科学や神経科学の分野では，MRIやfMRIを利用した映像研究により，脳の構造及び機能が明らかになってきた．青少年期は脳の構造及び機能が変化する重要な時期であって，少年の脳の構造又は機能は成人ほど成熟していない．青少年期には，慎重さ，衝動制御及び仲間からの圧力への抵抗等を司る脳の領域がなお発達中であり，青少年は，衝動性，浅慮さ及び仲間からの圧力への屈しやすさを自分で制御できないという所見がある（Steinberg 2014:

74). このように，MRIを用いた脳科学や神経科学研究は，意思決定や自己制御に関わる脳の領域の標準的な発達傾向を明らかにしてきた．しかしながら，MRIスキャンによっても，個々の少年の脳の成熟の程度を信用性をもって評価することはできないとされる（Grisso et al. 2016: 241; Scott et al. 2015: 18）.

行動学研究も，衝動性，リスクテイキング及び自己制御能力の不十分さといった少年の未成熟性を明らかにしてきたけれども，仲間からのものも含めて圧力がかかっていたかもしれない少年が行為を行った状況における少年の意思決定能力等の判断は容易ではない（Grisso et al. 2016: 241-242）.

少年の若年性とそれに付随する性質を明らかにするための資料の信用性も問題となり得る．これらを明らかにするためには，少年本人の発言・供述が1つの重要な資料であるが，その分析及び評価に当たり，まさに少年の未成熟性や法的手続を理解して，それに対処する能力の低さといった発達要素を考慮に入れなければならない．少年に少年共犯者がいる場合には，その発言・供述の分析及び評価についても同じことが言える（Grisso et al. 2016: 243）.

更生可能性の判断に当たっては，再犯可能性の評価も関わってくる．再犯可能性に関する経験的な研究が行われるとともに，それを判定するためのツールが開発されてきた．しかし，こうした研究の成果やツールによる判定は，比較的短い期間内での再犯可能性の評価に関しては有効性が認められてきたものの，長期にわたる再犯可能性の評価に関しては，その信用性及び有効性は十分には認められていない（Grisso et al. 2016: 244; Scott et al. 2015: 21）.他方で，少年の更生には，少年の発達状態のみならず，少年を更生させるための処遇の影響が強く関連する．したがって，更生可能性の判断に当たっては，どのような処遇が行われているのか，その少年にとって最適な処遇が選択され得るのかといったことも，合わせて考慮しなければならない（Scott et al. 2015: 21）.

こうして，現在，脳科学，神経科学及び発達心理学等に基づいて特定の少年を評価するとしても，その少年が成熟しているか否か，また更生可能性があるか否かを信用性を以て述べることはできない，とされる（Scott et al. 2015: 21）.

＊10　同様の研究の所見が，日本でも明らかにされてきた（友田 2017）.

(2)　他の刑へのミラー判決の適用

1)　事実上の終身刑

　ミラー判決及びモントゴメリー判決は，少年の「釈放可能性のない終身刑」についての判断を示したが，その名称を用いていない刑については明確に扱わなかった．しかし，併合罪の刑の加重により，少年に対する刑期がその予測寿命を超えるほど非常に長期に及ぶこともある．こうした釈放可能性のない終身刑と機能的に同等で事実上の終身刑とも言える非常に長期の刑は，たとえ法律上は釈放の可能性が認められているとしても，現実には釈放の可能性を排除する．

　法域によっては，ミラー判決の適用を「釈放可能性のない終身刑」に限定してきたところもある（*State v. Garza*）．他方で，例えば，アイオワ州最高裁判所は，成長及び更生の証明に基づく早期の釈放の有意義な機会を奪う長期の刑にも，ミラー判決の適用を認めた（*State v. Null*）．

2)　刑の必要的科刑

　ミラー判決及びモントゴメリー判決は，「釈放可能性のない終身刑」の必要的科刑について判断を示した．両判決は，それ以外の刑罰の必要的科刑については明確に扱わなかった．

　少年に対する成人と同一の刑罰の必要的科刑は，連邦最高裁判所が確立してきた，少年の非難可能性は成人のそれよりも減少するのであり，「子どもは異なる」という原則に抵触し得る．

　釈放可能性のない終身刑の場合に限らず，裁判所は，少年量刑の個別化を図らなければならない，としてきた州もある．例えば，ネバダ州は少年の釈放可能性のない終身刑を廃止しているが，裁判所が少年に刑を科すに当たり，成人と比較した場合の少年の非難可能性の減少及び典型的な特徴そのほか，少年と成人犯罪者との間の相違を考慮するよう要求する[11]．また，ウエストバージニア州も同様に少年の釈放可能性のない終身刑を廃止しているが，裁判所が重罪を理由に少年に刑を科すに当たり，行為時の年齢，衝動性，家庭及び地域の環境，行為の危険性及び結果を認識する能力，知能，州が資格を認定した専門家による精神鑑定，仲間又は家族からの圧力，弁護・防御に有意義に参加する能力，更生可能性，トラウマの有無並びに児童福祉制度との

---

[11]　Nev. Rev. Stat. §176.017.

接触等を考慮するよう要求する[*12].

　また，アイオワ州最高裁判所は，ミラー判決が釈放可能性のない終身刑を絶対的に禁じなかったので，同判決で問題とされた刑罰の憲法上の瑕疵は，その刑期の長さにあるのではなくて必要的性格にある，との解釈を示したうえで，少年に対する刑罰の必要的科刑は（短期のものであっても），減軽事由として若年性及びそれに付随する性質を考慮する裁判所の裁量を奪うので，残虐かつ尋常でない刑罰として州憲法に違反する，と判断した（*State v. Lyle*）.

　学説においては，必要的科刑自体は許容されるとしても，成人と比較した場合の少年の非難可能性の減少や更生可能性の高さを理由に，少年に「若年減軽（Youth Discount）」を認めて成人に科されるよりも短期の刑を科すよう主張するものもある（Feld 2013: 316-329）.

(3)　少年の釈放可能性のない終身刑の廃止

　検察官が少年の「更生不能な堕落」を，特に陪審裁判で陪審員に証明する困難さから，検察官が少年の審理において釈放可能性のない終身刑の科刑を求める事案が減少するかもしれないとの予測もある（Grisso et al. 2016: 238）.

　(1)で述べた通り，個別の量刑審理において少年が更生不能なほど堕落していると判断することは難しい．加えて，個別の量刑審理による少年の更生可能性についての判断と，連邦最高裁判所のローパー判決及びグラハム判決との矛盾も指摘されている.

　ローパー判決は少年の死刑を，グラハム判決は殺人罪以外の犯罪を理由とする少年の釈放可能性のない終身刑を，絶対的に禁じた．その根拠は，その行為が一時的未成熟を反映している少年と更生不能なほど堕落している少年とを区別することの困難性及びそれゆえの誤った科刑の危険性にあった（*Roper:* 573）．その行為が一時的未成熟を反映しているに過ぎない少年が，正当化されない厳しい刑罰を誤って科される危険は，相当に大きい．この危険を回避するために，裁判所の裁量を否定してその刑罰を一律絶対的に禁止しなければならない，というのが両判決の論理であった．この論理は殺人罪を理由とする少年に対する釈放可能性のない終身刑にも同様に妥当し得る．殺人罪を理由とする場合であっても，その行為が一時的未成熟を反映しているに過ぎない少年に誤って釈放可能性のない終身刑を科す危険を回避するため

[*12]　W. Va. Code § 61-11-23 (c).

には，個別の審理においてその未成熟性を判断する裁判所の裁量を否定しなければならないはずである．したがって，少年の釈放可能性のない終身刑の廃止が支持される（Hoesterey 2017: 185-187; Scott el al. 2015: 24-25）．

ミラー判決時，少年の釈放可能性のない終身刑を禁じていた法域は，6州及びコロンビア特別区のみであった（Spooner et al. 2017: 151）．一方，少年の釈放可能性のない終身刑の必要的科刑を認めていた28州は，同判決への対応を迫られることとなった（*Miller*: 482）．

ミラー判決は，先述の通り，少年の釈放可能性のない終身刑を禁じなかったけれども，その刑の廃止により同判決に対応した州もある．例えば，2013年から翌2014年にかけて，ハワイ州及びウエストバージニア州が少年の釈放可能性のない終身刑を廃止した．ハワイ州は，少年と成人との相違，少年が成長するにつれて犯罪から離脱する傾向及びアメリカがその刑を少年に科している唯一の国であること等の理由から，それを廃止した（The Sentencing Project 2015: 11）．また，ウエストバージニア州は，少年の釈放可能性のない終身刑は人権を侵害する残虐かつ尋常でない刑罰に当たる等を理由に，それを廃止した（The Sentencing Project 2015: 11）[13]．

また，マサチューセッツ州最高裁判所は，少年の脳が18歳までに構造的又は機能的に十分に発達していないといった少年の脳の発達に関する現在の科学的研究及び少年の固有の特徴から，検察官は，釈放可能性のない終身刑が少年に科されるべきか否かを判断するための個別の審理において，「更生不能なほど堕落した性格」といった特徴を確実に証明することができず，したがって，裁判所は，少年が更生不能なほど堕落していると確実に認定できない．また，少年は，その固有の特徴を理由に釈放資格を考慮される機会を付与されるべきであると指摘して，少年の釈放可能性のない終身刑は州憲法26条の禁ずる「残虐又は尋常でない刑罰」の禁止に違反すると結論付け，その刑を絶対的に禁止した（*Diatchenko v. Dist. Attorney for Suffolk Dist.*）．

少年の釈放可能性のない終身刑の廃止の動きは広がりをみせ，2019年の時点で，21州がその刑を禁じているほか，事実上，それを科していない州もある[14]．

＊13　W. Va. Code § 61-11-23(a).
＊14　The Campaign for the Fair Sentencing of Youth, States that Ban Life without Parole for Children (https://www.fairsentencingofyouth.org/media-resources/states-that-ban-life/).

(4) 釈放

　少年が未成熟である一方で成長を遂げて更生する可能性が大きいのであれば，それを考慮に入れた釈放制度を設ける必要がある．この点から，少年のための特別の釈放制度を設けてきた法域もある．例えば，ウエストバージニア州法は，仮釈放委員会が少年の仮釈放審理において「成人と比較した場合の少年の非難可能性の減少，少年の特徴並びに収容中の受刑者の成長及び成熟」を考慮するよう定め，具体的な考慮事由として，行為時の年齢，未成熟性及び家庭環境，収容中の社会復帰及び教育プログラムへの参加，更生に向けた努力等を挙げている[*15].

(5)　少年の刑罰以外の領域の動向

　連邦最高裁判所の一連の判決は，少年の刑罰に関する判断を示したものであるが，少年の扱いをめぐりそのほかの領域にも影響を及ぼしうる．ここでは，少年裁判所から刑事裁判所への移送（管轄権の放棄）制度及び少年法の適用対象年齢の引上げを取り上げる．

1)　移送制度

　少年裁判所から刑事裁判所への事件の移送には，大きく分けて3つの選択肢がある．①少年裁判所が個別の事件について審理した上で刑事裁判所に移送する少年裁判所による移送，②一定の犯罪を少年裁判所の管轄から除外する立法による少年裁判所の管轄権の制限，③検察官が少年裁判所又は刑事裁判所のどちらが少年の事件を扱うかを決定する権限を有する検察官先議である．このうち，②は個々の少年について個別の判断がなされない．また，③は検察官により個々の少年の個別の事情が判断され得るが，裁判所による判断がない上，検察官には，個別の事情を考慮して裁判所を選択したことを証明する責任もない．①においても，少年裁判所が一定の年齢以上の少年が一定の犯罪を行ったと判断したならば刑事裁判所に自動的に少年の事件を移送しなければならない必要的移送の制度であれば，事件が少年裁判所を経由するとはいえ，個々の少年の個別の事情が考慮されることはない．

　ミラー判決は，少年の若年性及びそれに付随する性質の個別の考慮を要求したので，これらを考慮しない移送制度はミラー判決の基礎にある考えに照らして問題となりうる．そこで，こうした制度を廃止して，少年の非難可能

---

*15　W. Va. Code § 62-12-13b.

性の減少及び更生可能性の高さといった事由を考慮する，少年裁判所による移送で代替することが提言されている（Woods 2017: 48-51）．

　カリフォルニア州は，2016年，法案57号を採択した．同法案は，少年裁判所が全ての少年について年齢，成熟性，知能，身体及び精神の状態，家庭環境並びにトラウマの有無といった事由を考慮する移送審理を行うよう要求し，検察官先議制度を廃止した．[16]

2）少年法の適用対象年齢の引上げ

　脳科学，神経科学及び発達心理学等の研究並びにそれを承認した一連の連邦最高裁判所の判例は，少年法の適用対象年齢を引き上げる全国的な流れの中で，そのための根拠として援用されてきた．[17]

　少年法の適用対象年齢の引上げの動きは，同年齢を全国で最も低い16歳未満に設定していたニューヨーク州及びノースカロライナ州にも及び，両州は，2017年，一部例外を残しているものの，同年齢を18歳に引き上げるに至った（The Campaign for Youth Justice 2017: 8, 14, 16）．[18] ノースカロライナ州では，従来，他州の多くが少年法の適用対象年齢を18歳未満としていることのほか，諸研究が少年の脳が発達し続けており，少年の非難可能性の減少を明らかにしていること，連邦最高裁判所の判例がそれを認めて18歳未満の者の死刑等を禁じてきたこと，及び少年の発達上のニーズが年齢に適切な社会復帰に焦点を当てた処遇により満たされ得ること等を理由に，少年法の適用対象年齢を18歳未満に引き上げることが提言されており（Youth Accountability Planning Task Force 2011），法改正はこれを受け容れたものである．

　コネチカット州，イリノイ州，マサチューセッツ州及びバーモント州では，少年法の適用対象年齢を18歳以上（21歳又は22歳未満）に引き上げようとの動きもある（The Campaign for Youth Justice 2017: 19）．[19] 例えば，バーモント州では，2017年，少年司法手続が適用される年齢を一部22歳未満に引き上げる

---

*16　Proposition 57, https://vig.cdn.sos.ca.gov/2016/general/en/pdf/complete-vig.pdf; Cal. Welf. & Inst. Code § 707.

*17　アメリカ合衆国における少年法の適用対象年齢の引上げの動きについては，山口編2017bを参照．

*18　両州の少年法の適用対象年齢の18歳未満への引上げは，2019年に施行される予定である（ニューヨーク州の17歳未満への引上げは，2018年10月に施行されている）．

*19　欲求や情緒的刺激への高い敏感さといった青少年の未成熟性が若年成人に妥当しないことや，若年成人期の脳の成熟に関する研究が少年法の適用対象年齢の引上げを正当化するほど十分に行われていないことを理由に，これに反対する者もある（Steinberg 2017: 416-417）．

法が成立した.[*20]

4. 日本法への示唆

　以上みてきた通り，連邦最高裁判所は，子どもが，①未成熟で責任感が未発達である，②外部からの否定的な影響や圧力に脆弱である，③性格が未形成である，という3つの主要な点で，非難可能性が減少する一方でより大きな更生可能性を有し，成人とは異なることを承認して，少年の刑を制限してきた．これを受けて，各法域も判例ないし立法により少年司法制度を改革してきた．この中で，日本においても参考とされるべき点は少なくない．ここでは，①少年の刑の量定，②検察官送致，③少年法の適用対象年齢を取り上げる．

　第一に，少年の刑罰についてである．日本においては，少年法51条1項により行為時18歳未満の者の死刑が禁じられ，また釈放可能性のない終身刑はなく，無期刑についても同条2項により裁量的な減軽が認められる点で，少年の非難可能性の減少及び更生可能性の高さが認められてきたと言えよう.

　もっとも，個別具体的な事件における刑の量定に当たっては，連邦最高裁判所が挙げた5つの事由を参考にできる．少年の供述調書や公判での供述も，事実認定や少年の非難可能性及び更生可能性の判断のための重要な資料となり得るが，その信用性の検討に当たっては，少年の未成熟性や依存性ゆえの判断力の不十分性及び黙従傾向，法手続についての知識の欠如並びに弁護人と協働することの困難さ，捜査機関による取調べや刑事手続への参加における不利も考慮に入れなければならない．[*21]　他方，少年の重大事件では裁判員裁判が行われるが，裁判員が少年の行為の凶悪性，悪質性等により衝撃を受け，少年の未成熟性，脆弱性及び更生可能性にもかかわらず，適切ではない重い刑罰を選択することが懸念される．[*22]　しかし，少年の行為はその未成熟性の故であることを踏まえて，その凶悪性，悪質性，執拗性，残虐性等がそ

＊20　Vt. Stat. Ann. tit. 33, § 5102.

＊21　少年の刑事事件の弁護を担当する弁護人にも，少年の心理や発達についての理解が必要となる．山口 2017aは，少年の特性に配慮できる専門的弁護人の援助の必要性を指摘している.

＊22　一般市民が判断者になる場合に科学的知見が付与されないままでは，誤った判断がなされる可能性が類型的に高いと指摘されている（本庄2017：45).

のまま少年の非難可能性の大きさや更生可能性の小ささを反映していると捉えられるべきではない．連邦最高裁判所が挙げた，未成熟性に伴う衝動性，リスクテイキングや不十分な判断力，依存性ゆえに家庭や仲間の悪環境・悪影響から逃れられないこと，そうした未成熟性及び依存性が行為に及ぼした影響等を慎重に判断し，少年にとっての行為の意味を明らかにする必要がある．

　そこで，少なくとも裁判員裁判により審理される少年被告人の事件及び少年法55条移送の申立てがなされた事件では，少年の特徴を理解してもらうために，これらを明らかにする児童精神医学や発達心理学の専門家による鑑定が必須となろう．[*23] 鑑定人には，現在の諸科学の研究成果をもってしても特定の少年の成長発達の度合い，また非難可能性及び更生可能性の正確な評価は難しいという限界を踏まえて，当該少年についての評価のみならず，少年層一般の成長発達及びそれと少年層の行為との関連性ないし少年層の行為を評価する際のその意義と注意すべき点に関しても，証言してもらう必要がある．他方で，少年及び弁護人が裁判所が命じた鑑定人による鑑定の証拠能力又は信用性を争いたい場合には，少年にほかの適切な鑑定人による鑑定へのアクセス権を認め，その費用を国が保障する制度も検討に値しよう．

　第二に，検察官送致についてである．日本においてはアメリカとは異なり必要的移送制度はなく，家庭裁判所が少年の事件を検察官に送致するか否かを判断する．その際，家庭裁判所は，非行事実の軽重及び態様，非行後の情状，少年の年齢，成熟度，少年の非行歴，成育歴，環境，見込まれる刑罰及び保護処分並びに共犯者の処遇との均衡等の事由を考慮すべきであるとされてきた．科学的研究から明らかになっている未成熟性，外部の影響の受けやすさといった少年の特質に鑑み，少年の年齢とそれに伴う成熟度，成育歴，環境等を家庭裁判所調査官の社会調査も踏まえて判断し，非行事実の重大性や態様の悪質性についても，それのみにとらわれることなく，少年の未成熟性の影響ないしそれとの関連性を慎重に判断しなければならない．少年法20条2項は原則逆送規定とも言われ，同項ただし書の「刑事処分以外の措置を相当と認めるとき」とは，その事案内容において，少年についての凶悪性，悪質性を大きく減じて保護処分を許容しうるような「特段の事情」がある場

---

*23　本庄2017は，科学的知見の参照がなければ審理不尽が想定されるというくらいのスタンスで裁判への導入の仕方を考えるべきであるとする．

合であるとの解釈もある（司法研修所編 2006: 8）．そして，その「特段の事情」の判断要素は，事件の性質及び少年の特性その他一切の客観的及び主観的事情とされるものの，実務においてはそのほとんどが当該犯罪行為自体に関連する事情の場合に認められているとされる（司法研修所編 2009: 62-63）．しかし，少年の特質に鑑みれば，そうした犯罪行為自体に関連する事情に限定することは適当ではなく，家庭裁判所は，成育歴や資質・環境等も含めて幅広く調査し判断しなければならない．

　第三に，少年法の適用対象年齢についてである．現在，法制審議会において少年法の適用対象年齢の18歳未満への引下げが検討されている[*24]．しかし，脳の構造及び機能に関する研究から明らかなように，少年の脳は重要な構造及び機能においてこの時期になお発達中である．それが少年の非難可能性の減少及び更生可能性の高さに強く関連している．そうした脳科学の知見に基づくならば，少年法の適用対象年齢の引下げには疑問が残る．

　たしかに，脳の発達の程度のみで適切な少年法の適用対象年齢を決せられるわけではないであろう．しかし，少年の成長と更生にとって良い制度は，少年が成長し更生して社会に戻ってくることなのであるから，社会にとっても良い結果をもたらす．このような制度設計のためには，少年と成人との間に相当の相違があることを明らかにする科学研究の知見を無視することはできない．特に，10代の若者では感情を司る大脳辺縁系と衝動的行動を抑制する前頭前皮質の成熟がミスマッチしており，この不均衡のために，この世代が危険な行動に走りがちだが，一方で環境が適切に整えられれば，それに素早く適応することも十分に可能である，とされる（友田 2017: 14）．加えて，脳科学的知見が，少年の非難可能性の低さを支持するよりはむしろ，脳の可塑性の観点から修復可能性があるという事実を投げかけてきている点（友田 2017: 16）を踏まえるならば，少年の成長と社会復帰に適切な処遇が整えられている保護処分を受けられる少年法制度の中に，この世代を置かなければならない．少年法の適用対象年齢の引下げは，必要性もないし，適切とも思われない．

＊24　法制審議会少年法・刑事法（少年年齢・犯罪者処遇関係）部会における議論は，http://www.moj.go.jp/shingi1/housei02_00296.html を参照．

5．おわりに

少年について「親ならば誰でも知っている」こと（*Roper:* 569）が，心理学や行動学といった社会学的研究により明らかにされ，さらに脳科学や神経科学といった医学分野の研究により裏付けられてきた．こうした研究の成果が，アメリカ合衆国において，少年の刑に関する一連の連邦最高裁判所の判例を生み出し，さらにその分野を越えて，広く少年司法全体に影響を及ぼしてきた．日本においても，こうした科学の知見が，本稿で取り上げた少年法の適用対象年齢，検察官送致，刑の量定のほか，処遇の内容，仮釈放の在り方といった非行少年に関わる法制度の設計，関連する法及び実務の運用全般において，基礎とされなければならない．

[文献]

The Campaign for the Fair Sentencing of Youth, 2015, *Trial Defense Guidelines: Representing a Child Client Facing a Possible Life Sentence* (https://www.fairsentencingofyouth.org/wp-content/uploads/Trial-Defense-Guidelines-Representing-a-Child-Client-Facing-a-Possible-Life-Sentence.pdf).

The Campaign for Youth Justice, 2017, *Raising the Bar: State Trends in Keeping Youth out of Adult Courts (2015-2017)* (http://cfyj.org/images/StateTrends_Report-FINAL.pdf).

Diatchenko v. Dist. Attorney for Suffolk Dist., 1 N.E.3d 270 (Mass. 2013).

Feld, Barry C., 2013, "Adolescent Criminal Responsibility, Proportionality, and Sentencing Policy: Roper, Graham, Miller/Jackson, and the Youth Discount" *Law & Inequality* 31(2): 263-330.

Graham v. Florida, 560 U.S. 48 (2010).

Grisso, Thomas et al., 2016, "Prospects for Developmental Evidence in Juvenile Sentencing Based on Miller v. Alabama" *Psychology, Public Policy, and Law,* 22(3): 235-249.

Hoesterey, Alice Reichman., 2017, "Confusion in Montgomery's Wake: State Responses, the Mandates of Montgomery, and Why a Complete Categorical Ban on Life Without Parole for Juveniles Is the Only Constitutional Option" *Fordham Urban Law Journal* 45(1): 149-199.

本庄武，2017,「脳科学・神経科学と少年の刑事責任」『犯罪社会学研究』42: 33-49.

J.D.B v. North Carolina, 564 U.S. 261 （2011）.

Miller v. Alabama, 567 U.S. 460 （2012）.

Montgomery v. Louisiana, 136 S.Ct. 718, 193 L. Ed. 2d 599 (2016).

Nellis, Ashley, 2012, The Lives of Juvenile Lifers: Findings from a National Survey, https://sentencingproject.org/wp-content/uploads/2016/01/The-Lives-of-Juvenile-Lifers.pdf)

People v. Skinner, 917 N. W. 2d 292 (Mich. 2018)

Roper v. Simmons, 543 U.S. 551 (2005).

Scott, Elizabeth et al., 2015, *The Supreme Court and the Transformation of Juvenile Sentencing* (http://www.modelsforchange.net/publications/778).

The Sentencing Project, 2015, *The State of Sentencing 2014: Developments in Policy and Practice* (https://www.sentencingproject.org/publications/the-state-of-sentencing-2014-developments-in-policy-and-practice).

司法研修所編, 2006,「改正少年法の運用に関する研究」『司法研究報告書』58 (1).

─────, 2009,「難解な法律概念と裁判員裁判」『司法研究報告書』61 (1).

Spooner, Kallee et al., 2017, "Sentencing Juvenile Homicide Offenders: A 50-State Survey" *Virginia Journal of Criminal Law* 5(2): 130-170.

State v. Garza, 888 N.W.2d 526 (Neb. 2016).

State v. Lyle, 854 N.W.2d 378 (Iowa 2014).

State v. Null, 836 N.W.2d 41 (Iowa 2013).

State v. Ramos, 387 P.3d 650 (Wash. 2017).

Steinberg, Laurence, 2014, "Should the Science of Adolescent Brain Development Inform Public Policy?" *Court Review* 50: 70-76.

─────, 2017, "Adolescent Brain Science and Juvenile Justice Policymaking" *Psychlogy, Public Policy, and Law* 23(4): 410-420.

友田明美, 2017,「脳科学・神経科学と少年非行」『犯罪社会学研究』42：11-18.

Veal v. State, 784 S.E.2d 403 (Ga. 2016).

Woods, Summer, 2017, "We "Kent" Keep Transferring Kids without a Hearing: Using Recent Supreme Court Jurisprudence to Revive Kent v. United States and End Mandatory Transfer for Juveniles" *Criminal Law Practitioner* 3: 25-58.

山口直也, 2017a,「脳科学・神経科学と適正手続保障──米国連邦最高裁 J.D.B v. North Carolina判決の検討を中心に」『犯罪社会学研究』42：50-64.

─────編, 2017b, 『子どもの法定年齢の比較法研究』成文堂.

The Youth Accountability Planning Task Force, 2011, *Final Report to the General Assembly of North Carolina* (https://files.nc.gov/ncdps/documents/files/YouthAccountabilityTaskForceFinalReport_January2011.pdf.

（やまざき・としえ）

第8章

脳科学・神経科学の進歩が少年司法臨床に与える影響

須藤　明

1．はじめに

　2007年7月，私はサンフランシスコ市で開催された全米少年裁判所・家庭裁判所裁判官協議会（NCJFCJ）に出席した後，少年司法の事情を調査するためアメリカ・シアトル市を訪ねた．インタビューに応じたチーフ・プロベーション・オフィサーのスーザン女史は，おもむろに論文の抜き刷りを私に示し，「これからの少年司法は，このような科学に基づいて行わなければならない．」と言ってきた．その論文には，脳のMRI画像が掲載されており，前頭前皮質の成熟が25歳前後まで続くこと，それゆえに10代の若者は判断能力が脆弱であり，衝動の制御が困難で，環境からの影響も強く受けることから逸脱行動に結びつきやすいという内容が記されていた．このような脳科学の知見は，犯行時18歳未満の少年に対する死刑が「残虐で異常な刑罰」にあたり，憲法違反と判断したRoper判決（Roper v. Simmons, 2005年）に少なからず影響を与えたとのことであった．彼女の話を聞いて，1980年代から厳罰化の方向に進んでいった米国の少年司法に一定の歯止めがかかり，身体的・心理的発達に応じた処遇を模索し始めていることを肌身で感じとった．

　あれから10年以上経過しているが，アメリカの動きに比して，日本での少年司法や刑事司法において，そのような知見の浸透具合はかなり鈍いように思われる．法務省の諮問機関である法制審議会に「少年法・刑事法（少年年齢・犯罪者処遇関係）部会」という特別部会が設置され，「少年法適用対象年齢の在り方」と「若年者に対する刑事政策的措置」について検討会が重ねられているが，アメリカが2000年に入って厳罰化から舵を切ってきたのとは，あたかも真逆の動きが生じているかの印象がある．その特別部会の中で脳科

学の専門家から前記の知見が伝えられたが[*1]，一つの科学的知見として受け止められているに過ぎず，その意味の大きさが今ひとつ共有されていないのは，大変残念である．

　本稿では，犯罪心理学を専門とする立場から，非行や犯罪に関連した発達心理学等の研究が脳科学・神経科学の研究と結びついてきている流れを整理する一方，科学性を謳う我が国の少年司法の実情，刑事裁判における情状鑑定を通して，今後，心理学，脳科学等の科学的なエビデンスが刑事司法の世界でどのように位置づけられていくのか，その課題や展望について述べていきたい．

2．心理学と脳科学・神経科学

　心理学とは生物体（人間や動物）の意識や行動についての学問であり，19世紀以降，物理学や生理学をモデルとして実験室という統制された条件下での観察その他のデータ分析が重ねられてきたという歴史を持ち，目に見えない心の動きと行動との関連を明らかにする実証科学として発展してきた．Freudが創始した精神分析は，科学性の点で批判を受けるが，そもそもFreudは，神経科学者として出発しており，脳性麻痺や失語症研究も行っている．ここでは精神分析について深く立ち入らないが，心理性的発達論（Psychosexual development）や「無意識－前意識－意識」という局所論（topography）にしても，脳神経の働きと心の動きが解明されれば，無意識や性衝動（リビドー）の働きを実証的に説明できるとFreudは信じていた．そうしたFreudの業績についてその後，神経心理学の立場から再評価する動きもある（Pribram & Gill, 1976）．

　しかしながら，19世紀後半から20世紀半ばまでの心理学は，脳科学の研究が十分ではなかったこともあって，心が脳とつながっていることは誰しも否定しないまでも，その関連性は学問体系として確立されないままであった．また，心理学は，実験を中心とした「基礎系の心理学」とカウンセリングや心理療法を通じて対人援助の実践に関わる「臨床系の心理学」に大別されるが，必ずしもこの両者が車の両輪のごとく発展してきたわけではなかった．

---

*1　2016年3月4日，岩手医科大学の八木淳子医師は「青年期の発達と若年受刑者の実態－精神医学的観点から」というテーマでレクチャーした．

その後，1950年代以降になって，心理学と神経学の交錯するところに神経心理学（neuropsychology）という学問が誕生する．山鳥（1985）は，神経心理学を「脳の構造と心の働きの相関を知ろうとする学問」と定義しているが，脳の損傷や疾患が生じた後の高次機能の状態に関する学問として発展してきた面が強い．そうした中，脳科学を中心として心の働きにアプローチする領域では，かつてのように医学者ばかりではなく，心理学，言語学その他さまざまな領域の専門家が参画して学際的研究が行われるようになってきている．本書のテーマである脳科学・神経科学の進歩が与える司法の在り方についても，そのような流れの中にあるといってよい．昨今の脳科学研究で示されている前頭葉の成熟が25歳前後まで続くことや，思春期以降における脳機能発達のアンバランスさに伴う衝動性のコントロールや被影響性の問題，また，友田（2018）が明らかにしたような不適切な養育（maltreatment）が脳機能の発達に与える影響等の各種研究は，アメリカやイギリスの司法関係者（裁判官，検察官，司法ソーシャルワーカーなど）でもかなり共有されてきているとの印象がある．

　現在，日本でも対人援助の様々な領域において，生物 – 心理 – 社会（Bio-Psycho-Social）という三つの視点をもったいわゆるBPSモデルを用い，ケース理解や定式化及び治療的若しくは援助的介入が行われるようになっている．これは，すでに40年前，Engel（1977）が生物学的医学に代わり得る新しい医学観として提唱したモデルであるが，こうしたモデルを念頭に置きながらも，この三者の関係性を踏まえてどう実践に結び付けていくのかとなると簡単な話ではなかった．後述する家庭裁判所調査官が取り入れている調査モデル（調査支援ツール）もこのBPSモデルに基づいているが，発達障害を主とした生物学的要因のスクリーニングにとどまっている感がある．脳科学も含めた生物学的研究と心理学・社会学等の行動科学が連携していく研究は，まさにこれからというところではないかと思われる．

　そこで，Roper判決などアメリカの刑事裁判に影響を与えた発達心理学研究を概観するとともに，犯罪・非行のアセスメントや処遇の領域において，重要な知見をもたらした心理学と脳科学・神経科学が交錯する研究を紹介する．

(1)　自己制御能力の発達

精神鑑定では「弁識能力」と「制御能力」がキーワードになるが，発達心

理学においても自己制御能力がどのように発達していくのかは，その人が社会的な適応に成功するか否かにかかわる重要な課題である．ニュージーランドで行われた1972年及び1973年に生まれた1000人以上に及ぶ赤ちゃんの20年以上に及ぶ追跡調査，いわゆるダニーデン研究によって，子ども時代に自己制御能力を身につけている人とそうでない人では，その後の社会適応ばかりではなく，健康，収入その他に大きく影響していることがわかってきた(Phil & Warren, 1997)．その意味で自己制御能力は，犯罪や非行だけではなく，社会生活全般に関わってくる重要な能力といえる．

　森口（2018）によると，自己制御の発達に関する研究は，「衝動性の制御」，認知的側面に焦点を当てた「実行機能」，遺伝子と環境との相互作用を踏まえた「エフォートフル・コントロール」の３つに大別される．衝動性の制御とは，Mischel（2014）がマシュマロ・テストで示したように，子どもが目の前のマシュマロを我慢する行動がいつ頃からとれるのか，それはどのようにして制御されるのかということである．実行機能は認知的側面に焦点を当てたもので，目標志向的な思考や行動による制御能力を指す．エフォートフル・コントロールは，注意の転換・注意の焦点化・抑制コントロールにおける個人差として概念化されたものである．こうした自己制御力の研究から，

- ・２歳以下の子供は衝動性を制御できないが，その後，著しく制御できるようになること
- ・児童期は緩やかに自己制御力の発達が続くこと
- ・青年期では自己制御が難しくなること

が明らかになっているが，今日においては，脳科学研究の発達によって，脳のどの領域が関係しているのかも特定されてきている．

(2)　若者の成熟性を巡る研究[*2]

　何をもって成熟と見るのか，これは脳科学を中心とした生物学的な視点だけではなく，社会文化的な文脈も含めて考えていくことになるが，前述した「自己制御力」は，その一つの指標といえる．若者の成熟性については，アメリカにおける司法判断，特に責任非難可能性（Culpability）を巡って発達心理学が貢献してきている．そこで，1990年代から2000年代にかけての研究動向をSteinbergら（2009）に従って概観する．

＊2　未成年や20代の青年を含めて若者としている．

アメリカ心理学会(The American Psychological Association: APA, 以下「APA」という) の若者の成熟性に関する所見では, Hodgson判決（Hodgson v. Minnesota, 1990）とRoper 判決（Roper v. Simmons, 2005）の各裁判において, 対照的な見解を示した. Hodgson判決に関して, APA（1989）は裁判所への意見書に14歳になれば大人とほぼ同じ知的能力や社会的理解力を有していると記しているが, 2004年の意見書（APA, 2004）では, 16-17歳は, 大人よりも発達的に成熟しておらず, そのような青年に死刑を科すことは制裁の目的に叶わないとしている. このようにわずか十数年の時を経て真逆の見解を示しているが, こうした急変（Flip-Flop）がなぜ生じたのかを考えておく必要がある.

　これは, Hodgson判決がRoper判決とは異なって, 未成年者の堕胎を巡るものであったという事件の性質にもよるが, マッカーサー財団による少年の成熟性に関する研究による貢献も大きいとされている. マッカーサー財団では, 1980年代以降における少年事件の刑事裁判への移送, 過酷な処分といった厳罰化に伴い, 少年と成人の区別が蝕まれてきているとの問題意識から「青年期の発達と少年司法に関する研究ネットワーク（Research Network on Adolescent Development and Juvenile Justice)」立ち上げ, 1997年から2009年まで研究を行った. メンバーは, 社会科学, 神経科学, 刑事政策らの専門家で, 子どもや青年の発達に関する研究を行い, 裁判に関係する能力(Competence), 責任非難可能性（Culpability）が主たるテーマとなった. そこでは, 3つの大規模プロジェクトといくつかの小さなプロジェクトがあり, その結果として, 8冊の出版と212の論文が専門誌に掲載された. ここでは主要研究の一つ「青年は大人よりも未熟なのか」をテーマとしたSteinbergら（2009）の研究を紹介する. この研究は, 心理社会的成熟と認知能力の成熟について, ロサンゼルス, フィラデルフィア, ワシントンDC, アービンの各都市に住む10歳から30歳の総計935人（平均年齢17.84歳）を対象としてインタビュー及び質問紙によるテストを行ったものである. 心理社会的な成熟は, 「リスクの知覚(Risk perception)」,「刺激欲求（Sensation seeking)」,「衝動性（Impulsivity)」, 「同調圧力への抵抗（Resistance to peer influence)」, 「未来志向性（Future orientation)」という五つの指標を用い, それぞれを測るために信頼性・妥当性のある質問紙を用いた. その結果として, 心理社会的な成熟は, 14-15歳から26-30歳にかけて成熟に向けて発達が続いていることが明らかとなった（図1）. 一方で, 認知能力に関しては, 16-17歳とそれ以降の年代とでは統計

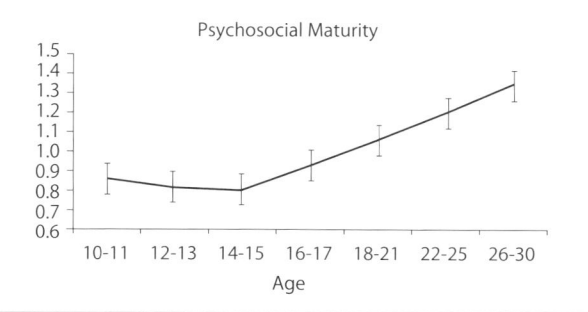

Figure 1
Psychosocial Maturity (Standardized Composite
Scores) as a Function of Age (in years)

図1 心理社会的成熟と年齢段階 （Steinberg et al.,2009)

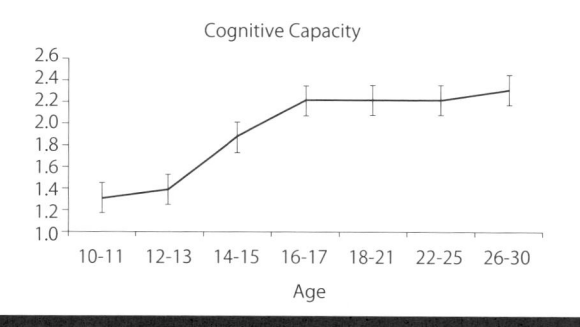

Figure 2
General Cognitive Capacity (Standardized Composite
Scores) as a Function of Age (in Years)

図2 認知能力と年齢段階 （Steinberg et al.,2009)

的な有意差はみられず，ほぼこの年齢に達すると認知能力は大人と同じレベルに到達していることがわかった（図2）．

　つまり，認知能力は，16歳になれば本質的には大人との違いはないが，心理社会的側面に関しては，18歳のほうが20代半ばに比較して未成熟であるこ

と，また14-15歳以降，26-30歳までに成熟に向けての発達が続いていることが明らかとなったのである．こうした発達心理学の研究成果は，脳科学における前頭葉の発達に関する研究結果と呼応していくことになる．APAが1990年と2003年に示した見解が一見矛盾しているのは，認知的側面，心理社会的側面のいずれかに着目するかでの違いだったということである．こうして発達心理学の知見は，脳科学研究の裏付けも得るかたちで刑法上の年齢に関する議論に貢献することになり，2017年にコネチカット州で少年法の適用年齢を16歳未満から18歳未満に引き上げたことを皮切りとして，7つの州で同様の引き上げが行われるに至った（Justice Policy Institute, 2017）．

(3)　その他(犯罪・非行に関わる生物学的視点を踏まえた心理学・神経心理学研究)

犯罪や非行のメカニズムの解明は，医学，心理学，社会学その他の関連学問による学際的な研究が必要である．犯罪の生物学的要因に関する研究は，Lombroso（1876）の生来性犯罪者から始まったとされている．生物学的な特徴と犯罪を短絡的に結び付けているとの批判はあるが，犯罪という行動生起の説明を不確定要素の多い自由意志によらず，生物学的決定論の体系に求めたこと，犯罪者の身体的特徴という客観的計測可能な指標を用いたこと，対照群（コントロールグループ）を用いて統計的な比較を行ったことなど，現在の科学的研究に通じる数量化と有意性の検定に道を拓いたという点で評価されている．その後，現代においては，遺伝と環境との相互作用や生物学的素因を念頭に置いた研究及び処遇が見出されてきており，ここでは，代表的な研究として，再犯抑止のための「リラプス・プリベンションモデル（relapse prevention model）」，「MAOA遺伝子研究」，「Cloningerのパーソナリティ研究」の三つを紹介する．

1)　リラプス・プリベンションモデル（Relapse Prevention Model）

リラプス・プリベンションモデルは，もともと依存症治療において考案された治療モデルである．リラプス（relapse）とは，「ある状態に逆戻りする」とか「再発する」といった意味をもつ．薬物依存症は，本人の意思だけで離脱するのは難しいことがわかっているが，これは，脳の報酬系が関与しているためである．報酬系とは，脳の中心部にある腹側被蓋野と側坐核を結ぶドーパミン作動性の経路を指すが，人は，この報酬系が刺激されるような行動をとるため，これが特定の薬物やアルコール等で報酬系が強く刺激され，強い快感が得られるとそれを追い求めるようになる．また，被蓋野からのルー

トの一部は前頭前野に及んでいるため，嗜癖では前頭前野が欲するとその報酬を求めて行動化につながると考えられている．このような知見から，薬物犯罪は本人の意思だけでは離脱が困難であるとの認識となり，また，性犯罪についても同様に考えられるため，リラプス・プリベンションモデルが処遇技法として用いられるようになった．したがって，薬物犯罪や性犯罪の更生については，そこからの完全な離脱（医療用語でいえば完治）を目指すのではなく，そのような渇望が生じたときに薬物犯罪や性犯罪に至らない方法を身に付けていくことが目的となる．

　リラプス・プリベンションの基本的な考え方は，犯罪行動が生起する直前の状況を中心に再発に至らない方策を考えることである．例えば，Steen（1993）は，青少年が性加害行為に至る思考や行動の連鎖（Offense Chain）を５つの段階に同定し，そこから抜け出すための思考，情緒，行動等の変化をワークブックを用いて介入する方法を紹介している．日本では，法務省矯正局と保護局がリラプス・プリベンションモデルを導入して，認知・行動療法に基づく「性犯罪に関する知識の獲得」，「三項随伴性に基づく刺激統制」，「認知的再体制化」，「問題解決訓練」，「被害者共感性の教育」，「社会的スキル訓練」，「情動への対処」などの処遇を行っている（嶋田・野村，2008）．

2）　MAOA遺伝子研究にみられる素質と環境との相互作用

　Caspiら（2002）は，モノアミンオキシダーゼ A（monoamine oxidase A: MAOA）という攻撃性に関連する遺伝子に着目した．MAOA遺伝子は，マウスの実験から不活発になると攻撃性が高まることが知られており，この遺伝子の活発の程度は生まれつきの個人差がある．Caspiらは，不適切な養育（maltreatment）を受けてきた男子児童が大人になる過程で反社会性パーソナリティもしくは素行障害といった問題を呈する一方で，そうでない児童も相当数いることの疑問を解明するカギとしてMAOA遺伝子の関与に着目した．

　MAOA遺伝子の不活発さと犯罪との関連は，既にBrunnerら（1993）が見出していたが，MAOA遺伝子という素因と環境との関係を明らかにしたところに，Caspiらの研究の特徴がある．その一部を紹介すると，MAOA遺伝子の活動性を高群（279名）と低群（163名）に分け，さらには子ども時代に不適切な養育があったかを「まったくなし（None）」，「ある程度あり（Probable）」，「激しくあり（Severe）」の３群に分け，反社会的行動との関連について調べた．その結果，低活発MAOA群と高活発MAOA群とでは，不適切な養育であればあるほど低活発MAOA群のほうがより反社会的行動が有意に出現すると

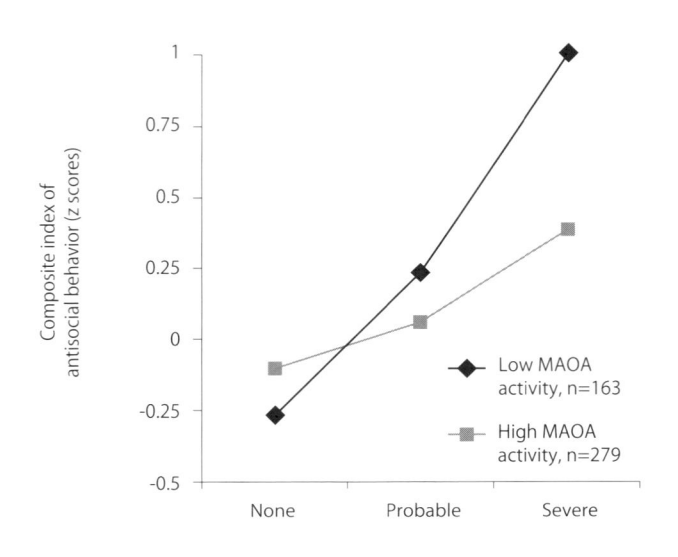

図3 幼児期における不適切な養育と反社会的行動
（Caspi et al.,2002）

いう交互作用が明らかとなった（図3）．つまり，反社会的行動のリスク要因を抱えている人は，虐待その他の不適切な養育環境に置かれると，より反社会的な傾向が高まっていくのである．こうして，素質と環境との関係を具体的に明らかにしたこと，環境的な配慮によっては，素質としての反社会的行動のリスク要因をある程度までは抑えられることが示されたのである．

　3）　パーソナリティ研究（Cloninger, 1987）

　パーソナリティをどのようにとらえていくかは，Kretchmer（1955）が「躁うつ気質」，「分裂気質」，「粘着気質」の三つに分けた類型論に始まるが，各個人による細かい特徴や程度の差異が見失われがちになり，特に，社会的・文化的環境の要因が軽視されてしまう傾向があるため，今日においては，パーソナリティの諸側面の強弱を明らかにしていく特性論が優勢となっている．性格特性を「神経症傾向」，「外向性」，「開放制」，「調和性」，「誠実性」の5特性でとらえる5因子モデル（いわゆるビッグ5）は代表的な特性論である．ただし，これまでのパーソナリティ研究では，生まれつきの素因とその後の環境要因との関連は念頭に置きながらも，結局は質問紙等による調査によっ

てパーソナリティを構成する特性要因を同定していくことに力を注いできた感がある.

一方，ワシントン大学セントルイス校のCloninger（1987）によれば，気質（temperament）と性格（character）の組み合わせによってパーソナリティのタイプが決まってくるという．気質は，生得的に備わったものであり，遺伝学や神経解剖学的な考えに基づいて，刺激—反応の特徴から，新奇刺激を求めて行動が活性化されやすいかに関わる「新奇性探求（novelty seeking）」，損害を被るようなネガティブな刺激に対して，行動の抑制や回避に関わる「損害回避（harm avoidance）」，社会的な報酬に関わる「報酬依存（reward dependence）」，行動を続けられるかに関わる「固執（persistence）」の4つがあるとしている．新奇性探求はドーパミンに，損害回避はセロトニン，報酬依存はノルアドレナリン，固執はセロトニンと関連すると考えられ，この4つと後天的に獲得される性格との組み合わせによって，パーソナリティの特性が形成されていくと考えた．性格には，「自己志向性 Self-Directedness」，「協調性 Comparative」，「自己超越性 Self-Transcendent[*3]」があり，こうした気質と性格という7つの因子からパーソナリティの特性を記述することが可能になるという．非行・犯罪と関連の深い反社会的パーソナリティは，新奇性探求が高く，損害回避が低いところに特性があり，衝動的で攻撃的，敵対的，機会的な行動との関連が高い．こうしたパーソナリティ傾向のある人に対しては，どのようなアプローチが可能になるのか，具体的な示唆を得ることができる．MAOA遺伝子の研究と同様，素質と環境との関係をパーソナリティの点から解明しようと試みた研究といえる．

3．諸外国における脳科学の知見と刑事裁判実務

諸外国の実情を語るほどの情報を持っているわけではないが，2019年の2月から3月にかけてアメリカ，ドイツ，イギリスを訪問して司法事情調査をしてきたことから，最近の動向を簡単ではあるが報告したい．

(1) アメリカ
司法ソーシャルワークの指導的立場にあるFordham大学のTina Maschiや

＊3　すべてのものが一つの全体の一部であるという統一意識を指す．

サンフランシスコ市にあるThe Habeas Corpus Resource Center（HCRC）[4]所属の弁護士やソーシャルワーカーの話を総合すると，以下のような実情にあると思われる.

ア　とてもゆっくりだが，脳科学の知見は着実に司法の中に取り入れられてきている．ただし，裁判所や検察官によっては，そのような知見を全く無視して責任追及をしているのも実情としてある．当面は，ケースバイケースで対応していくしかない.

イ　一方，弁護士やソーシャルワーカーの間では，脳の発達に関する最新の知見は，かなり共有化されている．そのため，脳の発達が若者の思考過程や行動に与える影響を説明することが，減軽専門家（Mitigation Specialist）[5]の主要な役割の一つになっている.

ウ　弁護活動をする際には，時として神経心理学者（neuropsychologist）等に協力を仰ぐことがある．エビデンスとして，神経心理学的テストの結果，f-MRIの画像も活用される．ただし，そうしたエビデンスのみに頼ってしまうと，例えば，「虐待による脳の影響はない」といった逆の方向で用いられてしまう危険が生じる.

エ　こうしたリスクも踏まえながら，ソーシャルワーカーは，少年や若年成人に対して過度な刑罰が科せられないよう，司法に対して科学的知見の理解を促進するために奮闘している.

(2)　ドイツ

ベルリン市の裁判所，刑務所などを訪問した際に裁判官や検察官に脳科学等の知見がどの程度重視されているか質問したが，そういった知見を特に重視する若しくは意識することはないようであった.

ドイツでは14歳以上18歳未満は少年行刑法の手続きになるが，18歳以上21歳未満の青年層もパーソナリティ等の成熟度によっては成人刑法ではなく少年行刑法が適用される．また，教育刑が重視されていることもあって，若者の未成熟さは当然のこととして受け止められている．青年層の人に対しては，

＊4　州裁判所で死刑判決を受けた被告人が救済の申し立てを連邦裁判所に行ったときに，それを担当する公設の事務所であり，弁護士やソーシャルワーカーなどのスタッフが必要な調査を行う.

＊5　ソーシャルワーカーのうち，特に量刑の減軽に関わる社会調査を担う人たちを指す.

起訴後に検察官から依頼を受けた少年審判補助者[*6]が少年法の適用か否かの調査をするが，重大悪質な事件を除いてほとんどが少年法の適用が相当との意見を出し，それを検察官も尊重する運用がなされているという．したがって，法の建前として青年層は原則として成人刑法の適用を受けることになっているが，実務の運用としては原則と例外が逆転しているとのことであった．

ドイツは連邦制であるため，州によっては運用が多少異なるが，2年前に訪問したゲッティンゲン市（ニーダーザクセン州）でも同様の運用であったため，伝統的に少年や青年層に対しては教育思想に基づいた処遇をしていることから，脳科学等の知見に基づいた適用年齢を巡る議論は活発でなく，現状のシステムで十分対応できていると司法関係者は考えているとの印象を受けた．

(3) **イギリス**

National Offender Management Service (2015) は，若年成人男子（18-20歳）に関して，成人との違いを再犯リスク，脳科学や心理学の観点から明らかにし，こうした若年成人の成熟を促す方法論を示した研究報告書を作成している．HM Prison & Probation Serviceでは，この研究報告書に基づいて成熟を促すプログラムを作成し，処遇に生かしており，具体的には，以下の6つが成熟の発達を促すために優先されるニーズである．

①安定した，向社会的なアイデンティティの発達
②仲間からの影響に対して抵抗する力の確立
③自己効力感や自律性の発達
④情緒や衝動に対するマネージメント技法の確立
⑤未来志向性の増大
⑥家族や近しい人とのつながりを強化

これらのニーズに対するアプローチとして，例えば，①では「アイデンティティとは何か」，「今日の私はどのような人になるのか」，「向社会的モデルを考える」，「肯定的な自己の強化」等具体的に示されている．

また，成熟度をスクリーニングするツールとしては，信頼性と妥当性が検証されているOffender Assessment System（OASys）に基づいて作成された「the OASys maturity screening tool」があり，現在はこれを発展させた「Development and validation of a screening assessment of psychological

---

*6 日本の家裁調査官のような専門職である．行政機関に所属している．

maturity for adult males convicted of crime」が用いられている（Wakeling ＆Barnet, 2017）.「行為の結果に関する認識がどの程度欠けていたか」,「問題解決能力の低さ」など10項目の質問について，０，１，２の３件法で評価するツールである．このツールは比較的簡易なものではあるが，刑務所収容者延べ９万人以上に及ぶ膨大なデータに基づいて作成されており，成熟度の判断目安として有益であるという．

　イギリスでは，スクリーニング・ツールだけではなく，処遇の効果検証も含めて科学的な分析が行われている．日本とは司法制度が異なり，ジェームス・バルガー事件[*7]など未成年者を巡る処遇の在り方には様々な議論も起こってきたが，少年，成人に関わらず科学的エビデンスに基づいた様々な工夫がなされていると思われた．

４．日本の少年司法における社会調査，心身鑑別の現状

　日本において少年法の適用年齢は，周知のように14歳以上20歳未満である．この時期の少年たちは，成人と異なり，心身の発達途上にあり，よくも悪くも変わり得るため，家庭や地域環境の調整や彼らへの様々な援助と教育によって，立ち直りを図るのが最も有効と考えられている．いわゆる「可塑性」を有するこの段階で，教育その他の働き掛けをして問題行動の改善を図るといった理念で貫かれており，これは「保護主義」と呼ばれている．少年法１条には，「この法律は，少年の健全な育成を期し，非行のある少年に対して性格の矯正及び環境の調整に関する保護処分を行うとともに，少年の刑事事件について特別の措置を講ずることを目的とする.」と書かれていることからも明らかである．そのため，少年が非行に至る様々な要因（素質，性格，発達上の問題，家庭環境その他）を分析し，それに基づいた処遇がなされている．家庭裁判所調査官による社会調査，少年鑑別所での心身鑑別などの科学的知見を活用して審判が行われ，少年院や保護観察所などの処遇機関でも活用されている．

＊7　1993 年２月12日，イギリスのリバプールでジェームス・パトリック・バルガーという名前の２歳の幼児が，10歳の男子少年２人に誘拐され，激しい暴行の末に遺体が放置されるという猟奇的な殺人事件．

(1) 家庭裁判所調査官が行う社会調査

　家庭裁判所調査官は，要保護性を中心とした社会調査を行う人間行動科学の専門家である．従来，「非行」，「人格」，「家族」の三領域を中心にしたアセスメントを行ってきたが，発達障害等を背景とした事件が少なからずあるなど，生物学的要因に関する情報を押さえておく必要性から，「生物－心理－社会」の視点を踏まえたいわゆるBPSモデル（Engel, 1977）が意識されるようになった．そうした背景のもと，2010年から最高裁家庭局の特別研究として東京，横浜，千葉の家庭裁判所調査官が先行研究，行動科学の知見，諸外国のリスクアセスメントなどを参考にして，非行類型ごとに抽出した調査上の観点・視点をリスト化する研究協議を積み重ね，非行類型ごとの「調査項目リスト」及び「使用の手引き」からなる「調査支援ツール」が作成された．粗暴非行，性非行，放火非行という非行類型ごとの調査支援ツールがある．

　例えば，粗暴非行に関しては，非行を理解していくための着眼点として「暴力のタイプ」，「暴力の目的／機能」，「危険度／深刻度の評価」，「共犯者・傍観者の影響」，「敵意帰属バイアス」，「問題解決方法の特徴」，「思考の誤り」，「コントロール」，「共感性」，「影響する他の要素」といった10の着眼点が示されている．こうした着眼点に基づいて，反応的／衝動的な暴力から能動的／戦略的な暴力までのタイプをどう見極めていくのか，そうしたガイドの役割も果たしている．

　家庭裁判所調査官の世界では，従来からこれに類したツールは存在していたが，初心者用としての位置づけであった．調査支援ツールは，BPSモデルに基づいたより詳細な内容であり，調査報告書作成に至るまでの指針を示しているところに特徴があるといえよう．また，家裁月報63巻10号から同第65巻1号にかけ8回にわたって掲載されていることから，最高裁家庭局の力の入れようが伝わってくる．しかしながら，以下のような課題は残っているように思われる．

　　ア　この調査支援ツールが作成された理論的背景を十分理解しておかないと，結局は調査事項を羅列したマニュアルの域を出なくなってしまう恐れがある．
　　イ　生物学的要因については，発達障害の有無などのスクリーニングレベルにとどまっており，BPSの3領域の力動的な理解という点では，まだまだ不十分さが残っている．

ウ 後述する法務省アセスメントツールのようなデータ蓄積による検証という観点がないため，エビデンスという点での弱さがある．この点は，行政機関のような戦略的な取組みができない司法機関ゆえの課題かもしれない．

　したがって，調査支援ツールの有効性については否定しないが，本来これを使いこなすためには相当な知識や面接の技能が必要になってくる．そうした視点を踏まえず，このツールに頼って調査するだけとなれば，項目は押さえてあるが内容的には薄いものになってしまう懸念を個人的には抱いている．さらには，脳科学や神経科学の知見に関しては，この調査支援ツール作成段階ではあまり意識されていなかったように思われ，今後，こうした知見を踏まえて社会調査の中にどう組みこんでいくのかも家庭裁判所調査官の専門性に関わる課題にもなっていくのではないだろうか．特に，少年法20条2項の事件の調査に当たっては，保護処分相当性の判断はともかく，再犯可能性や矯正可能性について，緻密かつエビデンスに基づいた分析と所見を示すことがより求められると思われる．

(2)　心身鑑別

　少年鑑別所では，主として観護措置を報られた少年に対して心身鑑別を行っているが，これまで少年の再非行の可能性や教育上の必要性の把握に特化した統一的なアセスメントツールを持っていなかったため，2008年度からカナダのLSI-RやイギリスのASSETなど欧米等のアセスメントツールを参考にして，法務省式アセスメントツール（MOJ-Style Case Assessment Tool: MJCA）を開発し，2013年度から運用を開始している．諸外国で用いられているアセスメントツールは，何を目標にどのような処遇をすれば効果的なのかといった処遇応答性（処遇反応性）の考えに基づいたモデル（Risk-Need-Responsivity　Model：RNRモデル）であり，MJCAも同様の考えで作成されている．法務省ホームページや西岡（2013）によると，MJCAは，教育等によって変化しない静的領域5領域24項目，教育等によって変化し得る動的領域4領域28項目で構成されており，具体的な各領域は以下のとおりである．
　【静的領域】
　○生育環境
　○学校適応

○問題行動歴

○非行・保護歴

○本件態様

【動的領域】

○保護者との関係性

○社会適応力

○自己統制力

○逸脱親和性

　処遇のターゲットとなるのは，動的領域で示されている4つの領域である．このツールに限らないが，リスクアセスメントツールは，リスク要因をいわゆる保険統計的手法によって絞り込んだものであり，脳科学・神経科学の知見は必ずしも反映されたものとは言えない．ただし，自己統制力や逸脱親和性は，脳科学研究から示された若年者の衝動性のコントロール，他者からの被影響性と関連性が極めて高い．MJCAは，運用開始後も継続的にデータを蓄積していき，その信頼性・妥当性を高めていくとともに再非行防止に向けた施策に役立てるとしており，より科学性に基づいたツールとして発展していくのか今後に注目している．

5．情状鑑定を通して見た少年の未熟性と犯情評価

(1)　情状鑑定から見た犯情主義

　刑事事件における鑑定は，刑事訴訟法第223条に基づいて行われる起訴前鑑定と，起訴後裁判所の依頼によって行われる刑事訴訟法第165条に基づく鑑定がある．その多くは刑事責任能力と訴訟能力が問えるかを判断するための精神鑑定であるが，裁判所が量刑判断するにあたって考慮する諸事情を明らかにするための情状鑑定も数的に多くはないが行われている．情状鑑定は，訴因以外の情状を対象とし，裁判所が刑の量定，すなわち被告人に対する処遇方法を決定するための必要な知識の提供を目的とするものである（兼頭，1977）．

　裁判所が量刑判断をするに当たって考慮する諸事情は，「犯情」と「一般情状」という概念で整理されている．犯行態様（悪質性，計画性など），動機，犯行結果，共犯関係といった犯罪行為それ自体にかかわるものは犯情とされ，被告人の年齢や性格，被害弁償（示談）の有無，被告人の反省の有無，被害

感情，更生可能性などは，一般情状とされている．司法研修所編（2012）は，①犯情事実により量刑の大枠を決定し，②その大枠の中で一般情状事実を，量刑の（微）調整要素として被告人に有利ないし不利に考慮し，最終的な量刑を決定するという道筋を示しており，これが裁判実務の趨勢となっている．ただし，不遇な生育歴など一般情状とされる事実でも動機形成や犯行に至る経緯などの範囲で犯情として考慮される余地がある．このため，鑑定命令は，①被告人の知能，性格に関する事項，②犯行動機やその心理過程に関する事項，③処遇上の参考とすべき事項の３つが柱となることが多い．

　情状鑑定も生物－心理－社会の次元に基づいたアセスメントにほかならず，須藤（2016）が指摘したように被告人が自分自身をふりかえる機会になるとともに，他者からそれまでの人生の苦しさ等も含めて全人的（Whole Person）な理解をしてもらえた体験は更生への意欲が高まるなど，様々な副次的効果が生じる．ただし，情状鑑定の本質的な役割は量刑判断にどう資するかという点にある．私はこれまで情状鑑定を20件近く引き受けてきたが，他の鑑定人が担当した事例も含めてみていくと，情状鑑定の結果が一般情状として採用されても，犯情評価まで変わることは必ずしも多くはなかった．この要因として，法的概念である犯情と一般情状について，鑑定人側の視点が必ずしも定まっているとは言えない現状があること，他方，裁判実務においては，結果の重大性や外形的な行為態様がより重視される傾向があるためと考えられる．そのため，情状鑑定をどの程度重視するかは，裁判ごとに異なっているのが実情と思われる．

　例えば，筆者が担当した二つの少年事件の刑事裁判（いずれも殺人）を例にとると，A事件の判決では，鑑定人が指摘した被告人の家庭環境その他に起因する人格的な未熟さを是認して，「酌むべき事情が認められる」としながらも，一般情状の評価にとどまるものであった．他方B事件では，被告人の共感性の欠如や暴力容認の価値観等は生育環境に根差したものであり，責任非難を減少させる事情であるとして，犯情の評価として鑑定結果を採用した．このような差異がなぜ生じたのか，これを明らかにしていくためには，今後，鑑定事例の集積と詳細な分析が必要と思っているが，当面，鑑定の精度を高めていくとともに，違法行為を前提としたその意思決定への非難可能性の評価という法の思考に，心理学等の人間行動科学がどのようなかたちで寄与できるのか検討していかねばならない．人間行動科学の視点からは，犯罪行為の主体が人である限り，そこには認知，思考，感情，行動選択の過程

があり，それらは知的能力やパーソナリティ特性その他が関連するのは当然と考える．さらには，その人を作り上げているのは素質と環境との相互作用にみられる様々な積であるから，一般情状事実と犯情事実との間には少なからずの関連があるとみなすのが一般的であろう．一方，法の考えに基づく犯情評価は，特に意思決定への非難可能性に影響を与えるような一般情状事実との関連が相当明確な形で示されない限り，情状鑑定を採用しないため，その点が鑑定人の課題にもなっている．

　また，この問題はそう単純ではないようにも思える．たとえば，意思決定に関係する動機ひとつとっても，どのような視点で何に着目して評価するのか，法と人間行動科学とでは，相当異なるからである．法の視点で評価される動機は，客観主義的刑法理論に基づく外形的な事実が重視され，動機形成のプロセスは「原因─結果」の直線的な因果論であり，あいまいさは排除されやすい．そのため，裁判員裁判の対象となる結果が重大な事案では，一般情状事実との関連を認めつつも，「大きく影響したとまでは言えない」などとして犯情の評価に反映されないことが多い．一方，人間行動科学から見た動機若しくは動機形成は，必ずしも直線的ではなく，犯行に至る文脈全体（context）を見ていく．松山（2016）が報告している祖父母の殺害の事例をとってみると，その対比が明らかになるだろう．この事例は，虐待など過酷な生育環境の中で母に逆らえないような学習性無力感の状況に追い込まれた17歳の男子が，母の「祖父母を殺してでも金を借りてこい」といった指示のもと，祖父母を殺すに至った事件である．控訴審で母の指示について認めたものの，最初祖父母に借金の申し入れをした後に殺害した点に着目し，「母の指示が決定的な要因になったとまでは言えない．」とした．母親の影響と殺害の動機形成をどうとらえるかが争点になったが，犯行に至る経緯の全体的な流れを見ていった場合，果たしてそのように言い切れるのか大いに議論の余地があると思っている．

　さらには，情状鑑定のアプローチが面接と心理テストを主体としているために生じるエビデンスの弱さは，認めざるを得ないところでもある．現状として，私自身のアプローチを紹介すると，面接の中で犯行に至る被告人の主観的な流れを追いつつ，外形的な事実との照合を通して，最も妥当でかつ了解可能なストーリーを再構成し，さらには，そこにみられたパーソナリティ特性その他と生育歴や家庭環境その他の関連の有無と程度について吟味する作業を加えていく．鑑定結果では，心理学，社会学等の人間行動科学の知見

に基づいた了解可能な犯行に至るストーリーと，そこに影響を及ぼす資質や環境の影響を説明するのである．法の世界における基盤的な人間理解が，人は理性を持ち，思考し，そして行動するといった人間観を前提にしているため，必ずしもそうではない点を責任能力の有無とは別の視点から光を当てていくのが情状鑑定ではないかと考えている．

そうした鑑定人に対して，検察官が鑑定人尋問でしばしば質問するのは「鑑定結果は，基本的に本人の供述に基づくのですよね.」である．言外にそれだけでは証拠能力に欠けるのではないかというニュアンスを滲ませてくる．こうした言葉は法廷戦術の一つであることを承知していながらも，鑑定人として，多少忸怩たる思いに駆られる時がある．この点は，精神科医が情状鑑定を担当した時にも共通の課題になっており，法の世界にいる人たちに対する説得力という点でのエビデンスをどう構築するかは大きな課題のひとつである．

(2)　若者の未熟性を巡って

少年事件では，実務家の間で少年の「未熟性」や「可塑性」などを自明の理として受け入れ，家庭裁判所の調査－審判といった一連の手続きの中で教育的働きかけをして，処遇につなげていくという取組みがなされてきた．そうした中，2000年の少年法の改正によって一定の事件については，保護処分の相当性から外され，原則として検察官送致が選択されるようになっている（少年法20条2項）．これまで家庭裁判所の実務では，刑事裁判の中で論じられる「犯情」という概念はなかったが，刑事裁判の犯情主義的な考え方が重大事件では取り入れられてきている印象がある．現状としては，社会調査において少年の未熟性も含めた問題は分析されるにしても，行為態様の悪さが際立つ事件では，行為態様等に基づく非行の評価（犯情評価）と当該少年の問題とは別個に論じられているように思われる．そうした実務の現状を踏まえると，脳科学や神経科学の知見が少年司法に対して直ちに影響を及ぼすとは思えないところがある．とはいえ，たとえば虐待など過酷な環境を経験した少年[8]には発達上どのような問題が生じるのか，これまでにも研究の蓄積はあるが，脳科学等の研究成果も取り入れていけば，非行の評価もより多角

---

*8　このような子どもの時期の過酷な体験については，Adverse Childhood Experiences: Aceという言葉が使われている.

的かつダイナミックな視点からなされるようになり，その結果として矯正可能性や保護処分相当性の評価により踏み込んでいけるのではないかとの期待も持っている．

　また，この点は，刑事事件の情状鑑定についても同様と思われる．少年の刑事事件では，少年法55条による家庭裁判所への移送の可否が争点となることが多く，単なる一般論としての未熟性だけではなく，犯情評価の参考となるような科学的知見がより求められていくであろう．少年事件に限らず成人の事件でも30歳未満の若年者については，知的能力や発達障害等の資質的問題に加え，様々な生育環境上の問題が複合的に影響しあっている場合が多く，行動上に現れる犯行態様や結果の重大性だけでなく，こうした一般情状の要素がどの程度まで影響しているのかを慎重に検討した上で犯情の評価をしたほうが適切な量刑や処遇内容につながっていくのではないかと思っている．

　これまで情状鑑定について多くは，臨床心理士または精神科医が担ってきたが，既にアメリカで行われているようなソーシャルワーカーと神経心理学者若しくは精神医学者が協働していくアプローチも必要になってきている．アメリカの司法ソーシャルワーカーは，心理学や精神医学についても豊富な知識をもっているが，社会調査を主体としているため，神経心理学的テストやMRI画像などは判決前調査報告書を支えるエビデンスの一つになるのである．その意味で，日本の情状鑑定においても必要に応じて多職種チーム若しくは緩やかな連携を図っていくことが求められよう．ただし，そのためのシステム作りには，鑑定人の育成，費用負担など多くの課題がある．

(3)　鑑定事例

　筆者は，情状鑑定を通じて青年という年齢段階の意味について考察したことがあり（須藤, 2018），それを引用する形で成熟の意味について考えてみたい．

ア　事例1　中学時代からの非行が止まらないA

〔事例の概要等〕

　Aは，20代前半の男性．少年院で知り合った友人2人と強盗致傷などを複数回行ったため逮捕された．

　中学校2年から窃盗，暴力行為など急速に非行化傾向が進んだ．保護観察を経て少年院に送致されたが，一向に歯止めがかからず，出院しては事件を起こすの繰り返しで，結局，3度少年院に行くことになった．そのため，15

歳から20歳までの大半を少年院で過ごしている．20歳を過ぎて社会に戻ってからは，不安定ながらも仕事をしていたが，昔の先輩との付き合いその他でストレスが溜まり，少年院で知り合った友人二人と一連の本件を起こすようになったというのが経緯である．

〔鑑定結果〕

Aは，小学校時代から何事も自信がなく，友人もいない子どもであった．休み時間も一人でポツンといることが多かったという．高学年になってあるスポーツの少年団に入ったが，レギュラーになれなかった．唯一よかったのは，少し友人が増えたことであった．中学2年のときに，素行不良の先輩たちと知り合い，煙草や飲酒を覚え，万引きをするようになった．先輩たちから「お前，結構度胸あるじゃん」と褒められ，自分が認められた感じで，とてもうれしかったという．そのため，非行を通じて，Aは"物おじしない自分"に変わることができたように思い，ますますエスカレートしていった．つまり，不良仲間との交流によって自分の居場所を見つけ，そこにアイデンティティを見出していったのである．心理テストの結果からも，自己肯定感や自己効力感が低く，長期的な視点で地道に取り組むよりも目先の利益に目を奪われやすい傾向がうかがえた．本件も基本的にはその延長上にあり，社会生活におけるストレスを背景として，仲間と一緒に行動する一体感や楽しさを求めていること，現実社会からの逃避的な側面もあることが考えられた．通常，少年院での生活は，自由が制約される厳しさがあるため，"もう少年院には戻りたくない"という思いが歯止めになると期待されているが，Aにとって少年院は，自分の頑張りを評価してくれる場でもあったため，一概に嫌な場所ではなかった．そのため，過去の少年院経験は，必ずしも犯罪への抑止として働かなかった．

したがって，Aは，思春期以降，馴染んできた非行文化の世界をいかにして手放し，社会の中で新たな自分自身を築き上げていくのかが課題と考えられた．

イ　事例2　家族とのつながりを求め続けたB

〔事例の概要等〕

Bは，20代前半の男性．金を借りに祖父宅に行ったが，断られたうえ，帰り際に「迷惑だ」，「お前は家族ではない」という発言があったことに激高し，近くにあったハサミをもって何度も祖父に振り下ろした結果，死亡させるに

至った.

　〔鑑定結果〕

　Bの父母はBが2歳のころに離婚し，Bは父に引き取られた．しかしながら，父はBの面倒を見なかったため養護施設に入所することになり，中学2年まで過ごすことになった．養護施設ではひどいいじめに遭い，施設の職員に訴えても却っていじめがひどくなったため，いじめてくる相手にへらへらと合わせて被害が最小限になるよう日々の生活を送っていたという．中学2年の時，父に引き取られるが，父はBを祖父母宅に預けたままであり，父との生活を夢見ていたBはひどく落胆した．

　そのため，生活は落ち着かず，次第に素行不良の同級生や先輩たちとの交遊から夜遊びや不登校が始まり，窃盗その他の事件を重ねていった．結局，少年院への入院と出院の繰り返しとなっていった．20歳になってからは，仕事をして自立を目指すも，長続きせず，一時ホームレスのような状態になったこともあった．

　離婚した母とは20歳を過ぎてから1〜2回会ったが，その後，死亡したことを知った．父は当てにならないし，一時生じた母との交流も母の死によって終了してしまった．そのため，Bにとっては，唯一親族としてのつながりを維持していたのが祖父であった．祖父宅には何度か出向いてお金を借りているが，単純にお金目当てではなく，祖父に甘えられることで親族としてのつながりを確認していたと思われた．そのため，祖父からの縁切りともとれる言葉は，Bにとって衝撃的であり，これまで経験したことのない怒りがわき，まったくコントロールできないまま，殺害行為に至ってしまった．本件の行為過程を詳細に見ていくと，感情の鈍麻や離人感といった解離が起こっている可能性がうかがわれた．

　検察官は，お金の借り入れを断られたことへの憤慨が犯行動機であるというストーリーを主張したが，裁判所は，鑑定人の意見を採用し，判決文に引用された．Bは，これまでの様々な思いを鑑定人が受け止め，理解してくれたこと，そして，裁判所も十分そのことを検討した上での判決だったことに満足していた．

ウ　二つの鑑定事例から

　事例1は，中学生時代の非行がそのまま延長されたようなものであり，年齢に比して精神的な未熟さが目立っている．この背景には，もともと能力的

に恵まれていなかったこともある．自分が生き生きとできたのは，不良仲間との非行の世界であり，現実社会の様々な壁やストレスに出会ったとき，それを建設的に解決する手段を持ち合わせていないため，再びその世界に戻った結果，事件を起こすに至っている．救いなのは，反社会的な構えや偏った価値観を持っておらず，他者から馬鹿にされたくない気持ち，その裏返しとしての承認欲求は，更生のための手掛かりになるということである．

事例2は，過酷な生育環境下で育った被告人の事例であり，事例1よりも犯罪のメカニズムは複雑である．親からの見捨てられ体験，養護施設での過酷ないじめ，父への期待と失望，再会した母の死，そして，最後は親族として唯一のつながりと信じていた祖父からの言葉など．Bは20数年の人生において，様々な傷つきを負ってきた．持続的な努力ができず，不快な感情を回避するために刹那的に遊興へ走ってしまう少年時代の非行メカニズムは，事例1のAときわめて類似している．しかしながら，Bの場合には，人が成長していく上で必要な"安心できる，守られた環境"が十分に提供されなかったゆえに，現実社会の中で遭遇する様々な苦難を，耐える若しくは感じないようにする（解離），逃げ出す方法があればそれを探る（回避，逃避）といった方法で対処してきた．対人関係においても，自己主張を控え，その場に合わせて同調，迎合的な振る舞いをしてきた．これらは，彼が社会の中で生き抜いていくための術でもあったといえよう．

Bは，Aと異なり，少年時代に頻発していた非行からは離脱しているように見える．また，本件のような激しい暴力的な行動は過去にはなく，明らかにこれまでの非行パターンとは質を異にしている．Bは，幼少時から家庭への憧れをずっと持ち続けていた．父に見捨てられ，20歳になってやっと再会できた母が死亡してしまう状況下で唯一親族としてすがれるのは祖父であった．その祖父は，その時々でBを可愛がったり，突き放したりと気分屋の側面を持っていたが，それでも祖父とつながっているという感覚は嬉しかったようである．

この事例のAとBの生育環境，大人としての責任ある行動がとれるまでに至っていないといった未成熟さの質は，いずれも大きく異なる．精神分析の創始者であるフロイトは，「健康な大人の条件はなにか」という質問に対して，「愛することと働くこと（Lieben und Arbeiten）」と答えた．私たちが大人になる，成熟するというのは，身体的な機能の発達とともに情緒的には，子ども時代からの連続する線上にいながらも，幼児的な愛情欲求や甘えを断念し

妥協していくプロセスでもある．鑑定事例を通じて感じているのは，家庭環境や生育歴の中で生じた様々なつまずきが，成長への足掛かりを奪い，立ち止まる，若しくは堂々巡りをしている青年たちである．脳科学の研究は，25歳前後までの若者は，犯罪リスクが高いと示しているが，重大事件等にみられる若者たちには，資質的及び環境的負因が加わってより高いリスクを持っているのである．そうした人たちに対する責任非難可能性については，改めて学際的に検討されなければならないのではなかろうか．特に死刑が求刑されるような少年の刑事事件においては，「一般情状」としての未成熟さと，そうした未熟さに対して影響を及ぼす虐待その他の環境的な負因（ACE:Adverse Childhood Experiences 逆境的小児期体験）との関係性，さらには，それらが犯行に及ぼす影響を詳細に分析することが必要である．その結果，現在のような行為態様と結果を中心とした犯情の評価は，"科学性"を帯びたものになり得るのではないかと考える．それは，Roper判決のように死刑を回避する科学的な根拠や理由につながっていく可能性がある．

6．今後の展望

　今日における脳科学や神経科学といった生物学的視点からの研究は，今後，心理学や社会学等といった隣接科学との学術的交流の中でますます発展していくことが予想され，それは当然ながら司法の分野にも及ぶと考えられる．そうしたときに，日本の司法がどの程度科学的な知見を取込んでいくのかは依然として未知数ではあり，そう簡単にはいかないのではないかという悲観的な見方もできるかもしれない．

　しかしながら，司法領域における様々な分野（裁判所，矯正，保護）において，少年事件，刑事事件を問わず，科学的知見を踏まえた取組みを考えていかなければならない時期にあると思われる．

(1)　一般論としての未熟さと特異論としての未熟さ

　脳科学や神経科学の知見は，衝動的行為や他者からの被影響性を説明する根拠にはなりうる．ただし，同世代の若者がすべてそのような行動に走らないのも事実であり，なぜ，そのような違いが生じるのかを説明しない限り，一般情状としての未成熟さという観点にとどまるであろう．したがって，素質的な要因，生育環境の影響，当時の心理・社会的な状況も含めた総合的な

分析が必要になる.

　また，何をもって成熟とみなすのかは，脳科学だけではなく社会・文化的な観点から総合的に考えていく必要がある．八木（2018）が脳科学研究の視点から指摘しているように，10〜12歳ころから30歳ころまでの時期は，環境の影響を受けやすいと同時に適応能力も高い，つまり，可塑性が高いこともわかっている．こうした様々な科学的知見に司法関係者が関心をもち，アセスメントから処遇に至るプロセスや犯罪・非行の予防のための施策等に反映させていくことが必要である．

　一方，これまでの研究から養育など環境的な要因が脳の発達に大きく影響し，それがf-MRIといった画像でも示されている．今後も「判断力の脆弱性」，「被害的認知特性」，「衝動性の強さ」，「粗暴傾向」といった点で脳の発達との関連がより明らかになっていくであろう．そうした脳に脆弱性をもった人は，環境要因その他との相互作用の中で，より社会的不適応のリスクを強めてしまう可能性がある．そうしたまさにBPSモデルに基づいたアセスメントがより求められていくと思われる．

　これまで情状鑑定において，過去の虐待との関連が十分疑われても，それが本人や家族その他関係者からの聴き取り，各種心理テストから推認されるレベルでは，裁判所がそのような鑑定結果をどこまで採用するのかまちまちであった．この点はアメリカでも依然として似たようなところがある．今後，情状鑑定も科学的なエビデンスを高めるという観点が必要になってくると思われ，そのためには，医学，心理学，社会福祉学など多様な専門家の連携が不可欠になってくる．

⑵　生物学的な素因と心理・社会的要因の関連──脳科学万能主義の危険性

　本庄（2017）が「脳科学のみに依拠することなく，心理学の知見を補強するものとして脳科学に言及するという慎重なスタンスを維持する限りにおいて，脳科学の発展により少年司法制度が振り回される可能性が低い」と指摘しているように，脳科学や神経科学を人間行動科学のひとつの知見としてみていくことが重要である．心はすべて脳に還元できないと考えているが，もしかすると遠い将来，心の動きが脳の機能ですべて説明できる日が来るかもしれない．だが，それでも，社会・文化的な要素の重要性が減じることはないであろう．脳科学等によって生物学的なリスクを持っているとしても，そ

のリスクをより高めてしまう因子（心理的社会的要因）を明らかにすることが重要になるからである．

こうした点は，リスクアセスメントについても同様である．リスクアセスメントは科学的根拠に基づいたものであると述べたが，それは集団（mass）としての統計から導き出されたアセスメントの視点であり，当然ながら個別性は無視されている．したがって，そうしたアセスメントツールの利点や限界をわかったうえで利用していくことが必要になる．

(3) パターナリズムとの関係から

戦後の少年法は，"未熟で可塑性のある少年"に対して，プライバシーに踏み込んだ必要な調査をし，教育を柱とした矯正処遇をするという枠組みであり，それはパターナリスティックなものといえる．つまり，健全育成の旗印のもと，後見的にある程度のパターナリズムは許容されると考えられてきた．一方で，少年の成長発達権の保証という権利論からとらえ直そうという動きもある．これは，1994年に日本も批准した「子どもの権利条約」，少年の司法運営，身体的な拘束，非行予防に関して国連で採択された「国際人権法規範」との関係で少年司法の在り方を考えようとする立場である．例えば，リヤドガイドラインズと呼ばれる少年非行の防止に関する国連ガイドライン（1990）には，幼少期から子どもの人格を尊重し，調和のとれた思春期の成長を確保するよう社会全体が努力する必要があり（2条），幼少期からの福祉をあらゆる非行防止プログラムの中核とすべきである（4条）との基本認識が示されている．それはある意味で，少年を更生に導くための伝統的なパターナリズムからの脱却を目指そうとしているとも理解できよう．そういった成長発達権の保障という理念を社会の中でどのように実現していくか，人の成長や成熟に関する最新の知見も踏まえて改めて考えていかねばならない．それは，司法ばかりではなく，教育，福祉などにもまたがる重要なテーマなのである．私たちは，少年法適用年齢引き下げの是非も含めて，大きなターニングポイントを迎えていると思われる．

[文献]

American Psychological Association (1989). Amicus curiae brief filed in U.S. Supreme Court in Hodgson v. Minesota, 497 US. 417. (Retrieved March 1, 2019, from https://www.apa.org/about/offices/ogc/amicus/hodgson.pdf).

American Psychological Association (2004). Amicus curiae brief filed in U.S. Supreme Court in Roper v. Simmons, 543 US. 551. (Retrieved March 1, 2019, from https://www.apa.org/about/offices/ogc/amicus/roper.pdf)

Brunner, H.G., Nelen, H., Breakefield, HO., Ropers, H.H., Oost, B. A. (1993) Abnormal behavior associated with a point mutation in the structural gene for monoamine oxidase, A. *Science* 22 Oct 1993: Vol. 262, 578-580.

Caspi, A., McClay, J., Moffitt, T., Mill, J., Martin, J. Cralg, I.W., Taylor, A., Poulton, R. (2002) Role of Genotype in the Cycle of Violence in Maltreated Children, Science, 297,851-854.

Cloninger,C.R. (1987) A systematic Method for Clinical Description and Classification of Personality Variants. Archives of General Psychiatry, 44 (6): 573-588.

Engel, G. (1977) The Need for a New Medical Model: A Challenge for Biomedicine, Science, New Series, Vol. 196, No. 4286 (Apr. 8, 1977), 129-136.

Justice Policy Institute (2017) [REPORTS 2017] Raise the Age. (http://www.justicepolicy.org/uploads/justicepolicy/documents/raisetheage.fullreport.pdf) .

兼頭吉市（1977）刑の量定と鑑定．上野正吉，兼頭吉市，庭山英雄編著．刑事鑑定の理論と実務，成文堂, 114-128.

法務省HP：http://www.moj.go.jp/kyousei1/kyousei03_00018.html

本庄武（2017）脳科学・神経科学と少年の刑事責任，犯罪社会学研究第42号，33-49.

松山馨（2016）強盗殺人事例を念頭においたケースセオリーの検討，季刊刑事弁護第88号, 53-56.

Mischel,W. (2014) The Marshmallow Test, Corgi Books.

森口佑介（2018）自己制御の発達と支援，金子書房.

西岡潔子（2013）法務省式ケースアセスメントツール（MJCA）の開発について，刑政 124（10）, 58-69.

Phil, S. & Warren, S. (1997) From Child to adult: The Dunedin Multidisciplinary Health and Development Study（酒井厚訳（2010）子供の健康と発達に関する長期追跡研究，明石書店.

Pribram, K.H., Gill,M. (1976) Freud's Project Reassessed（安野英紀（1988）フロイト草稿の再評価—現代認知理論と神経心理学への序文，金剛出版.

司法研修所編（2012）『裁判員裁判における量刑評議の在り方について』，法曹界.

嶋田洋徳・野村和孝（2008）．行動療法の進歩,心療内科, 12, 19-22.

Steen, C. (1993) The Relapse Prevention Workbook for Youth in Treatment, The Safer Society Press.

Steinberg, L., Cauffman, E., Wooland, J., Graham, S., & Banich, M. (2009) Are Adolescents Less Mature Than Adults?, American Psychologist October 2009, 583-594.

須藤明（2016）犯罪，非行領域における臨床的面接の本質，駒沢女子大学紀要第19号，207－214.

須藤明（2018）情状鑑定の実践からみた青年像，青少年問題第671号, 34-41.

友田明美（2017）脳科学・神経科学と少年非行，犯罪社会学研究42, 11-18.

United Nations (1990). United Nations Guidelines for the Prevention of Juvenile Delinquency (Retrieved March 1, 2019, from https://www.un.org/documents/ga/res/45/a45r112.htm).

Wakeling,H. & Barnet,G. (2017) Development and validation of a screening assessment of psychosocial maturity for adult males convicted of crime, (Retrieved April 3, 2019, https://assets.publishing.service.gov.uk/government/uploads/system/uploads/attachment_data/file/661916/develop-measure-assess-psychosocial-maturity-male-prison-population-report.pdf.

八木淳子（2018）青年という年齢段階を考える―脳の発達の視点から，青少年問題第671号，10-17.

山鳥　重（1985）神経心理学入門，医学書院.

（すとう・あきら）

第9章

脳科学・神経科学の進歩が少年弁護実務に与える影響

安西　敦

1．はじめに

　重大事件における少年弁護に関わる弁護士たちは，受難の時代を過ごしてきたと言えるのではないだろうか．2000年改正少年法が施行されて20条2項による検察官送致が増加した．本来，立法過程の議論では活用されるはずだった少年法55条に基づく家庭裁判所への再移送は極めて限られた形でしか認められてこなかった．弁護士たちはこの運用に抗い，少年審判では検察官送致を防ごうとして，検察官送致された後の刑事裁判でも55条移送を求めて，少年弁護についての実践を積み重ねてきた．2009年に裁判員裁判が始まって以降は，少年の保護処分相当性を立証しようとして家庭裁判所調査官，少年鑑別所の心理技官による社会調査の結果を裁判員裁判で証拠化するために奮闘し，それが十分に機能しなくなると，精神科医や元家庭裁判所調査官，臨床心理士などによる情状鑑定を活用するなどして，効果的な主張立証の方法を模索し続けている．

　近年，アメリカでは，脳科学・神経科学の知見が少年に対する死刑や仮釈放のない終身刑を否定する方向で実務に影響を与えており，いくつかの判例が日本でも紹介されている．また，多くのケースで神経生物学のデータが活用されているとの指摘もある．これらの知見は，日本の少年弁護実務において弁護人・付添人たちに新たな武器を与えるものになり得るだろうか．今後，日本においても脳科学・神経科学の知見を取り入れた主張立証がなされるケースが出てくることが考えられるが，それが少年弁護実務に与える影響や，実際に取り入れる際に問題となる点について検討したい．

2．少年司法領域に関連する脳科学・神経科学の知見

　議論の前提として，アメリカで脳科学・神経科学の知見が判断に影響した判例及び日本で友田（2017）によって紹介されている脳科学・神経科学の知見を概観する．

(1)　18歳以上の少年の精神的成熟度は一般に未発達であり，有責性が低減しているという科学的知見の影響

　詳細は本書の他の論考に譲るが，18歳以上の少年の精神的成熟度は一般に未発達であり，有責性が低減しているという科学的知見が確立しつつあり，それがアメリカ少年司法の少年の責任の議論に大きな影響を与えているという．2005年のローパー判決は，犯行時18歳未満の少年に対する死刑が合衆国憲法修正8条が禁止する「残虐で異常な刑罰」にあたるとして憲法違反とした．その中で心理学の発展を強調し，少年は，①合理的意思決定の能力が弱い点，②周囲に影響を受け振り回されやすい点，③自身の本来的な人格特性とは異質な行動をしてしまいやすい点において，非難可能性（culpability）が低いとし，この年代の少年にはカテゴリカルに死刑を禁止することが必要であるとした．また，2011年のグラハム判決では，連邦最高裁判所は，非殺人事件において犯行時18歳未満の少年に仮釈放のない終身刑を科すことが憲法違反であるとした．グラハム判決はローパー判決と同様に心理学の知見に依拠していたが，それに加えて少年の脳が発達途上にあるという脳科学の知見にも言及した．これらの判決の背景として，脳科学が発達心理学の知見の信頼性を補強するものとして援用されるようになり，法学者が心理学者と共同研究を展開することで，こうした経験科学の知見が伝統的な刑事責任論の観点から咀嚼され，裁判所に受け入れられやすい形で説明されるようになっていたとの評価がなされている（本庄 2017）．

(2)　少年の未成熟性と適正手続保障

　2011年のJ.D.B.判決では，ミランダ原則に基づいて捜査官が少年被疑者に弁護人依頼権，自己負罪拒否特権を告知しなければならない「身柄拘束状況」の判断基準に，少年の年齢を客観的指標として組み入れることができるとした．子どもは，合理的判断ができる成人が退去する自由を感じることができ

るのと同じようには感じることはできず，しばしば退去の意思を示すことに圧力を感じる．子どもという存在は一般的類型的に未成熟かつ未発達であって，成人に比べて責任観念が低く，経験，認識力，判断力が弱く，外界の圧力の影響を受けやすい．このように被暗示性が強く迎合性が高いということは，社会科学，心理学，脳科学・神経科学の知見によっても客観的事実として証明されているという認識に基づくと指摘されている（山口 2017）．

(3) 友田（2017）による脳科学・神経科学と少年非行における知見

1) 大脳辺縁系の発達と前頭前皮質の未成熟のアンバランス

衝動的行動を抑制する役割を果たす前頭前皮質の成熟は20代後半まで進行するが，感情と報酬感を制御している大脳辺縁系の発達は，まだ前頭前皮質が未熟な10歳頃に始まる思春期にホルモン量が増えて成熟が促される．この不均衡のために，前頭前皮質が未熟な10代の少年たちは危険な行動に走りがちである．一方で，環境が適切に整えられれば，それに素早く適応することも十分に可能であること，すなわち「脳の可塑性（脳領域間のネットワークを変更することによって環境に応じて変化できる）」があることも明らかになっている．

2) 愛着障害児における報酬系機能異常

愛着（アタッチメント）は，子どもと特定の母性的人物に形成される強い情緒的な結びつきと定義されている．乳幼児期に愛着が形成され，安心感や信頼感の中で興味・関心が広がり，認知や情緒が発達する．一方で，愛着障害は基本的に安全が脅かされる体験があっても愛着対象を得られない状態をいう．養育者との愛着関係がうまく形成されないことによる障害で，深刻なマルトリートメント（不適切な関わり）がその背景にあるとされる．マルトリートメントによって反応性愛着障害（Reactive attachment disorder: RAD）や，脱抑制型対人交流障害（DSED）が高頻度に発症するが，RADでは報酬系に機能異常が見られる[*1]．低下している報酬系を賦活させるためにも，普通の

[*1]　友田（2017）の論考において，RAD患者群，注意欠如・多動症（ADHD）群，定型発達群の3群を対象に，金銭報酬課題を用いた機能的磁気共鳴画像（fMRI）法を実施し脳の活性化を比較する調査で，子どもたちにカード当てのゲーム3種類（当たったらたくさん小遣いがもらえる（高額報酬）課題，少しだけ小遣いがもらえる（低額報酬）課題，全く小遣いがもらえない（無報酬）課題）を実施し，実施中にfMRIを用いて脳の活性化領域を調査したところ，定型発達群はいずれのゲームでも活性化し，ADHD群では高額報酬課題で活性化したが，RAD群では高額報酬課題にも低額報酬課題にも反応しなかったとの結果が紹介されている．

子ども以上に褒め育てを行う必要がある．子どもの脳は発達途上であり，早いうちに手を打てば愛着の再形成も十分可能であると指摘されている．

３．少年司法において脳科学の知見の活用が問題となる場面

⑴　正常脳科学の知見が少年審判手続，少年の刑事裁判手続で妥当する領域

前述のような知見は，日本における少年司法手続にどのような影響を及ぼしうるかについて，少年の付添人・弁護人の立場から考えてみたい．

脳科学には，異常脳科学と正常脳科学があるが，ローパー判決もグラハム判決も，個別のケースの鑑定等をもとにした異常脳科学ではなく，正常脳科学をもとにその年代の少年一般の行為への非難可能性について検討している．友田（2017）のいう大脳辺縁系の発達と前頭前皮質の未成熟のアンバランスの問題は，前頭前皮質が未熟な10代の少年たちは危険な行動に走りがちであることを少年一般の問題として示している．こうした議論状況からすれば，日本においても，まずは少年というカテゴリーに当てはまる事件全般の犯情の評価への影響について検討する必要がある．

⑵　少年審判で保護処分を選択する場面

ある少年に対していかなる保護処分を選択するかについては，本来は要保護性の内容によって定まるものであり，その少年が抱える問題点を軽減し，成長発達するために最も適した処分は何かという観点から検討されるべきものである．しかし少年審判実務においては，事実上，非行の犯情に大きく影響されてしまい，犯情が一定以上に悪質であれば社会内処遇は選択できなくなるという運用が存在している．廣田（2011）は，再非行を重ねると徐々に処分が重くなっていく運用を段階処遇と呼び，二度の少年院送致をした少年の成人後の再犯率の高さからこの運用の問題点を指摘しているが，これも同様の問題意識であると思われる．この点について，大脳辺縁系の発達と前頭前皮質の未成熟のアンバランスから，前頭前皮質が未熟な10代の少年たちは危険な行動に走りがちであるという知見からすれば，少年がこうした行為を行いやすいというのは本来的な性質なのであり，そもそも成人の刑事裁判における量刑と同じ枠組で犯情を検討すべきではないし，また犯情の重さに比

例した処遇選択をすべきではないと言えよう．こうした現在の実務の運用から離れるためにも，正常脳科学の知見に基づいて，少年審判における要保護性のとらえ方及び処遇選択のあり方について再検討する必要があるのではないだろうか．

(3) 少年審判において検察官送致が問題となる場面

1) 20条1項の刑事処分相当性

少年審判において，結果が重大な事件を付添人として担当した場合，検察官送致を避けることが大きな目標となる．多くの付添人は，刑事処分が保護処分以上に少年の成長発達に資する場合はないと考えているからである．

20条によって検察官送致をする場合の要件である刑事処分相当性の理解については一元論と二元論の争いがある．一元論は，保護処分によっては矯正改善の見込みがない保護不能のみと理解する．また一元論にはもう一つのとらえ方があり，保護手段として刑事処分が最適な場合のみを保護不能とする考え方である．これに対して二元論は，保護不能でなくても，事案の重大性や社会的影響，被害感情などの考慮から保護処分で対処するのが不相当な保護不適の場合も含む立場であり，家裁実務はこの立場を採っている．保護不適の考慮要素としては，少年の年齢・性格・成熟度，非行歴，環境等，事案の軽重・態様，逆送後の終局裁判における量刑の見通し，対応する処遇との有効性の比較，共犯者の処分との権衡などがあげられる（田宮・廣瀬 2017:230）．脳科学・神経科学の知見は少年の成熟度の理解にかかわるし，事案の軽重・態様として犯情が考慮されることからすれば，犯情の判断への影響も問題となる．

2) 20条2項対象事件での検察官送致が問題となる場面

20条2項の趣旨の理解についても争いがある．20条1項の刑事処分相当性について一元論を採ることを前提に，保護処分が必要かつ有効であることについて被害者を含む市民に対し，一層説得的に説明する責任を家裁に負わせたとする説明責任論（葛野 2003）も有力である．しかし，二元論からは，罪質及び情状の類型的重さから保護不適が推定され，逆送が原則として義務づけられているとするのである（田宮・廣瀬 2017: 231）．家裁実務もこの立場を採っている．20条2項但書は，調査の結果，刑事処分以外の措置を相当と認めるときは，検察官送致決定をせずに保護処分を選択できることを定めている．これについて家裁実務は，法に書かれていない例外として「特段の事情」

を求める見解を採っている．この「特段の事情」をどうとらえるかにあたっては，事案が少年についての凶悪性，悪質性を大きく減ずるような「特段の事情」が認められるかをまず判断し，それが認められない場合にはその余の事情にかかわらず検察官送致とし，認められた場合には20条１項に定める個々の要素を踏まえた刑事処分相当性を判断する犯情説（北村 2004）と，「特段の事情」の判断要素を狭義の犯情に限定せず，諸事情を総合的に考慮する総合考慮説（加藤 2011）の争いがある．家裁実務は総合考慮説を採っているとされる（以上の整理について正木（2014）の説明を参考にした）．その上で，狭義の犯情要素をそれ以外の要素よりも重視して判断するというのが，裁判例からうかがえる現在の傾向であると評価されている（村中 2016: 12）．このような「特段の事情」を要求する実務の判断枠組には多くの批判がなされているところであるが，付添人・弁護人としては，家裁実務がこの見解を採るという現状を踏まえて主張立証活動を行わざるを得ない．ここでも，狭義の犯情要素をそれ以外の要素よりも重視して判断するという傾向が見られるため，脳科学・神経科学の知見が犯情要素の評価にどのような影響を与えるのかが問題になる．

⑷　検察官送致後の刑事裁判で55条に基づく家庭裁判所への再移送を求める場面

55条移送の保護処分相当性の判断は，20条の刑事処分相当性の判断と表裏にあると考えるのが実務の支配的な見解である．したがって保護処分相当性の判断の場面でも，「特段の事情」が要求され，総合考慮説に立ちつつも犯情要素が重視されるという枠組の中で弁護人は主張立証を行う必要があるため，同じく犯情要素の評価にどのような影響を与えられるのかが問題になる．

⑸　少年の刑事裁判における量刑

量刑においては，犯情に着目して責任の枠が決せられ，一般情状で調整されることによって最終的な刑が決まることになる．成人と同じ量刑判断の枠組の中で，少年であることが類型的に犯情の悪質性を減ずる理由として主張できるかが問題となろう．

⑹　少年の防御権についての新たな理解

J.D.B.判決では，防御権の行使における少年の能力の問題について脳科

学・神経科学の知見を前提にした判断が示された．日本では，近年，被疑者国選弁護人の範囲が拡大していくにつれ，捜査機関は，被疑者国選弁護人がまだ選任されていない段階，すなわち逮捕から勾留前の段階や，さらにその前である，逮捕までの任意同行の段階で被疑者から自白をとろうとする傾向が強まっている．それに伴い，弁護人から被疑者としての権利のアドバイスを受ける前にとられた自白調書の任意性や信用性を争うケースが増えてくることが考えられるが，JDB判決で示された議論を参考に，この段階での自白や不利益供述の証拠能力及び信用性についての議論をより深める必要があるのではないだろうか．

4．脳科学・神経科学の知見をもとにしたケースセオリーの構築

⑴　ケースセオリーとは

　近年，刑事弁護においてケースセオリーを考えることは常識となっており（坂根 2017），当然ながら少年弁護においても，付添人活動においても例外ではない．ケースセオリーとは，「当事者が求める結論が正しいことを説得する論拠」であるとされ，量刑事件における説得の論拠とは，量刑判断のプロセスに沿った量刑事情についての議論であるとされる（岡・神山 2015）．これを少年審判にあてはめれば，処遇選択のプロセスに沿った要保護性についての議論ということになろう．付添人・弁護人として，少年審判における処遇選択のプロセス，また検察官送致後の刑事裁判における量刑判断のプロセスに沿って，脳科学・神経科学の知見をもとにしてどのようなケースセオリーを示すことができるかについて考えてみたい．

⑵　正常脳科学・神経科学の一般的知見から導かれるケースセオリー

　まずは，正常脳科学から導かれる一般論としての説明からどのようなケースセオリーが立てられるかを検討する．

1）　20条2項，55条の「特段の事情」における犯情要素の扱いについて

　20条2項対象事件の審判では，刑事処分相当性の要素として「特段の事情」が判断されることになる．これについて，裁判所によっては，犯情説に近い理解をしている場合がないとは言えないし，総合考慮説に立つとしても考慮

要素として犯情がどれだけ重視されるかについては個々の裁判官によって変わってくる．この判断枠組は，審判の判断だけでなく，調査の方向性にも影響を与える可能性があるので，裁判所との間で早期に議論しておく必要があろう．検察官送致された場合は，裁判員裁判対象事件であるから公判前整理手続に付されることになる．弁護人が55条移送を主張する場合は，評議で扱われるべき保護処分相当性の判断枠組について公判前整理手続の中で議論されることになるが，やはり，保護処分相当性における保護許容性の判断要素を狭義の犯罪事実に絞り込む方向で争点整理がなされる可能性がある（岩本 2016: 27）．公判でケースセオリーに沿った主張をするためには，公判前整理手続の段階で，裁判所が犯情説に立って判断要素を狭義の犯情要素に限ったり，総合考慮説に立つとしても犯情が重視されすぎることがないように争う必要がある．

　この点について，大脳辺縁系の発達と前頭前皮質の未成熟のアンバランスから少年が危険な行動に走りがちであるという知見は，そうした少年の脳の特性が，少年がした行為の犯情の評価に影響し，一般的に悪質性を減じる方向に働くものであろう．そうだとすれば，少年の脳の特性から離れた狭義の犯情というものは観念しにくくなるのであるから，考慮要素として狭義の犯情だけを少年の資質や環境面の事情から切り離して重視しようとする犯情説は取りにくくなるはずであろう．また，総合考慮説に立った上で犯情要素がある程度考慮されるとしても，少年の資質から離れた独立の犯情要素を観念して重視しすぎるといったことがないように指摘する必要があろう．

　なお，これらの段階ではまだ公判での立証がなされていないので，脳科学・神経科学の知見については文献に基づく主張が必要になる．この主張を支えるために，今後，「特段の事情」における犯情要素の扱いと，脳科学・神経科学の関係について，法学分野から検討した研究が深められていく必要があろう．

2）　保護可能性の判断について

　友田による脳の可塑性についての知見は，少年法の理念として一般に議論されてきた少年の可塑性を裏付けるものとなり，少年に対しては一般的に教育に効果がある可能性があるということの根拠となろう．保護許容性に比べると，保護可能性についてのケースセオリーを立てることに困難を伴うことは少ないとは思われるものの（村中 2016: 24），重大事件において，犯行態様の悪質さに流されて保護可能性を否定する判断がなされるおそれはないとは

言えない，そうしたときに，保護可能性がないということはできないという主張の根拠となり得る．

　また，異常脳科学の領域になるが，反応性愛着障害と診断されたケースにおいては，低下している報酬系を賦活させるために普通の子ども以上に褒め育てを行う必要性があることを前提とすれば，55条移送の判断において，少年刑務所と少年院の処遇を比較する際の視点として，少年を褒めつつ育て直す処遇ができるかどうかという観点からは，刑罰の執行機関である少年刑務所よりも，教育機関である少年院での処遇のほうがより効果的であると主張することも考えられよう．

3)　刑事裁判の量刑

①　「成人と同じ責任」でいいという素朴な裁判員の感覚に対して

　少年法51条は死刑と無期刑の緩和を定め，52条は有期刑を以て処断すべきときは不定期刑を言い渡す旨を定める．この趣旨は，可塑性に富み教育可能性の高い少年に対しては教育的な処遇が必要・有効であること，人格の未熟さから責任が成人よりも低いと考えられること，また52条についてはさらに教育的配慮から処遇に弾力を持たせるために刑期に幅を持たせたことにある（田宮・廣瀬 2017: 493-502）．しかし，一見大人と同じように見える少年が悪質な事件を起こした場合，裁判員の感覚としては，このような極悪事件を起こした少年には矯正可能性などないし，少年であろうと成人と同じ責任を負わせていいという方向に振れる危険性が十分にある．例えば，18歳の少年が2人を殺害し，1人に重傷を負わせ，死刑判決がなされたいわゆる石巻事件では，同事件を担当した裁判員が記者会見で「人の命を奪ったという重い罪には，大人と同じ刑で判断すべきだと思い，そう心がけた」というコメントをしたことが報道されている[*2]．前頭前皮質が未熟な10代の少年たちが危険な行動に走りがちであるということは，51条，52条の趣旨をあらためて裏付けることになる．その趣旨を強調することは，18歳，19歳の少年についての量刑を検討するにあたっても，少年であろうと成人と同じ責任を負わせるべきといった感情論を排除する方向に働くことになるだろう．

②　少年の刑事裁判における量刑検索システムの利用方法

　検察官送致された後の裁判員裁判においては，犯罪類型ごとの量刑傾向を刑の数量化にあたって参照することが求められているため（最一小判2014〔平

---

*2　朝日新聞2010年11月26日朝刊37頁.

26].7.24参照），評議で量刑検索システムを使うことを前提とした弁護活動が必須となる（坂根 2014; 岡・神山 2014）．しかし，少年の事例は少ないため，条件を限定してデータベースを検索してもほとんどデータが出てこない場合もある．その際，同種の成人の事件のデータが評議で参照されるということがあり得るが，それでは成人と同じ量刑になることになり，妥当でない．そこで，成人のデータを少年に適用させる場合には成人のグラフを2分の1程度軽い方向にずらす必要があるといった主張をして対抗しなければならない（村中 2016: 16）．その主張の根拠は，51条及び52条の趣旨から説明することになるだろうが，合わせて脳科学・神経科学についての知見を主張し，51条及び52条の趣旨が正しいものであり，少年については一般的に量刑を減じる必要があるから，成人のグラフを軽い方向にずらすことが必要であることを説明することが可能となろう．

③　死刑

死刑の適用は，犯行時19歳の少年が4人の被害者を射殺するなどした永山事件において最高裁が示した永山基準によるのが判例となっている．この永山基準では，「犯行の罪質，動機，態様ことに殺害の手段方法の執拗性・残虐性，結果の重大性ことに殺害された被害者の数，遺族の被害感情，社会的影響，犯人の年齢，前科，犯行後の情状等諸般の事情」を考慮する．永山基準について本庄（2014: 343-351）は，被告人に有利な事情を含めて罪質等の各要素の検討を義務的にし，死刑を選択する基準としては罪刑均衡と一般予防の二つの点から死刑がやむを得ないと認められる場合でなければならず，その場合でも死刑選択が許されるにとどまり，被告人の改善更生の可能性を考慮してなお死刑を回避する余地がある点に意義があるとし，その上で被告人に不利な事情と有利な事情を総合的に評価して死刑を適用すべきかを決しているとする．しかし，光市事件判決（最判2006〔平18〕.6.20）及び石巻事件判決（仙台地判2010〔平22〕.11.25）では，永山基準を引用しつつも例外的に死刑を回避すべき事情がない限り原則として死刑を科すという原則・例外基準をとったものとして本庄は批判している．

死刑求刑事件においては，総合考慮基準と原則・例外基準のどちらが採用されるかによって死刑判決がなされる可能性が大きく左右されることになる．したがって弁護人としては，死刑求刑が間違いない事件を担当する場合は，総合考慮基準に基づいて判断がなされるように公判前整理手続において争うことも検討する必要がある．しかしこの段階では，被告人の情状鑑定などを

踏まえた立証がまだ具体的に行われておらず、裁判所が事案の重大性だけに影響されて原則・例外基準をとる方向に流れるおそれもある。そこで、少年の死刑求刑事件においては、少年法51条の趣旨について主張した上で、それを支えるものとして脳科学・神経科学に基づく主張をするための研究を今後積み重ねておくことが必須になろう。裁判員からはもはや死刑しかないように思われるような重大な事件こそ、その重大さに引きずられず冷静な判断が行われるための前提を取り戻さなければならない。

また、死刑求刑事件に限ったことではないが、死刑求刑があり得るような重大な事件では、事案の重大性に素人的に引きずられて情状鑑定に基づく経験科学の知見が軽視されてしまうおそれもありうる。石巻事件では、前歴や犯行事実、公判での印象などから素人的判断によって更生可能性は著しく低いと断じ、科学的に評価されたはずの鑑別結果通知書の知見を否定してしまったことが指摘されている（本庄 2014: 350）。こうしたことを防ぐためにも、重大に見える事案であっても、その犯情の評価においては一般的に悪質性が減じられるべきものであることを脳科学・神経科学の知見から指摘しておく必要があろう。

4)　年齢切迫少年の検察官送致や55条移送における判断、量刑への影響

行為時に20歳を目前にした少年の行為については、成人に近いという理由で検察官送致がなされやすく、それと表裏の関係で55条移送が否定されやすくなるおそれがある。しかし、前頭前皮質の成熟は20代後半まで進行するのだから、20歳に近いことを理由に成人に近い扱いをしてよいとは言えないとの主張をすることも考えられる。

(3)　情状鑑定を介したケースセオリー

1)　情状鑑定を採用させること及びその重要性についての理解を求めること

近年、少年事件の裁判員裁判においては情状鑑定に基づいた主張立証が必須になりつつある。一見して悪質な行為態様の事件について、少年の成育歴や資質等が犯情にどのように影響を与えているのかを臨床心理学・精神医学の観点から明らかにし、鑑定人によって説明されたストーリーを元に、弁護人の科刑意見や55条移送の主張が正しいことを説得するためのケースセオリーを導き出すのである。

しかし、情状鑑定がなされたケースの全てでこのような成果をあげることができているわけではない。日本弁護士連合会子どもの権利委員会では、少

年の裁判員裁判で情状鑑定が行われたケースの弁護人や鑑定人からの報告を受ける研究会を継続的に行っているが，説得的にみえる情状鑑定がなされたにもかかわらず，情状鑑定で明らかにされた事実が一般情状の範囲でしか扱われず，量刑に大きな影響を与えなかったケースも多数報告されている．この点について須藤（2019）は，犯情と一般情状事実との関連が相当明確な形で示されない限り情状鑑定が採用されないことを指摘している．仮に採用された場合でも，例えば人間行動科学から見た動機形成は必ずしも直線的ではなく，犯行に至る文脈全体を見ていくが，裁判所は原因—結果の直線的な因果論で把握しやすく，曖昧さが排除される結果，背景となった事情が犯情評価に反映されないことが多いと論じている．筆者も，情状鑑定を実施したケースの弁護においてよく似た経験をしている．このようなことが起こるのは，裁判所による心理学の軽視も一因ではないだろうか．鴨志田（2019）は，裁判所が供述心理学の知見を軽視してきた態度を指摘しているが[*3]，それと同様に，情状鑑定における知見に対する軽視や理解のなさが表れていると思われてならない．裁判所は，情状鑑定の知見よりも，自分たちの経験則のほうが正しいと思っているから，情状鑑定に基づくストーリーを安易に否定しているということはないだろうか．これに対しては，まずは一般論として，前頭前皮質が未熟な10代の少年たちが危険な行動に走りがちであるということが否定できない知見として共有される必要がある．それを当然の前提とすることができれば，裁判官や裁判員の頭の中にある素朴なイメージからすれば，少年らしくなく重大で悪質に見える事件について，単に大人と同じとらえ方をすればよいとするのではなく，さらに踏み込んだ解明を行う必要があることについて理解が得られるのではないかと思われる．

2）　情状鑑定の中で説明される理論の裏付け

　情状鑑定においては，成育歴や少年の資質上の問題点等が犯情にどう影響しているかについて，発達心理学の理論を用いて説明がなされることになる．その発達心理学の理論を脳科学・神経科学に基づく知見が補強することが考えられる．須藤（2019）は，情状鑑定について，面接と心理テストを主体と

---

*3　供述心理鑑定は，大崎事件第3次再審開始決定までは，「裁判官の自由な判断に委ねられるべき領域（刑訴法318条参照）に正面から立ち入るもの」（東京高決平16.8.26判時1879号3頁）と判示されるなど，裁判官の自由心証という「聖域」に土足で立ち入られることへの拒絶反応が示され，証明力はおろか「証拠」としての存在すら黙殺されていたという．

しているために生じるエビデンスの弱さを指摘するが，それを補うために，脳科学・神経科学や，発達心理学の基礎研究の知見を別途立証することについても今後検討されるべきであろう．

　少年の裁判員裁判において，情状鑑定の結果は，鑑定書に基づくのではなく，法廷で鑑定人が語る証言内容によって示されることになる[*4]．鑑定人の見立てについての説明がなされるが，その見立ての背景にある発達心理学に基づく理論や，その理論が確立されるに至ったエビデンスまでは証言の中では示しきれないことも少なくないだろう．裁判員裁判においては，専門的知識のない裁判員が話を聞いて理解できる形の立証が求められるところ，あまりに多くの情報を提示してしまうと，裁判員がその情報を咀嚼しきれず理解されなくなってしまうため，証言の時間や量を絞り込まざるを得ないからである．しかしそうして鑑定の背後にあるエビデンスの説明が削られた結果，情状鑑定結果が受け入れられるか否かについての判断が，裁判員の素人的な感覚から受け入れやすいかどうかで左右されていないか，確立した知見に反するような裁判官の経験則で左右されていないかについて検証する必要があるのではないだろうか．情状鑑定は，素人的な自由心証を専門的な知見から制限するところに本来の意味があると思われるからである．鑑定人は，発達心理学の知見を背景において，この少年はこういう理由でこういう行動をしたのだとわかりやすく証言しようとするだろうが，その知見が，裁判員や裁判官の生の感覚と比べられて，どちらが常識的に受け入れやすいかで判断されるようなことを防ぐための手当が必要である．そのためには，裁判官・裁判員の素朴な感覚と異なる知見について，素朴な感覚だけでは否定し得ないエビデンスを示していく必要があるだろう．

　例えば，少年に資質上の問題点があったため，動機の形成過程において，攻撃的な感情をコントロールできなかった結果として犯行を決意したケースを考えてみよう．少年の資質上の問題は，攻撃的な感情をコントロールできなかったことに影響しており，それが動機形成に影響しているのであるから，犯情に影響している．資質上の問題は少年が自ら選び取ったものではないのであるから，少年に資質上の問題があることの責任を問うことはできない．したがって，その事情は少年の行為責任を減じるものになってくる．このケ

---

　*4　鑑定の流れや鑑定書の作成，法廷での証言の様子については橋本（2016: 32-39）が参考になる．

ースにおいて正常脳科学の観点からも，少年は一般的に，感情と報酬感を制御している大脳辺縁系は成熟が促されているが，衝動的行動を抑制する役割を果たす前頭前皮質は未成熟であるという不均衡のため危険な行動に走りがちであるから，冷静な成人であれば感情をコントロールすべきであったかもしれないが，少年の未熟性ゆえにコントロールできなかったという主張立証が加わることによって，「攻撃的な感情をコントロールできなかった」という事実が，素人的な感覚では否定できない重みをもつようになってくるのではないだろうか．

3) 鑑定人が少年から聞き取ったエピソードの裏付け

また，須藤（2019）は，鑑定結果が被告人の供述に基づくものでしかないとの弾劾が検察官からなされることを指摘している．このような弾劾によって鑑定人が少年から聞き取った虐待のエピソードが否定されてしまったら，鑑定の前提が崩れることになり，信用性が失われてしまう．この点について画像に基づく立証が可能であれば，虐待を受けていたことが画像所見から裏付けられることになる．画像のみから個別ケースの鑑定を行うことは困難であるとしても[*5]，鑑定人が聞き取った，脳の異常を呈してもおかしくないような虐待のエピソードについて，鑑定結果と矛盾しない画像所見が示されれば，そうしたエピソードが実在したことの裏付けとすることも可能ではないだろうか．後述する林の実践はそうした方向性の取り組みである．

4) 矯正可能性を否定しないことについて

刑事裁判の量刑において，悪質な行為態様で結果が重大であることから矯正可能性がないといった判断がされることがありうるが，本来，行為態様が外形的に悪質と評価できるものであるかどうかと，その行為者自身の矯正可能性は直接にはつながらないはずである．矯正可能性があるかどうかは，その行為者の行為態様だけではなく，資質や環境なども含めた様々な事情から判断されるものである．その点について脳科学の知見から，環境が適切に整えられればそれに適応することも十分に可能な脳の可塑性があるということを一般論として否定できない形で示しておくことは，行為態様の悪質性だけ

---

*5 2016年犯罪社会学会における友田明美の発言によると，現時点では，少年の脳の画像所見から個別の鑑定を行うことはできないとのことであった．本庄（2017: 36）も，現在の脳科学において，脳の所見の違いが行動にどう影響するかはまだ十分に解明されておらず，脳を個別事件で鑑定して発達の遅れを明らかにすることには慎重でなければならないと指摘する．

に目を奪われることを防ぎ，矯正可能性について冷静に検討するための方向性を示すことにつながるのではないだろうか．

⑷　個別ケースの画像診断等から

1)　Farahany（2016）の分析

　Farahanyは，Westlawで2005年から2012年までの連邦最高裁，連邦裁判所，州裁判所を含む全ての判例について，神経科学，前頭葉などの用語で検索してコード化した1585件を分析し，殺人事件の裁判の約5％及び死刑事件の裁判の約25％で責任を減じたり刑を軽くするために神経生物学のデータを使っていると指摘している．また，神経生物学のデータを使っているケースの約15％でMRI等の何らかの画像を使っていること，さらには責任能力や量刑だけでなく，自白の能力等の手続的な論点についてもこうした証拠が使われていることなどを明らかにした．そして，こうした証拠の利用について専門家から深刻な批判がなされていることも紹介した上で，それでも神経生物学的証拠の利用は刑事司法にとって有用であり，神経科学者は刑事司法の中でこうした証拠がどのように使われるべきかを先頭に立って議論すべきだと主張する．アメリカでは，この研究で示されているように，正常脳科学に基づく主張だけでなく，個別ケースの画像を利用した弁護活動も活発に行われているようである．今後，こうした取り組みのケースを具体的に分析し，日本における少年弁護活動に取り込んでいくことを検討する必要がある．

2)　林大悟弁護士による実践

　日本においても，成人の刑事裁判においてであるが，画像診断を利用した弁護活動が行われている例があるので紹介したい．林は，繰り返される万引き事案の弁護を多く取り扱っているが，前頭側頭型認知症が影響を与えていると思われるケースでは，行為が前頭側頭型認知症の影響を受けているために行為責任が減少するとの主張を行い，医師による証人尋問において脳のMRI画像・SPECT画像の説明を求める形で立証している．そのような立証に対して検察官からは，画像所見で脳の萎縮等があるというだけでは認知症であるとはいえないとの反証がなされるものの，林は，医師による問診等を根拠とした診断が立証の中心であり，その診断を裏付けるために画像による立証をするのだとしている．さらにDSM-5による前頭側頭型認知症の診断基

＊6　筆者が2019年5月8日に実施した林大悟弁護士からの聴き取りによる．

準においても，他の多くの要件を満たした上で，確実な前頭側頭型神経認知障害の診断のためには神経画像による前頭葉および／または側頭葉が突出して関与しているという証拠が必要とされているのであるから（American Psychiatric Association 2013: 288-289），画像診断だけを取り上げる批判は当たらないと述べる．こうした活動によって，近年でも，50代後半の女性の執行猶予中の同種万引き事案において執行猶予を得るという成果をあげている（東京高裁平成30年3月27日判決）．林による実践では，医師による判断を画像診断で裏付ける形で脳科学・神経科学に基づく立証が行われているが，このように，医師による診断や情状鑑定の鑑定人の判断を支える形で個別の画像所見による立証がなされることの有効性について，今後も検討されるべきである．

5．立証における諸問題

(1) 文献による立証

脳科学・神経科学による主張立証が問題になるのは，刑事裁判の公判段階だけではない．少年審判や検察官送致後の公判前整理手続において，「特段の事情」における犯情説を否定したり，総合考慮説を採るとしても犯情を重視しすぎないようにすべきだとの主張をする場合は，脳科学・神経科学の知見を文献で示すことになる．脳科学・神経科学の知見を示した専門家による文献と，脳科学・神経科学の知見と発達心理学の知見とをつなぐ文献，及びそれらの行為責任への影響について論じた法学文献が必要となる．この場面での相手は裁判官や検察官であるから，多少難解でも（といっても法学の専門性のみを有する裁判官や検察官に理解できるレベルであることが前提となるが）量が多くても問題はない．前述の友田による知見は，日本においてはまだ新しい議論であることからすると，法律家の間で一般的に受け入れられる見解となるにはまだ時間がかかることが予想される．これらの点についての研究が今後活発になされ，法律家にとって理解可能な形で紹介されていくことが必要であろう．

(2) 脳科学・神経科学の専門家による証人尋問

裁判員裁判の公判での立証においては，少年への素朴な処罰感情を持つ裁判員に対して，説得的に訴えかける必要がある．論理的に正しいだけでは足

りず，わかりやすく伝わり，それが裁判員の腑に落ちるものにならなければならない．論文を法廷で読み上げただけでは裁判員にも裁判官にも伝わらない．効果的な立証のためには，脳科学・神経科学の専門家が，脳の画像や図なども活用しつつわかりやすくプレゼンテーションを行うことが必須となる．当面は，こうした証言を適切にできる証人をどのように見つけるか，そして，私的鑑定となる場合は，多くの少年の裁判員裁判は国選弁護人が担当しているため，脳科学・神経科学の専門家証人の費用をどのように捻出するかが課題となろう．

なお，正常脳科学の観点から少年についての一般論として知見を述べる場合，検察官が専門家証人の採否の判断の場面で，事件との関連性や必要性を争う事態が予想される．これに対しては情状鑑定を並行して行い，一般論としての正常脳科学の知見を説明することによって，情状鑑定の信用性が補強される関係にあることを公判前整理手続において適切に主張する必要がある．

脳の画像や神経学的検査等に基づいて個別ケースの議論をする場合は，検察官は，自然的関連性がないことを主張して採否を争ったり，画像からの個別鑑定の手法が確立されていないことを証人によって立証しようとすることが予想されるので，その点の対応が問題となる．

(3)　画像等の鑑定資料の取得について

画像や検査に基づいて鑑定を行うには，画像の撮影をしたり神経学的検査をしたりしなければならない．保釈されていれば可能であるが，身柄拘束中であればどのように行うのかが問題となる．画像による鑑定が裁判所の本鑑定として採用されれば，病院や脳画像を撮影できる機器のある施設へ移送しての撮影等が可能となるであろうが，画像に基づく説明がまだできない段階で，画像撮影の必要性を主張して本鑑定を採用させるための方法については今後の議論が必要である．

6．おわりに

これまで，脳科学・神経科学，発達心理学は法学とは関わらないところで独自に発展してきた．しかし今後，アメリカでの実践からの影響を受けて，日本でも学際的な研究が進むことが期待される．そして，法学領域からみて脳科学・神経科学をどう取り込むかというだけではなく，脳科学・神経科学

や発達心理学の領域において，法学にどのように影響を与えることができるかという観点から研究テーマが選ばれることがあれば，より両者の議論が深まっていくと思われる．少年弁護に携わる者として勝手な希望を述べさせてもらえるなら，正常脳科学及び発達心理学の領域で，18歳未満と18歳以上でどういう違いがあるのか，もしくはないのかが明らかにされていくことを期待したい．これは，死刑や無期刑の適用が問題となる重大事件の弁護場面において，51条の趣旨を年長少年に及ぼすことができるかどうかの問題に関わる．また，実現を望んではないが，万一，少年法の適用年齢引き下げの改正がなされてしまった場合は，それまで年長少年として扱われてきた18歳，19歳の人の少年としての性質を立証することが重要になろう．指摘した例はあくまで筆者の思いつきにすぎないが，今後，法学領域から脳科学・神経科学，発達心理学領域に対し，どの分野を明らかにしてもらいたいのかについて問題提起をしていくことも必要ではないだろうか．

　近年，情状鑑定の領域で，心理学・精神医学と法学の研究者・実務家による共同研究がなされ，量刑理論に沿った情状鑑定のスタイルが確立されつつある．今後，脳科学を適切に少年司法に取り入れるためには，さらに，脳科学・神経科学，心理学・精神医学，法学のそれぞれの領域の研究者・実務家による共同研究がなされ，量刑や争点の判断に組み込むことが可能な形を模索することが望まれる．本庄（2017）は，経験科学の知見を法制度の問題に取り入れるためには，経験科学の知見を理解できる法律家がいなければ難しいと指摘する．これを取り入れたいと最も強く願うのは少年の弁護にあたる弁護人であろう．異常脳科学の観点からの脳画像等を利用した立証については，現在，アメリカで問題を指摘されながらも活用されつつある．こうした手法は，おそらくはアメリカの弁護人たちが目の前のクライアントを救うために，弁護手段の一つとして懸命に模索しているものなのだろう．私たちも，弁護人として目の前のクライアントを救うためにこの新たな知見を使いこなすことに挑戦しなければならない．本稿で筆者が示したものは試論の域を出ないが，今後，弁護人が経験科学の知見を法学領域へ応用するための研究に取り組み，そして実際のケースでそうした知見を活用した弁護実践を積み重ねていく必要がある．その実践こそが，多くの領域の研究者を巻き込んだ学際的な研究へのインパクトになっていくのではないだろうか．

［文献］

American Psychiatric Association, 2013, Desk Reference to the Diagnostic Criteria from DSM-5, American Psychiatric Publishing.（=2014，染矢俊幸・神庭重信・尾崎紀夫・三村將・村井俊哉訳『DSM-5 精神疾患の分類と診断の手引』医学書院）

Farahany, Nita A., 2016, Neuroscience and behavioral genetics in US criminal law: an empirical analysis, Journal of Law and the Biosciences, 485-509.

橋本和明，2016，「犯罪心理鑑定の意義と技術」『犯罪心理鑑定の技術』金剛出版.

廣田邦義，2011，「処遇論からのアプローチ」『再非行少年を見捨てるな——試験観察からの再生を目指して』現代人文社.76-87.

本庄武，2014，『少年に対する刑事処分』現代人文社.

本庄武，2017，「脳科学・神経科学と少年の刑事責任」『犯罪社会学研究』42：33-48.

岩本憲武，2016，「重大少年逆送事件のケースセオリー」『季刊刑事弁護』88：22-29.

葛野尋之，2003，『少年司法の再構築』日本評論社.587-591.

正木祐史，2014，「検察官送致決定と移送判断」『少年事件の裁判員裁判』現代人文社.225-244.

村中貴之，2016，「少年逆送事件の55条移送および量刑ケースセオリーと考慮事項」『季刊刑事弁護』88：12-21.

岡慎一・神山啓史，2014，「量刑審理と当事者主義」『季刊刑事弁護』80：41-46.

岡慎一・神山啓史，2015，『刑事弁護の基礎知識』有斐閣.

坂根真也，2017，「本特集の趣旨　特集：ケースセオリーをつくろう！」『季刊刑事弁護』92：12

坂根真也，2014，「量刑事件の争点整理」『季刊刑事弁護』80：55-60.

笹倉香奈，鴨志田祐美ら，2019，「学会報告 ワークショップ『供述心理分析の再検討』」『法と心理』19.

須藤明，2019，「脳科学・神経科学の進歩が少年司法臨床に与える影響」『脳科学・神経科学と少年司法』現代人文社，本書第8章，142頁.

田宮裕・廣瀬健二編，2017，『注釈少年法 第4版』有斐閣.

友田明美，2017，「脳科学・神経科学と少年非行」『犯罪社会学研究』42：11-18.

山口直也，2017，「脳科学・神経科学と適正手続保障——米国連邦最高裁 J. D. B. v.North Carolina 判決の検討を中心に」『犯罪社会学研究』42：50-64.

（あんざい・あつし）

第10章

脳科学・神経科学の進歩が少年裁判実務に与える影響

大塚正之

1. 少年裁判実務と脳科学・神経科学の進歩

(1) 概観

米国における一連の連邦最高裁判決の背景にある脳科学・神経科学の進歩がもたらす影響については，すでに各章で論じられているので，ここでは触れない．しかし，これは，米国固有の事情ではなく，わが国においても当てはまる問題である．ヒトの脳の構造や機能のうち，例えば，言語に関しては，必ずしも民族により同一ではないというデータもあるが[*1]，脳の成熟過程に関する一連の知見は，民族的な差異を有するものとは考えにくい．そうすると，わが国の少年裁判実務においても，米国同様，脳科学・神経科学の進歩の影響が及んでくるものと考えられる．したがって，これまでのその成果を参照しながら，それがわが国の少年裁判の処遇決定における実体的な判断及び少年保護手続過程に与える影響について検討することとしたい．

(2) 少年裁判実務と脳科学・神経科学の関係

脳科学・神経科学の影響を考えるにあたり，大きく分けると二つの側面がある．一つは，責任の軽重を少年と成人とで同視できるかという問題であり，もう一つは，一般予防及び再犯防止（特別予防）の観点から刑事処分と少年保護処分とどちらが効果的かという問題である．結論から言えば，近時の脳科学・神経科学の進歩は，第1に，少年の責任については，類型的に成人とは区別すべきであり，刑事処分ではなく少年保護手続による処分を選択する

---

*1　月本洋『日本人の脳に主語はいらない』（講談社，2008年）．

ことについて合理性があるということを示している．そして，第2に，一般予防及び再犯防止の観点からも，少年については，刑事処分よりも少年保護処分によって行うほうがより高い処遇効果を期待できるということを示していると言えよう．以下，これらの諸点について検討する．

2. 脳科学・神経科学が少年裁判実務に与える影響

(1) 実体的側面における影響

まず，実体的側面については，少年の脳の不完全性がどのような影響を少年裁判実務に与えるのかが問題となる．これまでの家庭裁判所における少年裁判実務においては，少年の持っている未成熟性及び可塑性については十分に配慮し，少年に対し，どのような働きかけをすることによって，その非行性を除去することができるのか，また，少年を取り巻く環境をどのように調整することが必要なのかを検討し，併せて，非行の重大性，被害者の処罰意識等も踏まえて処遇の選択がされてきた．その意味では，少年の脳の不完全性がもたらす未成熟性や可塑性というのは，少年事件を取り扱う裁判実務において，これまでも当然に意識されながら，運用されてきていると考えられる．

しかし，これまでの少年審判実務で，心理学や精神医学の知見は，必要に応じて活用され，採り入れられてきたが，脳内部の状態は，よく分かっていなかった．近時の脳科学・神経科学の進歩は，これまで明らかになっていなかった脳内部の機序を明らかにし，より具体的に非行と脳との関係やその非行性を除去するため，どのような働きかけをすることで再非行を防止できるのかについても解明しようとしている．このことは，少年裁判実務の実体的な場面で，以下のような影響を与えるものと考えられる．

第1に，非難可能性の問題がある．近代刑事法の基礎にある考え方は，人間には事理弁識能力が備わっており，それによって善悪の判断ができれば，その判断に従って身体の動静をコントロールして，犯罪行為（構成要件に該当する違法有責な行為）を回避することができるというものである．そして，一般的には14歳に達すれば，この事理弁識能力が備わり，その弁識ができれば，それにしたがって自分の身体を統制して，犯罪行為に至るのを抑止することができる．したがって，それにもかかわらず，犯罪行為に及んだ場合には，その行為者に責任があると判断される．その点では，少年も大人も同じである．だから少年も成人と同じように処罰することが可能となるし，処罰する

ことに合理性があると考える．つまり，14歳以上であれば，特段の事情がない限り，少年も成人も，基本的に同じ責任があると理解されてきたのである．

これに対し，現在までに脳科学等が明らかにしてきたのは，少年という年齢的特性から，類型的に非難可能性を低下させるような脳の構造と機能があるという事実である．すなわち，第2章にあるとおり，情動に基づく行動をコントロールする背外側前頭前皮質（DLPFC）の発達は大脳皮質の中で最も成熟が遅く，20歳代になって成熟するなど，少年ないし青少年の場合，成熟した成人と比較して，類型的に事理弁識に従って自己の行為を統制する力が劣っているといわれる．このような事実は，刑事処分と保護処分のいずれが適正かという選択だけではなく，刑事処分における量刑や，保護処分における処遇選択にも少なからず影響を与えるものと考えられる．そして，同時に青少年に対し，成熟した成人と同じ責任を問うことは正当とは言えないということも意味しており，犯罪結果の重大性のみから，少年を刑事処分に付することについては，責任能力の軽重という観点から疑問が出てくることになる．

第2に，非行原因の解明と処遇の問題がある．これまで非行の原因としては，少年本人の性格の歪みと少年が置かれている環境との不調和というものが考えられ，したがって再非行を防止するためには，性格矯正と環境調整の両面が必要とされてきたのである．「矯正」というのは，本来，曲がっているものをまっすぐにするという意味であり，性格の歪みを取り除くのが性格矯正である．

しかし，上記のとおり，近時の脳科学研究は，犯罪が歪んだ性格や悪い環境のみに起因するのではなく，発達段階にある脳の脆弱性にも起因するということを明らかにしている．そうだとすれば，少年の犯罪傾向を除去するためには，性格の矯正や環境の調整だけではなく，脳の脆弱性を補うことが必要だということになってくる．このように脳科学の知見は，非行原因の捉え方にも大きな影響を与えるとともに，その非行原因を除去し，再犯を防止するための刑事政策的立案においても，大きな影響を与えるものになってくる．

第3に，可塑性・修復可能性の問題がある．前記第2の問題にも関連するが，可塑性が全くなければ，教育的機能を発揮させて再犯を防止することはできないことになるから，刑罰に委ねるのもやむを得ないと考えられる．しかし，これまで，少年には可塑性・修復可能性があり，刑事処分よりも，保護処分がなじむと考えられ，処遇選択が行われてきた．それは，経験的に少年は教育により立ち直りが早いとか，環境をよくすれば改善しやすいなどという観点から論じられ，かつ，評価されてきたのである．

これに関して，近時の脳科学は，これまでの各章で紹介されているとおり，少年の可塑性や修復可能性を立証してきたのである．すなわち，人間の脳は，環境と相互作用しながら，余分な神経細胞やシナプス回路の刈り込み（プルーニング）を環境に適応するように行いながら成熟していく．言い換えれば，適切な環境を準備し，その環境に適応する脳の成熟が進むよう働きかけることによって，犯罪性向のより少ない，より社会環境に適応的な脳を創っていくことが可能となる．つまり，少年の脳には，可塑性・修復可能性がある．可塑性があるということは，教育的措置を施すことで再犯防止が可能であり，また，必要でもあるということを意味する．そして，その可塑性・修復可能性が脳の構造や機能として生じるのであれば，どのような働きかけが脳の成熟にとって有効であるのかという観点から，教育的機能を発揮させる方法を考慮することが可能となり，また，必要となってくるであろう．もし，これが十分にできず，収容して処罰するだけになるなら，脳が可塑性を有する20代を過ぎてしまい，出所後の再犯の危険性は除去されないままになってしまう危険が生じることになる．

　第4に，発達障害や愛着障害を巡る問題がある．発達障害は，その原因が必ずしも明らかではなく，直ちに非行に結びつくわけではないが，重大な犯罪の背景に発達障害が関係している場合がある．また，乳幼児期から児童期における虐待や不適切な取扱いが，愛情不足を生み，その少年の中に十分に安全基地が創られず，脳の構造や機能に悪影響を与え，愛着障害を引き起こしている場合がある．そして，その愛着障害が非行につながっている場合もある．そのような場合，一般予防の観点から言えば，児童虐待や愛着障害を防止するための活動が非行防止には不可欠となるし，また，当該少年の再犯防止においても，その根底に児童虐待や愛着障害がある場合には，それによって生じる様々な障害（例えば，反社会性パーソナリティ障害，反応性愛着障害など）の治療に重点を置くことが必要な場合も生じることになる[*2]．

(2)　手続的側面における影響

　近時の脳科学の成果は，少年審判手続や刑事手続における手続的側面にも影響を与える．すなわち，第3章において明らかなように，少年の脳は，成人と

＊2　友田明美・藤澤玲子『虐待が脳を変える──脳科学者からのメッセージ』（新曜社，2018年）4〜7章，藤川洋子『非行と広汎性発達障害』（日本評論社，2010年）など参照．

比較して，少年特有の迎合性，被暗示性を持っている．そのことを踏まえて，米国連邦最高裁の2011年J.D.B. v.North Calorina判決（以下「J.D.B.判決」という）は，ミランダ告知の発生要件である身柄拘束下状況の存否の判断に対象となっている少年の年齢を考慮に入れるべきであるとし，成人とは異なる適正手続保障の必要性を明らかにしている（第6章参照）．J.D.B.判決は，教師の立ち会う学校の会議室という場が13歳の少年にとって「身柄拘束状態」と言えるのかが問題となったケースであるが，成人にとっては，立ち去ることが可能な状況にあったとしても，13歳の少年にとっては，任意に立ち去ることが心理的にできない状況にあったのであるから，ミランダ告知をすべきであったと判断されるケースである．これは，少年の年齢に即した手続的権利の保護を実施すべきであるという考え方を連邦最高裁が採用したということを意味している．このことは，わが国における少年審判手続についても，考慮すべきであり，また，その他にも年齢が与える影響を考慮すべき場面がありそうである．

　例えば，これまで適正手続における権利の告知等は，その告知をすれば，被疑者，被告人，非行少年に理解されているという前提で行われている．しかし，少年の場合，その告知の意味が正しく認識されているのかは必ずしも明らかではない．このような場合には，その少年の年齢に相応しい告知の仕方がされているのかどうかの確認が必要となると考えられる[*3]．また，その被暗示性や迎合性を考えると，誘導的尋問をしながら調書を作成することは危険であり，どのような場合に暗示を受けやすいのか，また迎合しやすくなるのかなどの実証的研究を積み重ね，虚偽の供述が誘導されないよう注意をする必要がある．そのような意味で，手続的側面においても，いろいろな場面で，脳科学・神経科学の成果は活用される必要があると考えられる．

　そこで，以下では，少年審判手続や少年を被告人とする刑事事件を担当する裁判官の立場から，それぞれの場面において，脳科学・神経科学が広い意味での少年裁判実務に与える影響を検討し，併せて，18歳及び19歳の少年が全件送致とならず，検察官によって選別された場合，どのような問題が生じると考えられるのかについても検討することにする．

---

*3　例えば，「もくひけん」「ちんもく」「しょうこ」などの言葉の意味を正確に理解できない少年の場合，これらの用語を用いて告げても，権利の告知をしたとは言えない．

３．脳科学・神経科学の知見が保護処分の選択に与える影響

(1) 家庭裁判所における保護処分の選択

　家庭裁判所に少年事件が送致された場合，家庭裁判所は，まず，主任家裁調査官が事件記録の調査（インテーク）を行い，その調査結果を踏まえて，裁判官が審判不開始相当，児童相談所等送致相当，20条による検察官送致相当のいずれかの処分が必要かを判断し，これらに該当しない場合，審判開始決定をし，不処分又は保護処分にすることになる．審判不開始となるのは，軽微な事件で，少年の資質や環境にも大きな問題はなく，家裁調査官の注意や指導で再非行を防止できるケースである．不処分となるのは，審判不開始で終了するのが相当ではなく，裁判官が審判期日を開き，直接少年に対し，事実を確認し，説諭・注意をするのが相当と考えられるケースである．これらの場合，非行内容も比較的軽微であり，少年の性格や環境にもあまり大きな問題がないと判断されるものであり，脳科学や神経科学の知見が大きな影響を与えることはそれほどないと推察される．

　これに対し，保護観察又は少年院送致を必要とするケースの判断に当たっては，今後，脳科学の知見が影響を与えるであろうと推測される．すなわち，上記のとおり，少年非行には，本人ではコントロールできない脳の未成熟性が影響を与えていると考えられ，当該非行について，どの程度，この脳の未成熟性が影響を与えているのかについて，十分に検討する必要がある．そして，脳の未成熟性が大きな影響を与えているとした場合，今後，保護観察による指導によって，その非行性を除去していくことができるのか，少年院の中で，脳の脆弱性を踏まえて，これを改善していくプログラムを創り，実行する必要があるのかなどを具体的に検討する必要が生じると考えられる．

(2) 保護観察と少年院送致の選択基準

　保護処分が相当であると判断される場合でも，少年の身柄を収容しない保護観察と身柄を収容する少年院送致とでは，大きな違いがある．事案の性質や少年の非行性の程度などを総合的に勘案し，鑑別所から身柄をいったん戻した状態で，在宅のまま非行性を除去することができるのか，少年自身の問題性よりも，環境に問題があると考えられる場合，しばらく補導委託先に少年を預け，収容の要否を見極めるのがよいかなど，少年や保護者の調査を実

施しながら処遇を選択することになる.

　それでは，脳科学・神経科学の知見は，その判断において具体的にどのような影響を与えるであろうか．裁判官は処遇選択にあたり，当該少年の資質，置かれている環境から，どのような処遇が再犯防止に適しているかを考えるとともに，犯した非行の重大性も勘案する．当該非行の原因が脳の未成熟性，特に前頭前野の抑制力の欠如にあるという場合には，前頭前野の抑制力の発達が必要であるから，その観点から保護観察と少年院送致とでは，どちらが相当かを考えることになるだろう．また，非行の重大性を考える場合においても，当該非行が脳の構造や機能に起因するとすれば，少年本人の応報的責任を問いにくい半面，その社会的危険性を除去するためには，非行を抑制できるような脳の状態を形成するのに必要な教育的働きかけが必要となるであろう.

　その場合，保護観察所や少年院でも，脳科学・神経科学がもたらす知見に対応できる処遇を用意する必要が生じるであろう．2015（平成27）年6月1日から，新しい少年院法（平成26年法律第58号）が施行され，それまで少年院法に規定されていた少年鑑別所については，別途，少年鑑別所法（平成26年法律第59号）が制定・施行された．その結果，初等，中等，特別，医療の区分が廃止され，新たに第1種から第4種までの区分が設けられた.

　第1種が概ね初等，中等少年院に対応し，第2種が特別少年院に対応し，第3種が医療少年院に対応していると言えるが，より細かく処遇課程を区分し，特に障害のある少年に対する再非行防止に向けた処遇課程を明確にした．少年の中には，幼少期から虐待を受けるなどし，愛着障害を起こしている者も少なからずおり，また，知的障害，発達障害を持つ少年もいる．その場合，処罰として労働に従事させるよりも，それぞれの障害の特性に応じて再犯をせずに社会生活を継続していく力を与えることが必要である．また，前頭前野の未発達性から訪れる犯罪に対しては，これらの脳科学の知見を踏まえた処遇の在り方が検討される必要がある．その意味において，少年院においても，保護観察所においても，脳科学・神経科学の進歩がもたらす知見を活用して，よりきめ細やかな処遇を実施できるような制度が必要とされてくるであろうし，裁判官も，そうした処遇が可能となるようよりきめ細かな処遇勧告を工夫することも必要となってくると考えられる.

４．脳科学・神経科学の進歩と検察官送致の選択基準

⑴　**検察官送致（逆送）の趣旨**

　少年法20条１項は，「家庭裁判所は，死刑，懲役又は禁錮に当たる罪の事件について，調査の結果，その罪質及び情状に照らして刑事処分を相当と認めるときは，決定をもって，これを管轄地方裁判所に対応する検察庁の検察官に送致しなければならない．」と規定し，同条２項は，「前項の規定にかかわらず，家庭裁判所は，故意の犯罪行為により被害者を死亡させた罪の事件であって，その罪を犯すとき16歳以上の少年に係るものについては，同項の決定をしなければならない．ただし，調査の結果，犯行の動機及び態様，犯行後の情況，少年の性格，年齢，行状及び環境その他の事情を考慮し，刑事処分以外の措置を相当と認めるときは，この限りでない．」と規定する．２項が規定する「故意の犯罪行為により被害者を死亡させた罪」とは，殺人のほか，傷害致死，強盗致死，保護責任者遺棄致死など故意犯による致死罪が含まれる．同項は，2001（平成13）年４月から施行されている改正法に基づく規定であり，それまでは，同項に規定する罪を16歳以上の少年が犯した場合でも，１項の基準により処理されていたが，16歳以上の少年が重大な罪を犯した場合には原則として刑事処分にすべきだという世論を背景として改正されたのである．併せて，16歳に満たない者は検察官送致の対象から除外されていたのであるが，14歳以上であれば，検察官送致が可能となる改正も併せて行われた．

⑵　**検察官送致の運用の実情**

　上記のとおり，刑事処分対象年齢は14歳以上に引き下げられたが，実際には，14歳，15歳で検察官に送致された少年の数はわずかであり，また，検察官に送致された少年の８割以上が18歳，19歳の少年である．

　14歳及び15歳の検察官送致が少ないのは，もともとこれら年少少年の場合には，凶悪な事件は少なく，責任能力があるとはいえ，環境の影響を受けやすいことなどから，保護処分に適しているケースが多いものと考えられる．また，一定の重大犯罪では，16歳以上の少年については検察官送致を原則とする法改正が行われたため，多くの事件が検察官送致となっている．中には，再犯防止や原因の探求という意味では家庭裁判所の保護処分に付するために十分な調査を遂げるのが相当と考えられるものの，事件の重大性等から，保護不適と判断

されているケースが相当含まれているのではないかと考えられる.

(3) 検察官送致に与える脳科学・神経科学の影響

　それでは，最近の脳科学・神経科学の知見は，これにどのような影響を与えるであろうか. これは，「少年」をどのように見るのかに関わる大きな問題である. かつて少年（子ども）について小さな大人だと考えられていた時代から，少年の持つ特性に気が付き，少年としての保護の必要性に着目して少年法が形成されるに至った. しかし，その後，米国でも，日本でも，少年の重大な犯罪が起きると，これを厳罰に処すべきだという世論が形成されていった. そこでは，特に人命を奪うような重大な事件を犯し，かつ，責任能力がありながら，わずか数年で出所を認める少年院での処遇では軽すぎて納得できないという被害者やその親族及び一般市民の感覚が基礎になっている.

　しかし，家庭裁判所での実務の感覚から言えば，重大な事件を起こす少年の場合，事件が重大であっても，精神的には極めて未成熟なケースが相当ある. また，幼少期からの環境が劣悪であり，かつ，愛着障害があって共感性を育てることができなかったというケースもみられる. 近時の脳科学・神経科学が明らかにした所見と，この実務感覚とは照応する部分が多い. そこで，今後，脳科学・神経科学が与える影響を考えると，次の2点について検討が必要である.

　一つは，一般的に少年期においては，前頭前野の神経細胞の発達が未成熟であり，その未成熟さは，少年が犯罪を実行するに至る抑制力の欠如をもたらし，しかもその時期は25歳前後まで続くということである. そのことは，総じて少年期は類型的に責任能力が低いということを意味しており，重罰にする根拠を十分に説明できないうえ，その犯罪を抑止するためには，一般予防の観点からも，特別予防の観点からも，刑罰は不向きであり，むしろ，前頭前野を発達させ抑制力を付与できるような教育的処遇が必要とされるということである. 少年でも重罰にすべきだという市民感情が科学的根拠のないものであれば，それに依拠して処遇を選択することは合理性に欠けるものであり，家裁の裁判官としては，応報的観点からも，特別予防，一般予防の観点からも，教育的処遇が必要であると判断される場合には，その理由を明記したうえで，20条2項ただし書に基づき，処遇選択をすべきことがより求められてくるものと考えられる.

　もう一つは，遺伝的素質ないしは幼少期の劣悪な環境によって，脳の病変を伴う結果として，愛着障害を含む精神的な障害を抱えているケースについてである. このようなケースの中には，外見上反省をしていないように見える結果

として冷酷非道な人間と評価され，ひいては重罰が相当という市民感情を形成しやすく，それが裁判官の量刑判断に影響を与えることになりやすいものが含まれている．しかし，それが児童虐待，あるいは脳の構造的な問題に起因しているとすれば，それに対応した処遇の選択を考慮する必要が生じるであろう．

もし，そこに加害者としての少年だけに責任を負わせるのが相当でない客観的理由があるのであれば，それもまた審判書において明らかにし，重大な犯罪については，処遇選択の理由を社会に対して開示していく責任が家庭裁判所にはあるように思われる．第2章においても触れられているとおり，これまでも，心理学や精神医学の領域においては愛着障害やパーソナリティ障害等が少年非行の背後にある問題の一つとされてきていたが，そうした問題が脳科学的にも裏付けられることがはっきりとしてきている[4]．そのような問題を無視して，成人と同様に処罰するべく検察官に送致し，愛着障害等の問題を，ただ情状の一つとして取り上げるにとどまるならば，当該少年の再犯を防止することもできないし，同種犯罪の発生を予防していくこともできないであろう[5]．

以上のような諸点を考えると，今後は，更に脳科学・神経科学の成果を踏まえ，また，これらの知見を活用して，重大な事件の原因解明に役立て，同種犯罪の発生を防止するために何が必要であるのか，当該少年の再犯を防止するため，その脳にどのような働きかけを実施することが必要となるのかを明らかにしていくことが必要となるであろう．少年法20条2項に該当する場合でも，同項ただし書きの要件を充たしていると判断される場合には，16歳以上でも，少年を少年院に送致し，新しい少年院法制のもとで，必要な支援教育課程のプログラムを受けさせ，また，同課程においても積極的に脳科学・神経科学の成果を取り入れ，可塑性・教育可能性がある間に必要な教育が実施されるようにすることが，再非行の防止につながるものと考えられる．

5．脳科学・神経科学の進歩と55条移送の選択基準

(1)　少年法55条移送の選択基準

少年法55条は，「裁判所は，事実審理の結果，少年の被告人を保護処分に

＊4　NHK「クローズアップ現代〜少年犯罪・加害者の心に何が〜「愛着障害」と子供たち」NHK，2015年）参照．
＊5　児童虐待と少年非行との関係及びその防止のための弁護士の役割については，拙論「児童虐待から生じる諸問題と弁護士の役割」（『家庭の法と裁判』第18号〔2019年〕所収）参照．

付するのが相当であると認めるときは，決定をもつて，事件を家庭裁判所に移送しなければならない」と規定する．通常，55条移送と呼ばれている．その要件は，「保護処分に付するのが相当であると認めるとき」というだけで，具体的な基準は示されていない．

現在，少年事件は，全件家庭裁判所に送致され，家裁調査官が調査をした結果として，保護処分よりも，刑事処分が相当であると判断された場合，少年法20条に基づいて，検察官に送致され，これに基づいて検察官が起訴し，その結果，地裁又は簡裁において刑事事件として審理されている．したがって，少年法55条を適用して保護処分が相当かどうかを審理する場合，既に家庭裁判所において十分に調査がされたうえで，刑事処分相当という判断が示されているため，特別に例外的なケースでなければ，保護処分が相当であるとされることは少なく，その件数は限られている．

(2) 55条移送に与える脳科学・神経科学の影響

上記(1)のとおり，少年法55条移送の対象となる事件は，家裁調査官が調査のうえ，刑事処分が相当と判断された事件であり，もし，脳科学・神経科学の観点から，保護処分が望ましいと判断される場合，そもそも20条に基づき，検察官送致され，刑事裁判所において審理されるには至らない場合が多いと考えられる．しかし，20条2項本文に基づき，罪名，年齢等から検察官送致とされたが，犯罪の実情から保護相当と判断される事案もあり[*6]，今後，脳科学の知見が刑事裁判官にも広まれば，55条移送が増えることも考えられる．また，否認事件であるため，保護処分になじまず，検察官に送致した場合でも，刑事公判において，犯行を認めて反省するに至ったようなケースでは，

---

*6　少年が祖母及び実母を包丁で多数回突き刺すなどして殺害したという殺人被告事件について，刑事処分を科すよりも，家庭裁判所における保護処分に付し，少年院において，専門的，個別的な矯正教育を十分な期間受けさせ，責任を自覚させるとともに，精神面における問題性を改善させ，二度と犯罪を行うことのないよう更生を図らせることが相当であるとされ，55条により家庭裁判所に移送された事例（横浜地決平成28年6月23日・判時2342号118頁）のほか，19歳の少年に対する窃盗被告事件において，刑事処分を科すよりも，保護処分に付するのが相当であるとして，事件を家庭裁判所に移送した事例（福岡地裁小倉支決平成26年3月27日・家庭の法と裁判1号〔2015年〕139頁），また19歳の少年に対する傷害被告事件において，被告人に対して刑事処分をもって臨むことは相当ではなく，被告人の更生を図り社会適応を期するためには，保護処分の枠内で自律的な更生意欲を促すことが相当であるとして，事件を家庭裁判所へ移送した事例（東京地八王子支決平成15年6月12日家月56巻3号82頁）など．

55条による移送が相当と判断されることがある[*7].

　今後の運用としては，後に触れるように，18歳，19歳について，少年法の適用が排除された場合には，刑事裁判所にも，家裁調査官と同様の職種を置いて，脳科学，神経科学の知見も活用して，55条と同様の趣旨で，刑事処分よりも保護処分が相当と考えられる18歳，19歳については，成人であっても，家庭裁判所に移送できるとする立法的措置が必要となるであろう．

　また，本件の論点とは少し離れるが，55条移送にかかわらず，脳科学・神経科学によれば，25歳ないし20代終わりころまで，前頭前野の発達は続き，それまでは脳は完成していないとされ，そのことが事理弁識に従って自己の身体を統制する能力に影響を与えるとすれば，18歳，19歳はもちろん，20代の成人についても，刑事処分を科して，刑務所において刑務作業を行なわせ，あるいは執行猶予とするよりも，少年院等において，統制能力を高めるための教育的処遇を行うほうが，応報的な意味においても，一般予防，特別予防の観点においても，より刑事政策的な合理性を有しているように思われる．また，刑事処分を科するとしても，脳科学・神経科学の観点から，犯罪時における身体統制能力やそれが不十分であることについて被告人本人の責任を問えないと判断される場合には，その量刑にも当然影響を与えることになるだろうし，特に重大事件の場合，死刑か無期かなどの選択においても，その犯罪性向の形成過程から犯罪抑止能力の低下の責任をどの程度本人に帰責できるのかなどの諸点を慎重に検討することがより必要となってくるであろう．

6．少年法適用年齢引下げ問題と少年裁判実務

(1)　法務省の勉強会報告書の内容

　現在，法制審議会の少年法・刑事法（少年年齢・犯罪者処遇関係）部会（以下「法制審部会」という）では，少年法適用年齢を18歳未満に引き下げた場合について，18歳及び19歳の処遇をどのようにするのかについての検討が進められている（令和元年6月現在）．これは，法務省における「若年者に対する刑事法制の在り方に関する勉強会」の取りまとめ報告書（平成28年12月，以下

---

*7　住居に盗みに入り住人に発見され，逃走する際，住人に暴行を加え強盗致傷罪で検察官に送致された中国籍の19歳の少年についての裁判員裁判で，逆送は被告が強く否認していたためとみられるが，送致後犯行を認めて反省し，教育的指導になじむ状況に変化したとして家裁に移送したケース（東京地決平成23年6月30日・家月64巻1号92頁）がある．

「勉強会報告書」という）に基づくものである．勉強会報告書は，少年法適用年齢を18歳未満に引き下げることについて両論あるとしながらも，引き下げられた場合，「刑事政策的懸念」が生じることを認めたうえで，20歳未満のほか，20歳以上の若年者についても，その改善更生・再犯防止のため，次のような刑事政策的措置が考えられるとする．

① 受刑者に対する施設内処遇を充実させる刑事政策的措置
② 施設内処遇と社会内処遇との連携を強化するための刑事政策的措置
③ 社会内処遇を充実させるための刑事政策的措置（刑の執行猶予が言い渡された18歳及び19歳の者）
④ 1
⑤ 若年者に対する新たな処分の導入
（⑥以下は本論点との関係では間接的になるので省略する）

　勉強会報告書は，19歳，18歳の者について少年法の適用外とするかしないかを法制審に諮っているようにみえるものの，19歳，18歳を少年法の適用外とすることを前提として，その結果として生じる「刑事政策的懸念」を払拭するため，現行少年法の運用に匹敵する実を挙げるための施策を検討するよう求めている．つまり，現在行われている家庭裁判所での18歳，19歳の少年に対する処遇に効果があることは認めたうえで，少年年齢を18歳未満に引き下げれば，その改善更生，再犯防止に様々な問題が生じてくるので，その問題を解決するための方策を検討する必要があるとしているのである．

(2)　勉強会報告書の問題点

　勉強会報告書のいう「刑事政策的懸念」は，少年年齢の引下げをしなければ生じない問題である．勉強会報告書が考えている刑事政策的懸念を払拭するための刑事政策的措置は，20歳以上の若年者の処遇を除けば，現行少年法適用年齢を維持することによって解決する事柄である．現行法のもとで，支障なく運用されている現在の少年法制の実情に反して，無理に公選法及び民法上の成人年齢と一致させようとするので，どうしても無理が出てくるのである．どのような点に無理があるのかを上記標目に沿ってその主たる部分につき検討する．

1)　受刑者に対する施設内処遇を充実させる刑事政策的措置

　ア　若年受刑者の処遇原則の明確化及び処遇内容の充実

　　「若年受刑者は，可塑性に富む場合があり，改善更生のためにその特性に応じた矯正処遇を更に充実させることが重要である」とし，少年院

と同様の教育的処遇をするか，少年院で刑の執行ができる年齢を引き上げると勉強会報告書は言う．しかし，わざわざ刑務所で少年院と同じ教育的処遇ができる制度を設けたり，成人として処罰されているのにもかかわらず，少年院で刑の執行を行うのであれば，最初から少年院送致にするのが最も改善更生に適しているし，再犯防止にも役立つ．

イ　若年受刑者に対する処遇調査の充実

　若年受刑者の刑の執行に当たり，少年鑑別所や家庭裁判所で行われている調査を参考にしつつ，処遇調査を充実させると勉強会報告書は言う．しかし，鑑別所技官や家裁調査官の調査には，それぞれ心理学，社会学等を学び，更に研修を受けて専門的知識を習得した者が担当しており，かつ，少年鑑別所でも，家庭裁判所でも，長期間にわたり蓄積されてきた調査技法，教育的処遇の技法があり，刑務所職員が参考にするだけでは，すぐにできることではない．

ウ　自由刑の単一化（省略）

2)　施設内処遇と社会内処遇との連携を強化するための刑事政策的措置（省略）

3)　社会内処遇を充実させるための刑事政策的措置
（刑の執行猶予が言い渡された18歳及び19歳の者について）

ア　保護観察の活用のための刑の全部の執行猶予制度の見直し

　18歳，19歳について，現行制度では，少年院送致，保護観察となる少年が成人と同じ処分となれば，多くは初犯となり，かなりの部分が執行猶予で終了し，再犯防止のための措置は何もされないまま放置されることになる．その弊害を除去するため，再犯の場合でも再度の執行猶予を可能にすることを考えると勉強会報告書は言う．しかし，保護観察が必要な18歳，19歳が成人の執行猶予事案においても多くいる以上は，わざわざ執行猶予を付けて保護観察にするのではなく，保護観察相当の者については，これまでどおり保護観察にするのが端的に望ましい．

イ〜オ（省略）

4)　罰金又は起訴猶予となる者に対する再犯を防止するための刑事政策的措置

　「罪を犯した若年者については，その問題に早期に対応することが改善更生・再犯防止にとって有用である」として，現在も起訴猶予などの場合に入口支援を行っているとする．そして，少年年齢が引き下げられた場合，18歳，

19歳の者の一部が罰金又は起訴猶予となることが想定されているとし，これらの者に対する再犯防止や改善更生のための措置として，「ア　罰金の保護観察付き執行猶予の活用」「イ　起訴猶予等に伴う再犯防止措置」「ウ　少年鑑別所や保護観察所等の調査・調整機能の活用」が考えられると勉強会報告書は言う．しかし，既に罰金刑が確定した後に保護観察にするというのであれば，早期の対応は困難であり，どこまで実効性があるのか疑問がある．また，更生緊急保護の範囲を拡大し，検察官が訓戒，指導することで，少年審判における裁判官による訓戒，指導と同じような効果が期待できるのか疑問がある．十分な調査を経た上での事案ごとの適切な処遇選択ができない以上，むしろ，その弊害のほうが大きいのではないかと懸念される．

5)　若年者に対する新たな処分の導入

そこで，少年年齢を引き下げた場合，更に若年者に対する新たな処分が必要となるのであるが，その内容は，少年院において自由刑の執行を受けるとか，刑務所でその特性に応じた処遇を受けるというもので，それでも不十分な場合には，現行の少年審判に準じる処分を行う制度を導入するとの考え方もあり得ると勉強会報告書は言う．そして，法制審部会では，この「若年者に対する新たな処分」は，刑事処分であり，少年法における教育的処分ではないとしたうえで，その多くは執行猶予となる比較的軽微な事案であるから，その処分は施設収容を伴わない保護観察的処分になるであろう．しかし保護観察だけでは実効性がないので，遵守義務違反があれば施設収容もあり得るとし，その場合の施設収容は少年院のような教育的処遇ではなく，刑事処分であるから，比較的軽微な犯罪についての施設収容となると，ある程度期限を区切る必要がある．また，遵守事項違反だけで施設収容にしてよいかどうか，などの議論が行われている．しかし，そもそも，家庭裁判所で少年に対する保護処分が効果を上げているのは，健全育成を目的とし，少年自身に内省を深めさせ，個別的な詳細な調査を踏まえて，事件受理時から調査，審判を経て，執行に至るまで，その少年に適合した処遇の選択を継続的，組織的に行ってきているからである．起訴猶予となった者について，刑事処分（不利益処分）として，かつ，軽微な事案にふさわしい範囲内で，少年の変容を図るということは困難である．そのような考え方では実効性を期しがたいというのが少年審判に携わる者の実感である．少年年齢の引下げをして，むりやり同じような制度を作ろうとしても，かなり無理のある不合理なシステムを作ることになり，後世において批判を受けることは避けられないであろう．

7. 少年法適用年齢が18歳未満に引き下げられた場合の問題点

(1) 脳科学・神経科学の進歩からみた少年法適用年齢

そこで，改めて，脳科学・神経科学の視点から，少年法適用年齢についてみると，6で検討した少年法適用年齢の引下げは，非難可能性との適合性，一般予防，少年の改善更生の可能性，再犯防止の可能性のいずれの側面からみても，合理性に欠けているというほかない．

第1に，脳科学・神経科学の視点からみると，18歳及び19歳程度の脳というのは，前頭前野の発達が遅れており，それだけ情動的な行動を抑制しにくい状態にある．つまり，近代法における自由な意思決定による行為であるから責任があるという考え方からすると，むしろ，成人と区別して取り扱うことが合理的である．もちろんかつてのソビエトのように，情動のコントロール力が足りないほうが危険であるから収容すべきだという保安処分的な考え方を採るのであれば別であるが，それは近代法の行為責任の理念に逆行するものである．また，執行猶予となるよりも，保護観察及び少年院送致のある保護処分のほうが一般予防の効果も高いと考えられる．

第2に，少年の改善更生及び再犯防止のためには，脳科学等が明らかにしつつある脳の機序をよく検討したうえで，これに適合する形での矯正教育，環境調整が必要とされるのである．まさにそのような時期において，これを刑事処分にして執行猶予や起訴猶予にしてそのまま放置した場合，これまで手厚く家庭裁判所及びその執行機関である少年院，保護観察所で積み上げてきた努力が無に帰するだけではなく，脳科学等が明らかにしつつある知見を利用することさえできなくさせることになる．

第3に，それを防ぐために法制審部会では，若年者の新たな処分を検討しているのであるが，6でみたとおり，結局は，少年鑑別所及び家庭裁判所が長年にわたり蓄積してきた一人ひとりの少年に対する深い調査を踏まえた個別的な改善更生・再犯防止プログラムに立脚した処遇により維持されてきた少年司法の利点を補うに値するだけのことを，成人と同じ処理をしながら実施するというのは，極めて困難であると言わざるをえない．

(2) 少年年齢が引き下げられた場合の問題点

現行の少年法制のもとで，脳科学・神経科学が明らかにした成果を利用して，

少年の改善更生及び再犯防止に効果のある処遇を実現していく必要性が高まっている状況下で，少年法適用対象を18歳未満にした場合，逆に，これまで長年にわたり，実施されてきた少年司法の根幹が覆される危険が存在する.

　すなわち，家庭裁判所での経験から言えば18歳，19歳の少年は，まだまだ未熟であり，可塑性があるというのが現実の姿である．これを，そのまま成人として，処遇するとなると，よほど大きな罪でもない限り，罰金刑であれば，親が金を払って終わりになり，懲役刑，禁錮刑に処せられる場合でも，初犯であれば執行猶予が付されるのが通常であり，非行性が進んでおり，改善更生や再犯防止のための働きかけが必要な場合でも，事案が軽微であれば，起訴猶予で処理され，新たな処分も，その事案の範囲に限定されてしまうのである.

　上記のとおり，非難可能性という責任の側面においても，成人と同視するのは合理性に欠けているし，実際の処遇においても，改善更生にも，再犯防止にも役立つ方途が十分に講じることができなくなることは明らかである.

8．まとめ

　私は，裁判官になり，初任明けで佐賀家庭裁判所に赴任し，同所で，令状処理は別として，少年事件を初めて担当した．そこに暴力団の組長の息子が非行事件を起こして送致されてきた．あまりの環境の悪さの中で，どうしたら非行性を除去できるだろうかと何度も家裁調査官と議論を重ねた．できれば収容しないで立ち直りを図りたいと補導委託も利用した．しかし，その後も再非行があり，最終的には少年院に送致することになった．そこで少年の処遇の難しさを実感し，暴力団と接するしかない環境の中でどうやって立ち直らせるのかなどの課題を突き付けられた．その後，最高裁判所事務総局家庭局付に任ぜられ，少年担当の局付として，全国の家庭裁判所における少年事件の処理について詳しく知る機会を得たし，家庭裁判所に流れる，何としても，一人の少年を非行から立ち直らせ，まっとうに生きることができるようにしたい，それが社会のために必要なことだという精神を学んだ.[8] 社会から非行をなくさなければならない，少年には，事理弁識ができても，それに沿って自己の身体を統制した行動がとれない未発達性，未熟性があり，その半面，非行性を除去できる可塑性があり，成人と異なる処遇を選択すること

＊8　清水聡『家庭裁判所物語』（日本評論社，2018年）参照.

に合理性があり，かつ，働きかけるだけの価値がある．そうした教育的処遇をするという熱意をもって，家庭裁判所，保護観察所，少年院の職員が，日々，個々の少年と面と向き会い対峙することによって処遇効果をあげてきているのであり，これを刑事処分にして同様の効果を得ることは期待できない．

そのことをぜひ多くの人々に知っていただきたいと思う．そうすれば，単純に成人年齢を引き下げるのだから，少年年齢も引き下げればよいという安易な結論は出せないことに気が付くと思う．

また，今後，ますます脳科学・神経科学は，人間の脳の仕組みを解明し，どうすれば社会から犯罪というものをなくすことができるのかについて有用な知識を与えてくれると思われる．児童虐待が脳に損傷を与え，そのことが少年非行につながるとすれば，まずは児童虐待が起きない社会環境を整えることが少年の非行，ひいては犯罪の防止のために必要である．裁判官は，そうした科学的な成果に立脚し，感情的にならずに，冷静に対処することが求められている．青少年期の人間は，思ったほどには自分をコントロールできない存在であり，脳機能に障害を持つ少年も含まれている．そのことを踏まえたうえで，少しでも多くの人が非行性を除去するための方法を習得し，実践することが必要とされていると考えられる．脳科学・神経科学は，そのために役立つ知見を今後も与えてくれるであろう．

［文献］

安倍嘉人・山﨑恒，2018，「少年法適用年齢の引下げについて考える」（『家庭の法と裁判』，No.16，57-70頁）．

川﨑二三彦・友田明美・大塚正之，2019，「特集：児童虐待とその影響」（『家庭の法と裁判』，No.18，14-35頁）．

裁判所職員総合研修所監修，2012，『重大少年事件の実証的研究——親や家族を殺害した事例の分析を通して』司法協会．

友田明美・藤澤玲子，2018，『虐待が脳を変える——脳科学者からのメッセージ』新曜社．

藤川洋子，2010，『非行と広汎性発達障害』日本評論社．

藤田政博，2013，『法と心理学』法律文化社．

守屋克彦ほか，2018，「少年法適用年齢引き下げは何をもたらすか」（『別冊法学セミナー』No.252．

（おおつか・まさゆき）

第11章

脳科学・神経科学の観点から見た少年司法の展望

山口直也

1. 脳科学・神経科学のインパクト

現在、自然科学の領域における脳科学研究が活発に行われている。そして、脳科学の観点から物事を分析する手法は一般的に受容されている。このことは法学の領域においても例外ではない。特に、米国の法学研究においては、脳科学・神経科学の知見を援用したうえで、心理学との融合を図った神経法学（neurolaw）という学問領域が独自の存在意義を示しつつある。神経法学とは、刑法上の刑事責任あるいは民法上の不法行為責任といった責任能力の問題のみならず、民法上の同意能力、監護能力、婚姻能力あるいは刑事手続上の訴訟能力といった法的能力など、様々な局面における法学・医学・心理学の融合を目指す新しい学問領域である。研究対象は、民事事件、刑事事件、少年事件における法延内での証拠利用性研究、脳死、脳損傷などの脳障害研究、青少年の発達段階など広範な分野に及んでいる（Jones et al 2014）。その中でも、刑事責任、量刑、取調べの問題は中心的課題であり、特に生物学的に未成熟な少年については多くの関心が寄せられており、ローパー判決以降以降の展開も踏まえて少年司法の領域を対象とした研究が活性化している。

本書はまさにこの点に絞って検討を加えてきたが、既存の研究において明らかになった脳科学・神経科学の知見をあらためて整理するにと以下のようになる。

まず、人間の脳は器質的にも機能的にも20歳代半ばまで発達段階にあり、危険や利益を評価して目的に向けて行動を営む機能を営む前頭葉の一部である

前頭前野の発達が不完全であるということ，そして，危険行動や報酬（見返り）を重視した行動の動機付けといった，いわゆる社会情緒システムを司る大脳辺縁及び傍大脳辺縁に存在する扁桃体および側座核の機能が不完全であるということである（第1章参照）．すなわち，衝動的行動を抑制する前頭前野と感情を司る大脳辺縁系との成熟が不均衡（ミスマッチ）化していて，衝動的な行動がうまくコントロールされず暴発してしまうことが避けられない状況にあるということがわかったのである（友田 2019）．また，このような一般的に人間の成長段階で現れる正常脳科学領域における人間の脳の未成熟性に加えて，精神的・物理的虐待などのいわゆる外的要因が人間の脳の正常な発達を阻害して，人間の認知や情緒の発達基盤とされる愛着（アタッチメント）形成に悪影響を及ぼしていることが明らかにされている（第2章参照）．加えて，従来から指摘されている少年のエピソード記憶の脆弱性や被暗示性の強さに加えて，少年の知的活動，行動，情動のコントロールに関わる認知機能（実行機能）が，人間の脳の各部位の発達によって裏付けられることが認知心理学の領域においても支持されつつある（第3章参照）．

　もっとも，脳科学・神経科学の知見が人間の行動を科学的に分析することにおいて万能ではないこと，それを司法との関係で扱う局面においては，社会的文脈の中で一要素としてのみ機能しうることを謙虚に受け止めることは重要である（第4章参照）．

　本最終章では，これらを踏まえたうえで，非行原因と非行少年への対応の在り方，少年司法・刑事司法における少年に対する適正手続保障の在り方，少年審判における要保護性判断及び刑事処分相当性判断の在り方，刑事裁判における量刑判断の在り方，そして，現在，法制審議会少年法・刑事法（少年年齢・犯罪者処遇関係）部会（以下，「部会」とする）で議論されている（部会 2018, 2019），少年法適用年齢引き下げおよび若年者に対する新たな処分の妥当性について，脳科学・神経科学の観点から検討したうえで，若干の提言を行いたい．

２．脳科学・神経科学と少年非行

　一般的に少年非行（犯罪）の原因については，生物学的要因，心理学的要因及び社会学的要因を通じて種々の説明が繰り返されてきたが，非行の原因が一つにとどまることはなくこれらの原因が複合的に非行の機序に作用して

いるとされる．近年の脳科学・神経科学の知見もこれらの諸要因の一つの要素として，その説明原理に加えることも否定されるべきではない．脳科学の分野は，特に正常脳科学の観点からすれば，20代半ばまでのアンバランスな状態がマッツァの漂流理論やハーシの絆理論における少年の精神状態を裏付けるエビデンスになり得るように思われるし，また異常脳科学の観点からすれば，虐待による脳の損傷が愛着障害あるいは素行障害もしくはその両方をもたらして非行へと走らせることのエビデンスになり得るようにも思われるからである．

脳科学の観点から少年非行の原因を探る場合には，従来，脳の機能的障害との関係で論じられる少年の発達障害の視角から非行を類型化することには一定の意味があるように思われる．一般社会における発達障害の少年の割合に比べて，非行少年として少年院に収容された者の割合が比較的高率であるからである（藤川 2010: 28-30; 文部科学省 2012）．

本書では，少年非行を，DSM-5診断基準（アメリカ精神医学会 2014）による発達障害やその他の障害とは関連しない一般的非行類型（第Ⅰ類型），他者の基本的人権または年齢相応の社会的規範または規則を侵害することが反復持続する行動様式である，純粋な素行障害（Conduct Disorder）という非行類型（第Ⅱ類型），発達期の知的機能と適応機能両面の欠陥を含む，いわゆる発達障害の基盤をもつ素行障害（発達障害型素行障害）としての非行類型（第Ⅲ類型），そして，幼児期の母子間の愛着関係の形成不全による愛着障害の基盤をもつ素行障害（愛着障害型素行障害）としての非行類型（第Ⅳ類型）への分類を試みる．

このように分類した場合に，脳科学，特に人間が成長の途上で一般的類型的にその器質および機能において未成熟性を有するとする正常脳科学の観点からすると，第Ⅰ類型の非行については，危険の評価，衝動・感情の規制，将来予測・計画化，意思決定といった認知統制機能が未成熟であり，感情的に短絡的な行為に従事しやすい脳機能が基盤にあると言えそうである（第1章参照）．もっとも，実際の非行は環境要因も加わって複合的に発生することは言うまでもない．

一方で，第Ⅱ類型の素行障害と診断される非行少年の脳については，正常脳科学の対象であるのか，それとも，生育過程において外的要因が加わって脳の発達が阻害されることにより脳の器質的・機能的問題が生じる，いわゆる異常脳科学の対象であるかは現状では明らかではないものの，特に前頭葉と側頭葉において構造的異変が存在することが近時の研究で明らかにされて

いる（Fairchild et al 2016）．本能や原始的感情に関する機能を司る大脳辺縁系に存在する扁桃体や側座核に加えて，思考，創造性，状況判断など高度な精神活動を営み，話す，書くなどの運動を伴う言語機能を司る前頭葉部分と主として聴覚情報の処理を行う側頭葉部分の成熟度が，同年齢の健全な成長段階にある少年に比べて有意に劣っている点は，粗暴かつ破壊的なふるまい，虚言，家出，怠学などの問題行動を伴う素行障害少年の脳科学上の特徴と言えそうである．もっとも，この類型の非行少年についても，実際の非行は環境要因も加わって複合的に発生するものと考えられる．

　また，自閉症障害，学習障害，注意欠陥・多動性障害などの発達障害を有する少年の場合は，主として，認知機能を司る前頭葉の機能障害があることに加えて，情報処理経路（情動回路）[*1]の障害から，その発達過程において感情の言語化能力（情動認知）が乏しく共感不全に陥りやすいがゆえに，心身症，転換障害，素行障害へと進展して人格障害や引きこもりなどの社会的適応障害になることが指摘されている（相原 2008）．そしてこれらの障害は先天的・遺伝的原因によるとの見解が多く示されているが，多動性や衝動性は反社会的行動と最も相関性が高く，注意欠陥・多動性障害と診断された者の30％程度は素行障害を伴っているとの疫学的研究結果もある（原田 2018：96-97）．これが遺伝によるか否かは確定的ではないが，発達障害が基底にあって環境要因も加わって非行へと発展するのが，第Ⅲ類型の素行障害の特徴と言うことができる．

　さらに，愛着障害を有する少年の場合は，養育者等の心理的虐待，身体的虐待などのいわゆるマルトリートメントによって，少年と特定の母性的人物に形成される強い情緒的な結びつき（愛着関係）が阻害されている．すなわち，少年が幼少期から継続的に情緒的欲求や身体的欲求を無視されたことによって，心の安全基地としての居場所形成がなされずに情緒的な安定が得られず，DSM-5で分類される「反応性愛着障害」や「脱抑制型対人交流障害」の場合には，多動性障害，解離性障害，うつ病性障害，境界性パーソナリティー障害などの重篤な精神疾患へ推移するとされている（第2章参照）．この反応性

　＊1　脳における情報処理システムは，外部世界から受けた視覚などの情報が間脳の一部である視床を経て，①大脳皮質の感覚領野で“知覚”され大脳皮質連合野を経て前頭葉で“意思決定”し，大脳基底核で“行為”として発出されて視床へ再び戻る「認知回路」と，②視床から直接，情動を司る大脳辺縁系の扁桃体へ伝わり視床背内側核を経て前頭葉に至る「情動回路」の二つがある．相原正男，2008，「認知神経科学よりみた情動／認知機能の発達──発達障害を理解するために」山梨医科学誌，23巻2号，21頁-31頁．

愛着障害と診断される者の脳については，情動を司る大脳辺縁系，特に，報酬，快感，嗜癖，恐怖などに重要な役割を果たす側座核が存在する腹側線条体の機能に障害を引き起こしていることがわかっている（友田2016; 第2章参照）。また，素行障害との関連では，就学前の段階から愛着形成阻害が繰り返されると，子どもの怒りは"恨み"に変わって人格に根づき，反社会的行動をとる準備段階の反抗挑戦性障害という段階に至り，その25%～47%の者が青年期に素行障害を呈すると言われている（原田 2018: 98）。このような愛着障害の素因を有した素行障害を第Ⅳ類型の非行と分類することが可能である。

　このように脳科学・神経科学の観点から非行類型を分類すると，第Ⅰ類型から第Ⅳ類型までの非行少年については，いずれも脳の未成熟・未発達あるいは器質的・機能的障害があることになる。これらを少年司法の場において，理論上，実務上，いかに位置づけていくべきかについては慎重な判断が必要であるが，現時点では，第Ⅰ類型については，多くの場合は脳の正常な発達の阻害要因，すなわち，精神的・身体的疲労をもたらす過度のストレス，デジタル情報への過剰な接触，薬物・アルコール摂取，大気汚染などを回避して，学習・運動・睡眠の機会を確保することが健全な成長を促進することにつながる（Jetha et al 2012: 62-66）。そのうえで，少年期に固有の脳の脆弱性に配慮した捜査機関，司法機関，矯正機関および更生保護機関の対応が必要となる。また，第Ⅱ類型ないし第Ⅳ類型の非行については，この一般的対応に加えて，それぞれの障害の医学上・心理学上の特性に配慮した対応が不可欠になるように思われる。以下では，この点について若干の検討を行うものである。

3．脳科学・神経科学と新しい適正手続（Due Process）保障の在り方

　少年司法手続においても憲法上の適正手続保障が及ぶのは当然のことである。犯罪少年に対する捜査においては，特に被疑少年の取調べ段階で弁護人依頼権，黙秘権の告知がなされなければならず，犯罪捜査規範204条・207条，少年警察活動推進上の留意事項第5において，少年の特性に配慮した取調べが行われなければならないことが明記されている。また審判段階では，少年法22条1項に基づいて懇切かつなごやかな審判が行われ，公判段階では，刑事訴訟規則227条に基づいて懇切な審理運営がなされている。このように少年司法手続において少年の特性に配慮した対応が求められるのは，少年法1条が少年の健全育成を目的として，未成熟で可塑性に富む少年の情操保護が

重要視されるからである.

　では，各手続段階では，実際にいかなる特別の配慮がなされているのか．その内容および方法に関しては，担い手の個別の裁量と特性に委されている部分が大きいのが実情である．脳科学，神経科学の知見が問題提起した課題は，これについて子ども（少年）の成長発達権，すなわち脳の発達を含めて健全に成長していく権利の観点から如何に捉え直すべきかという点である．

　捜査段階における少年への取調べに関してJ.D.B.判決は，脳科学，神経科学の知見を踏まえて，「子どもは子どもであり大人ではない」というシンプルな事実を再確認したうえで，大人にとっては常識と思われることであっても，少年にとっては常識でない場合が多いこと，したがって，大人とは異なった方式による適正手続保障の在り方について示唆的な見解を示したのである（第6章参照）．従来，未成熟な少年の取調べにおいて共有されてきた認識は，少年は，その年齢の発達段階に応じて，記憶の機能が脆弱であり，大人の誘導にかかりやすく被暗示性が強い，そして，大人の意見に迎合する度合いが高いということである．この認知心理学の知見について，fMRIの技術は，脳科学による一つの裏付けを与えたことになる．人間の記憶のための認知機能を司る，いわゆる認知回路の到達点である前頭前野が子ども期を通じて未発達であることは被暗示性の強さを，苦痛を回避して快楽を追求する，いわゆる情動回路の出発点である大脳辺縁系の扁桃体の未成熟が迎合性の高さをそれぞれ示していることが明らかにされたのである．また情動や感情的調整に関わる熱い実行機能（hot executive function）の発達が遅いということは，欲求，情動，損得に関わる状況では，客観的な判断，長期的展望に立った判断が困難であり，目先の利益に流されやすいことも明らかにされている（第3章参照）．そして，特に素行障害を伴う第Ⅱ類型ないし第Ⅳ類型の少年については扁桃体の異常が大きいことがわかってきている（原田2018: 95; Noordermeer 2016）．いずれにしても，このような状況の中で，少年の取調べにおいて虚偽自白を誘発し，多くの冤罪を生んできたことは否定できない事実である．

　われわれは脳科学，神経科学，認知心理学の知見を前にして如何なる対応策をとるべきか．

　まず，少年が刑事司法機関と最初に接触する警察段階においては，この段階が少年のその後の立ち直りも含めて将来に大きな影響を与える重要な段階であるとして国際人権基準においても特に重視されていることに鑑みて，少年に威圧感を感じさせることなく，プレッシャーがかからない環境の中で，少年の発達段階に応じたわかりやすい言葉および内容で，場合によっては言

葉を置き換えて，弁護人依頼権，黙秘権の実質的意味および意義について説明する必要がある．少年は一般的に脳が未成熟で認知回路自体が脆弱だからである[*2]．また，少年の弁護，援助を行う弁護人およびその他適切な援助者についても同様の対応が必要であることは言うまでもないが，少年との人間関係を構築するうえでは，上述の少年の特性を踏まえたうえで弁護活動および援助が展開できる専門的資質を備える必要がある．そのうえで，少年が取調べにおいて弁護人および適切な援助者が取調べに立ち会ったうえで発話内容に関する理解を助けることで，未成熟な少年の黙秘権を実質化することができるのである[*3]．なお，第Ⅱ類型ないし第Ⅳ類型の少年については特に物事を理解する能力が劣っていること，また，素行障害がある場合にはむしろ情動性が強いことから，これらの点についてさらなる配慮が必要となる．さらに，J.D.B.判決でも指摘されたように，大人にとっては当たり前の物理的環境であったとしても，子どもにとっては精神面に与える影響が大きい場合もあることから，身柄拘束をできるかぎり回避することを原則として，最終手段として身柄拘束が必要不可欠な場合であっても，警察署の代用刑事施設における被疑者勾留ではなく，勾留に代わる観護の措置を執ることを基本とすべきことは言うまでもない．

　また，このことは捜査段階だけではなく，家庭裁判所における少年保護手続，検察官送致決定後の刑事司法手続においても，同様に考慮されなければならない問題である．脳が器質的かつ機能的に未成熟である少年に対する適正手続上の権利保障は，単に弁護人依頼権，黙秘権を保障して告知・聴聞の機会を十全ならしめるというだけではなく，少年にとって何が"適切（Due）"か，その内容を少年の基準にたって再構築したうえでなされなければならない．

4．脳科学・神経科学と少年保護事件の調査・審判

　上述した少年の脳の未成熟性は，現在の少年保護事件の調査・審判の在り

---

*2　米国諸州においては，警察官がわかりやすい言葉で権利告知をすることを義務づけられている．See e.g., Ala. Code §12-15-202(a)(2019), Ark. Code. Ann. §9-27-317(2019), Neb. Rev. Stat. Ann. §43-248.01(2019).

*3　この点，米国の多くの州では，少年が弁護人依頼権，黙秘権を放棄して供述する際には，親，保護者あるいは法定代理人の立ち会いが法的に義務づけられている．See e.g., Col. Rev. Stat. Ann §19-2-511(2019), Conn. Gen. Stat. Ann. §46b-137(2019), Mont. Code. Ann. §41-5-331(2019) , N.C. Gen. Stat. Ann. §7B-2101(2019).

方にも一定の変容をもたらす可能性がある.

⑴　社会調査の現状と新たな視点

　まずは社会調査の在り方である.

　家庭裁判所調査官による社会調査は，裁判官の社会調査命令にしたがって，医学，心理学，教育学，社会学その他の専門的知識を活用して，少年本人については，その家庭や保護者との関係，境遇，経歴，教育の程度および状況，不良化の経過，性行，事件との関係，心身の状況等を，家族および関係人については，経歴，教育の程度，性行および遺伝関係等について行われる（少年法9条，少年審判規則11条）．調査方法は，少年，保護者等への面接調査はもとより，各種機関への照会調査，家庭・学校等への訪問調査，医学的検査等の各種検査が行われる．社会調査の目的は，少年の要保護性，すなわち，犯罪的危険性（再非行の可能性），矯正可能性，保護相当性を認定するための専門的資料を提供することにあるが，このうち，中心概念である犯罪の危険性を見極めるために，主として，少年の全人格の理解および家族の理解に努めてきたといえる．このように人間諸科学の知見に基づく大局的要保護性判断が行われてきており，そのプロセスで試験観察などにより家裁調査官のケースワーク的機能が発揮されてきたのである.

　しかしながら，2010年以降は，生物学的要因（Biological factor），心理学的要因（Psychological factor）および社会学的要因（Sociological factor）を踏まえてアセスメントする，いわゆるBPSモデルに依拠して非行のメカニズムをミクロ・マクロの両視点から分析する社会調査が主流になっている（畔上他2015）．特に，粗暴非行，薬物非行，性非行，放火非行については，最高裁判所家庭局の特別研究として，いくつかの家庭裁判所調査官が，BPSモデルに依拠した「調査支援ツール」を開発して，調査方法・内容を一定程度類型化した一種のマニュアルを発表するに至っている（東京家庭裁判所他：2011-2013）．もっとも，これらの調査支援ツールのみに依拠して要保護性調査が行われているわけではなく，従来どおり，対象少年の全人格の把握に努めながら一つのツールとして利用する社会調査も依然として行われている.

　いずれにしても，これらの社会調査において脳科学・神経科学の知見が意識されているかといえば，現状ではほぼ皆無であると言っても過言ではない．旧来の遺伝関係の調査，BPSモデルに基づく少年本人の生物学的調査においても，心理テスト，知能検査，DSM基準による診断，脳波測定，薬物使用による症状診断などは行われるが，fMRIに基づく脳画像診断，それに基づ

く臨床判断に至っていないのはもちろんのこと，脳の未成熟性の観点からの非行分析は行われていない（第8章参照）．

　また，少年鑑別所における心身鑑別においても，医学，心理学，教育学，社会学その他の専門的知識および技術に基づいて，面接，心理検査，照会，行動観察などの方法によって行われている．近年は，再非行の可能性および教育上の必要性を定量的に把握する目的で，欧米で重視されるRNR原則（リスク原則，ニーズ原則，レスポンシビリティー原則），すなわち，再非行の危険性の程度に応じた処遇水準で，再非行に密接に関連する問題性の低減に焦点をあてつつ，対象者の特性に適合した処遇を行うという考え方を基盤にした法務省式ケースアセスメントツール（Ministry of Justice Case Assessment tool, MJCA）を開発して，心身鑑別の場で少年の要保護性測定の一つのツールとして用いている（二ノ宮 2014）．生育環境，非行歴，再非行防止，処遇の必要性に関わる52項目にわたる質問に対する回答を分析することで，再非行の可能性を10.1%から78%の4段階で評定するというものである．もっとも，MJCAの評定結果だけで要保護性，特に累非行性を判断するわけではなく，面接，心理検査，行動観察，外部資料などで鑑別結果を画定するのが一般的である．したがって，少年鑑別所の心身鑑別もまた脳科学・神経科学の知見が活用されているわけではない（第8章参照）．

　このように，社会調査においては，対象少年の全人格を把握したうえで個別のニーズに応じた保護の必要性を明らかにしなければならないが，調査官調査，心理技官調査において対象少年の心理学的分析は種々の検査を用いて行われているものの，少年一般あるいは当該対象少年固有の心理学上の特徴を支える生物学的知見が十分に活用されているとは言えない状況にある．本書で紐解いた正常脳科学，異常脳科学の知見は，少年のこれらの心理学上の特徴を説明する重要なエビデンスである．これからの社会調査は，これらの知見を応用することによってその精度が高まるのではないだろうか．

(2) 少年審判における脳科学・神経科学の応用

　第5章ないし第7章で触れたように，脳科学・神経科学の発展がもたらした法実務および法学領域へもたらした結論は，犯罪を行った少年の帰責可能性（culpability）が減少するというものであった．すなわち，少年が未成熟で自己決定能力が低く，より危険を好む傾向にあるという脳科学・神経科学上のエビデンスは，少年の是非弁別能力および行動制御能力の未完成を意味し，犯罪遂行の意思決定に至るまでの諸事の認識・認容が成人のそれとは異なる

ことを意味しているという事実である．したがって，少年審判において，非行事実および要保護性を認定する際には，この結論は大きな意味を持つようになる．

　まず，主として保護処分が想定される通常の審判においては，弁護士付添人は少年の非行事実の客観的罪質評価に一般的類型的に内在する少年固有の脆弱性，さらには第Ⅲ類型および第Ⅳ類型の少年については障害に基づく情動性に由来する犯罪性について意見書等で指摘すること，あるいは裁判所に対して鑑定の実施を求めることが必要になるであろう．一見残虐に思える行為態様や無謀・身勝手に思える犯行動機についても，そのことが青少年期固有の脳の器質的・機能的未成熟性に由来する部分があること，また生来的あるいは後天的障害に由来する脳の機能障害に起因することを主張することは，成人による犯行とは異なる少年による犯行としての適正な罪質評価に結びつくように思われる．また，犯罪的危険性および保護処分による矯正可能性についても，対象少年に特徴的な心理的未成熟性およびそれを根拠づける当該少年固有の脳の未成熟性また障害に由来する脳の未成熟性を主張することは，当該少年の適正な要保護性評価に結びつくのではないだろうか．

　では，審判官はどのように対応すべきか．

　家裁調査官による少年調査票および少年鑑別所による鑑別結果通知書における処遇意見が脳科学・神経科学の知見を踏まえたうえで付されたものであって，弁護士付添人の意見もそれを踏まえたものである場合，あるいは鑑定の結果が脳の脆弱性を示すものである場合，審判官による要保護性判断も，上記の点を踏まえたものでなければならない．送致事実である非行事実の犯情を犯罪的危険性評価，矯正可能性評価に組み込む場合であっても，当該犯情自体が成人の刑事裁判によって一般的客観的に評価されるそれとは異なることを銘記しなければならないように思われる．

　そして，このことは，少年法20条1項および同2項における刑事処分相当性判断あるいは要保護性評価としての保護相当性判断（いわゆる二元論における保護不適判断）においてより如実となる．

　同条1項逆送決定において審判官は，社会調査の結果および付添人の意見を踏まえたうえで，罪質および情状に照らして刑事処分相当性を判断しなければならない．まず罪質については，いわゆる狭義の犯情に相当する要素，すなわち，犯罪の種類，犯罪結果の大小・程度・数量，犯罪の動機・方法・態様等を指すが，過去の1項逆送決定審判において，犯行の客観的状況である犯行方法の残虐性や主観的状況である動機の身勝手さ等に判断する場合に，

少年が一般的類型的に有する脳の未成熟性あるいは後天的な脳障害による認知機能の歪みや行動統制機能の脆弱性が考慮されることはなかったと言ってよい．せいぜい，情状の一要素しての少年の性格，年齢を含む一身上の事情の中で，虐待の事実や臨床上の診断を伴う発達障害などの事実が考慮されるに過ぎなかったと言える．

さらに同条2項原則逆送決定においては，いわゆる特段の事情説による刑事処分相当性判断が主流であり，故意致死事件という類型的に重い犯情によって原則逆送が推定され，当該犯情を覆すほどの特段の事情としての情状がある場合にのみ，例外的に家庭裁判所の審判に付されるという運用，あるいは情状を含めて総合考慮をするものの，犯情を重視して特段の事情がない限り逆送決定するという運用がなされている[*4]．

しかし，この点については，第9章のケースセオリーでも指摘されているとおり，弁護士付添人からは，保護処分の不相当性，すなわち保護不適としての刑事処分相当性を基礎づける当該少年の犯情そのものが，少年としての一般的類型的な脳の未成熟性に由来した客観的・主観的表出物であるということを科学的証拠（専門文献・fMRI画像及び映像・専門家証人）によって主張される場合が起こりうる．そのような場合に審判官としては，証拠の採否を含めて，原則逆送を基礎づける犯情そのものの再考を真摯に行う必要があるように思われる．そのうえで，少年の情状の一要素として，当該少年に固有の先天的あるいは後天的な脳の障害を考慮することも必要になってくるのではなかろうか．

いずれにしても，脳科学・神経科学の知見は，家庭裁判所における従来の要保護性判断，刑事処分相当性判断に大きな影響を与えうる可能性を有しているように思われる．

5．脳科学・神経科学と少年の刑事裁判

では，わが国の刑事裁判において脳科学・神経科学の知見は活用されているか．この点については第9章でも指摘されているとおり，ごく限られた事例においてごく限られた用法で裁判に顕出されているというのが実情である．

この点については，本問題の先進国である米国の刑事裁判・少年審判にお

---

*4　例えば，東京家八王子支平成17年6月8日決定・家裁月報58巻8号94頁，金沢家裁平成14年5月20日決定・家裁月報54巻10号77頁等．

いても，脳科学・神経科学の知見が頻繁に援用されているかと言えば，必ずしもそのような状況にあるわけではない．裁判所はこれらの生物学的情報を証拠として採用することには，その立証趣旨との関連においても一般的に慎重な態度をとっている（Rushing 2014: 69）．もっとも，本書で検討したように，少年の帰責可能性が成人のそれに比して，一般的類型的に低減することについては共通の理解が形成されており，少年犯罪者と成人犯罪が同種の犯行態様である場合には，前者の量刑を後者の量刑より差し引くことについては大きな抵抗は生じていないように見える．

いずれにしても，今後，わが国の少年刑事裁判において脳科学・神経科学の知見が援用されていくとすれば，米国同様に量刑段階が中心となるが，特に，少年法55条に基づく移送判断，すなわち保護処分相当性に関する判断，不定期刑科刑における量刑幅の判断，無期刑又は死刑についての量刑判断において争点化されうることになろう．

以下ではこれらについて若干の検討を行いたい．

まず，少年法55条による家庭裁判所への移送決定に関する判断についてである．一般的に刑事裁判においては，保護処分の許容性，すなわち保護不適にあたらないと言えるか否かを判断したうえで，保護処分の有効性を判断する枠組みが定着しているように見える[*5]．この観点からすると，1項逆送，2項原則逆送，いずれの場合であっても，弁護人は，まずは保護不適すなわち保護処分の不相当性（＝刑事処分相当性）を基礎づける犯情について，その客観面（犯行態様・方法等）および主観面（犯行動機）に少年の脳の未成熟性が与える影響について，上述の科学的証拠を用いて立証する必要があろう．そのうえで，保護処分の有効性については，具体的には，刑事施設における受刑者処遇が与える脳の発達への悪影響を科学的証拠を用いて立証することになるであろう．公判前整理手続も含めてこれらの点が争点化されうる際には，裁判官は，証拠の採否あるいは鑑定の実施も含めて，立証事実との関係で慎重な法的判断を迫られることになるであろうが，「見てわかる証拠」について消極的である必要性は小さいように思われる．また，社会調査の段階で，これらの科学的資料が原資料として存在する場合には，刑事訴訟規則277条の趣旨からしても，積極的に取り調べることが求められることになろう．

---

*5 例えば，福岡地裁小倉支部平成26年3月27日決定・判例タイムズ1407号397頁，東京地裁平成23年6月30日決定・家裁月報64巻1号92頁等．

次に不定期刑科刑の量刑幅については，当該事案と同等の犯情が認められる成人事件との対比において決する必要があるように思われる．少年法51条および52条は，2014年の改正によって，刑罰の適正化という理由によって，それぞれ，無期刑を減軽する場合の定期刑としての懲役刑の上限を20年に，少年に一般的に科される懲役・禁固不定期刑の長期の上限を15年に，短期の上限を10年に引き上げた．その当否は別にして，この改正によって少年受刑者に対する有期刑の上限は，成人受刑者に対する有期刑の上限に近づいて，成人に対する科刑と少年に対する科刑の乖離幅が若干狭まることになった．これによって，従来，不定期刑の長期が10年とされていて，犯情の観点から責任刑として十分でないとする不満が解消されて最長15年までの科刑が可能になり，実際に刑が言い渡されている．

　しかしながら，脳科学・神経科学の観点からすれば，一連の米国連邦最高裁判決で示されたように，一般的類型的に少年の帰責可能性は低減するのであり，そのことは，故意も含めて犯罪遂行の意思決定に至るまでの認識・認容が成人の主観的要素とは異なることに由来するのであるから（第１章参照），犯行の動機はもとより，意思決定に基づく犯行の客観的側面について，成人と同様の基準で判断すべきではないことになる．さらには，一般情状面においても，少年の年齢，未成熟性一般の考慮に加えて，上述した第Ⅱ類型ないし第Ⅳ類型の障害を有する少年については，その特性に応じた考慮が必要となるはずである．したがって，少年の刑事裁判における量刑においては，犯情の見直しおよび一般情状における個別事情の斟酌により，成人の同様の事例に比して二重の減軽を思考する必要がある．そしてこのことは，いわゆる永山基準を引用しつつも，犯情を重視して死刑を選択したうえで一般情状面で例外的に死刑を回避する事情が存在するか否かを判断する，近年の死刑判決を再考する際にもあてはまるように思われる．

　いずれにしても，弁護人が量刑で争う際には，社会記録の証拠化はもとより，これで不十分な場合には，裁判所による正式鑑定の申請，弁護人側が固有に行ういわゆる私的鑑定といった情状鑑定を実施することになるであろう．この場合，通常は少年である被告人に固有の人格調査（知能，性格，行動傾向等），環境調査（家庭環境，生育歴等）を行い，犯行動機を心理学的・社会学的視点から解明したうえで，再犯予測（再犯危険性，社会復帰の適応性等）をたてて処遇意見を述べることになる（本庄 2018: 24）．ここでの鑑定は，精神医学や臨床心理学の専門的知識・技能を有する者が実施することになるが，この段階において，脳科学や神経科学の観点から医学者が関与することはあまり実

施されていないのが現状である．少年の脳の器質および機能が一般的類型的に未成熟であり，そのことが未成熟な意思決定・判断に結びついていることを，一般的に承認されている科学的証拠としての専門文献あるいは脳科学者・医学者と言った専門家証人の証言で立証し，障害の有無の確認も含めて少年である被告人に固有の人格，犯行動機の解明については，fMRI画像・映像を証拠化するとともに，同様の専門家証人の証言で立証することを模索する価値はあるように思われる．仮にこのような情状鑑定が行われるようになれば，最終的に司法判断に直結するか否かはひとまずおいても，裁判所による犯情の評価において，脳科学・神経科学の知見が一定程度の影響を及ぼしうることになるのではないだろうか．

6．脳科学・神経科学の観点から見た少年法適用対象年齢の引き下げおよび若年者に対する刑事政策的措置の適否

　現在，部会において少年法適用対象年齢の引き下げが議論されているが，部会に先立って法務省で開催された「若年者に対する刑事法制の在り方に関する勉強会」（以下，勉強会とする）では，脳科学者、精神医学者が報告を行い，人間の脳の発達が20歳代半ばまで続くという正常脳科学・神経科学の知見およびマルトリートメントによって脳の正常な発達が阻害されて発達異常をきすという医学上のエビデンスが共有された（法務省勉強会a, b 2016）．もちろん，脳の未成熟性・未発達および障害の程度だけで，責任非難を否定して保護・教育を優先すべきだとは断言できないが，少なくとも，年長少年に対して成人同様の刑事責任を追求するだけでは，少年本人にとっても社会にとっても利益にならないことが勉強会での共通認識とされたところである．

　では，なぜ少年法適用対象年齢を現行法の20歳未満から18歳未満に引き下げなければばらないのか．

　それは，言うまでもなく，民法の成年年齢が20歳から18歳に引き下げられて，18歳および19歳の少年法上の年長少年が民法上の成年となって親権が及ばない年齢層になるからであるとされる．形式的にも実質的にも国法上の統一が必要というわけである．しかしながら，現行少年法においても23歳未満まで少年院における矯正処遇および保護観察による更生保護を行って，民法上の親権が及ばない年齢層に少年法上の保護主義を及ぼして健全育成を図っているのであり，民法上の親権による保護と少年法上の保護が同一視される

必要はなかったと言わなければならない（山口a 2017: 129-131）．また，比較法的に見ても，少年の処遇を及ぼす年齢は民法上の成年年齢を超えて設定されており，国際社会においても，発達心理学上あるいは経験則上，26歳程度までの青年層の可塑性は高く，教育による処遇効果が見込まれることが共通の認識とされてきたのである（山口b 2017）．そして，この発達心理学上あるいは経験則上の認識が，前頭前野を中心とする大脳の未成熟性に由来するという近年の脳科学，神経科学の知見でエビデンスとして裏付けられたのである（第1章参照）．

　さらに，民法および少年法のそれぞれの法の趣旨からしても問題がある．

　まず，少年法は20歳未満という少年の年齢を刑事政策的保護に値する年齢層として積極的に定義しているのに対して，民法は主として財産法上の法律行為に関する特別の保護を受ける未成年者を成年者との相対的関係で消極的に定義するとともに，親権が及ばない保護の対象となる未成年子を積極的に定義するという，いわば二重構造の定義を行っている．この観点からすると少年法上の「少年」と民法上の「未成年者」あるいは「未成年子」は必ずしも同義ではない．また少年法2条1項の成人は，あくまでも少年法という法律の中でのみ用いられる定義とされており，わが国の他の法律上も汎用性を持つ法的概念として用いられているわけではない[*6]のに対して，民法において成年に達した者を指す成年者という概念とそれとの相対的関係において用いられる未成年者という概念は，他の法律の中でも普遍的概念として一般的に用いられている[*7]．その意味でも両者は性質を異にする．さらに，少年法2条2項は，成人あるいは成年とは異なる固有の概念として「保護者」という概念を用いていることが注目される．この保護者には，少年に対して法律上監護教育の義務がある者と少年を現に監護する者が含まれ，前者については，民法上の親権者（民法818条乃至820条），親権代行者（民法833・867条），監

---

*6　法律上，「成人」という概念が用いられているのは，少年法，児童福祉法，国民の休日に関する法律，社会教育法等，ごく少数の法律に限られている．少年法37条（2007年削除前）は，労働基準法違反等の成人の刑事事件を家庭裁判所に起訴できるとしていたが，併合罪の場合に家裁と地裁に別々に起訴される弊害等を考慮して，現在では地裁が管轄権を持つように変更されている（『少年法等の一部を改正する法律及び少年審判規則等の一部を改正する規則の解説＜新法解説叢書22＞』（2010年）136頁以下参照）．現在は，49条3項において刑事施設における「成人との分離収容」が規定されるだけである．

*7　「成年」および「未成年者」という文言が用いられている法律の数は極めて多数に上り，その定義は民法上のそれに拠っている．その意味で法的概念として定着しており，わが国の法体系においては一般的に用いられている．

護者（民法749・766・771・788条），未成年後見人（民法839・841・857条），児童福祉法上の児童福祉施設長（児童福祉法47条）等法定代理人があてはまり，後者については，事実上少年を現に監護している者として，住み込み就労中の雇主，寮・寄宿舎の責任者，親権者の委託その他の事情で親権者に代わって少年を保護監督する親族，里親，継父母等があてはまるとされている（田宮・廣瀬 2017）．少年法上，保護者には，少年の権利・利益の擁護者的立場から審判出席権，付添人選任権，抗告権（法定代理人のみ）等審判手続上の権利を行使するとともに，少年に対する国家的保護の協力者的立場から審判運営に協力することが期待されていたり，要保護性の調査対象者として重要な資料を提供するとともに，調査応諾義務，出頭義務，試験観察条件応諾義務等が課されている．加えて，少年法25条の２は，親権者に限られない保護者に対して，少年の監護に関する責任を自覚させるために，家庭裁判所が訓戒，指導その他適当な措置をとることができると定めている．すなわち，少年法上の保護者については，親権の適正行使を促すという狭い意味での監護の適正化にとどまらず，より広い意味での少年の監護を行うことが念頭に置かれているのである．

　したがって，脳科学，神経科学の観点から見ても，少年法および民法の趣旨からしても，少年法の適用対象年齢を現在の20歳未満から18歳未満に引き下げることは理由がないと言わなければならない．

　もっとも，仮に18歳未満に引き下げられた場合に，18歳，19歳の若年犯罪者に対する保護的観点から提案されている，若年者に対する新たな処分および若年受刑者に対する処遇原則についても検討しておく必要がある．

　部会では，仮に少年法の適用対象年齢が18歳未満に引き下げられた場合の18歳，19歳を中心とした若年犯罪者に対して，少年法上の保護処分ではない，刑罰に準じる「若年者に対する新たな処分」（以下，新処分とする）を科すことを検討しており，検察官が起訴を必要としないとした事例については家庭裁判所の手続によって，現在の保護処分としての保護観察処分とは異なる「保護観察処分」あるいは現在の保護処分としての少年院送致処分とは異なる「施設収容処分」が科されることが検討されている（法制審議会a, b 2018, 2019）．

　行為責任を基盤とした刑罰類似のこれらの処分は，従来の少年法上の保護処分とは異なり，懲罰的色彩を伴うものであって，従来の少年法上の保護処分とは根本的に異なるものと言わなければならない．そしてその処分の選択の入り口が，刑事政策の要を担う検察官によってふるい分けられる構造にな

っている点でいっそう刑事的色彩を有することは言うまでもない．応報と抑止を基盤とする刑罰的処分によって過度の精神的，肉体的ストレスにさらされることによって，少年期の脳の健全な成長が阻害されることになれば，再非行・再犯の可能性はかえって高まることになり，社会全体にとっても有益ではない（山口 2019: 120）．したがって，新処分を科すことの意味を再考する必要があるように思われる．

　また，新処分を科す手続にのせることなく通常の刑事手続で有罪が認定され刑務所に収容される若年受刑者については，刑事収容施設法上，新たな処遇原則を規定して，少年院における矯正教育の手法やノウハウを活用して若年受刑者に固有の処遇を展開することが議論されている（法制審議会a, b 2018, 2019）．仮に，若年者の特性に配慮をした改善指導，教科指導が行われるとしても，規律と秩序が重要視される刑務所の環境の中で監視されながら処遇を受ける精神的，肉体的ストレスは，若年者の健全な脳の発達にとっては消極的要因となることは明らかである．法務教官との人間的つながりの中で，内面に対する働きかけを受けながら精神的にも成長できる少年院での処遇に比べた場合，いかに新たな処遇原則をもうけたとしても，刑務所での処遇は回避されなければならないように思われる．

7．残された課題——少年司法の未来を見据えて

　脳科学・神経科学の知見の最大の貢献は，子どもが子どもであり，少年法の対象となる少年が少年であり，成長発達の途上であって，それとの表裏の関係で可塑性に富む存在であることを生物学上の科学的根拠をもって示したことである．もちろん，脳の未成熟・未発達の程度だけで刑事司法・少年司法のすべてを論じることはできないし，論じるべきではない．そして，責任非難を否定して，保護・教育を優先すべきだと断言することもできない．しかしながら，年長少年に対して成人同様の刑事責任を追求するだけでは，少年本人にとっても社会にとっても利益とはならないことは，米国において，そしてわが国においても，勉強会等の議論を通じて確認されてきたことは指摘しなければならない．

　このことは，一定の事例について観護措置期間を 8 週間まで延長することを認め，犯行時14歳からの犯罪少年の逆送および故意致死事件を行った犯行時16歳以上の犯罪少年を原則として逆送することを認め，否認事件への検察官の関与を許容し，審判廷における被害者の意見聴取を行い，一定の重大事

件についての被害者の審判傍聴を許容し，検察官に抗告受理申立権を認める等，2000年以降，わが国の少年法が辿ってきた厳罰化の方向性を再考する一つの契機になるように思われる．特に，現在，法制審議会少年法・刑事法部会で議論が継続している少年法適用対象年齢の引き下げ，そしてそれに伴う若年者への刑罰の拡大については，今までわが国の少年法が歩んできた少年保護の特性を著しく萎ませるきわめて大きな改革になることは言うまでもない．わが国の少年法の母法である米国少年法が，脳科学・神経科学による子ども期の再発見によって，少年法適用年齢を引き上げ，刑罰を縮小する動きを見せているのに対して，わが国の少年法が真逆の動きを見せているのは，少年犯罪が減少している今日的状況に照らせば殊更奇異に映る．

米国少年司法を発信源とする脳科学・神経科学の知見の司法判断における援用は，わが国の少年司法においても十分に参考にする価値はある．本書の趣旨をまとめるにあたって，さしあたり，以下の諸点を指摘して，脳科学・神経科学がわが国の少年司法に及ぼしうる影響について展望したい．

まずは，少年法適用対象年齢の引き下げが不要であり，引き下げは，むしろ非行少年の立ち直りおよび社会復帰を遅らせる可能性があるという点である．人間の脳が25歳程度までは器質的にも機能的にも未成熟であって，若年者は，一般的類型的に，物事を正確に認知したうえで意思決定をする能力が成人のそれに比べて脆弱であること，また，情動をうまくコントロールできないことが明らかにされているのであるから，わが国の少年法が20歳未満の者に対して一律に少年保護を優先していることは，むしろ，人間の成長発達に見合った適正な法制度として諸外国に誇るべきことである．したがって，現在，その創設が議論されている若年者新処分についても不要である．

そのうえで，現在の少年保護手続においては，少年の要保護性をより正確に把握して適正な保護処分が選択されるために，また，非行事実の客観的側面が殊更重視されて刑事処分相当性が判断されないためにも，社会調査段階，審判段階における鑑定，脳画像・映像等の科学的証拠の活用が模索されてもよいのではないかと思われる．また，保護処分，特に少年院における矯正処遇においては，少年の特性にさらに配慮した処遇が必要になってくる．現在では，「発達上の課題を有する在院者に対する処遇プログラム実施ガイドライン」（法務省矯正局少年矯正課・2016年）に基づいて，個別的な処遇が展開され始めているが，少なくとも，少年一般の脳の未発達・未成熟（第Ⅰ類型非行）に加えて，素行障害（第Ⅱ類型非行），発達障害（第Ⅲ類型非行）および愛着障害（第Ⅳ類型非行）の特性に応じて，少年の可塑性，そして脳の可塑性に沿

った処遇プログラムを展開することが考えられるのではないだろうか.

　最後に，少年の健全な成長の阻害要因としての刑罰（自由刑）の回避について である．応報と抑止を基本として，特に，規律と秩序が重視されるわが 国の刑務所内での処遇は，少年にとって過度のストレスとなって脳の健全な 成長を阻害する要因となり得る．したがって，少年（若年）犯罪者に対して 自由刑が科される場合であっても，最終手段として，最短の期間用いられる べきであり，このことは国際人権基準においても確認されていることである． そのために，刑事公判手続においては，刑罰回避の観点から情状鑑定を含め た科学的証拠を用いて少年法55条移送決定を主張するとともに，刑罰が回避 できない場合であっても，同様の観点から不当に長い量刑を回避するための 立証活動を行う必要があるのではないだろうか．そのうえで，自由刑が回避 できなかった場合であっても，上述した少年期に固有の処遇プログラムを展 開して，脳の健全な成長に対する刑罰の弊害を最小化すべきである．

　今後，脳科学・神経科学，そして，それと少年司法・刑事司法との協働に 関する議論が深まるとともに，同科学の研究そのものの深化を踏まえて，そ の知見が少年司法・刑事司法の各段階で活かされたうえで有機的に連動し， 少年の成長発達権保障，健全育成に役立つようになることを願ってやまない．

［引用文献］

相原正男，2008，「認知神経科学よりみた情動／認知機能の発達——発達障害を理解 するために」山梨医科学誌，23巻2号，21頁-31頁.

アメリカ精神医学会編（染矢俊幸他訳），2014，『DSM-5 精神疾患の診断・統計マニ ュアル』（医学書院）.

畦上早月・池田奈緒子・隅田良平・高原正好・木村純一・千村隆・野上奈生，2015， 「生物—心理—社会モデルを踏まえた少年調査票記載に当たっての留意点」，家裁調 査官研究紀要，第20号，36頁-71頁.

Fairchild, Graeme, Nicola Toschi, Kate Sully et al, 2016, "Mapping the structural organi- zation of the brain in conduct disorder : replication of findings in two independent samples", Journal of Child Psychology and Psychiatry, Vol.59,No.9, 1018-1026.

Jetha, Michelle K., Sidney J. Segalowitz, 2012, Adolescent Brain Development: Implica- tions for Behavior.

Jones, Owen D, Jeffery D Schall, Francis X. Shen, 2014, Law and Neuroscience.

Noordermeer, S.D., Luman, M, Oosterlaan,J., 2016, "A systematic review and meta-anal- ysis of neuroimaging in oppositional defiant disorder (ODD) and conduct disorder (CD) taking attention-deficit hyperactivity disorder (ADHD) into account", Neuropsychology Review, Vol.26, issue 1, 44-72.

Rushin, Susan E., 2014, "The admissibility of Brain Scans in Criminal Trials: The Case of Positron Emission Tomography", Court Review, Vol.50, Issue 2, pp. 62-69.

東京家庭裁判所他, 2013-2014,「非行類型に応じた少年事件調査の充実に向けて(1)〜(8)」, 家庭裁判月報63巻10号81頁-122頁, 63巻11号73頁-149頁, 63巻12号147頁-182頁, 64巻1号97頁-135頁, 64巻10号119頁-173頁, 64巻11号133頁-224頁, 64巻12号107頁-178頁, 65巻1号79頁-143頁.

田宮裕・廣瀬健二編, 2017, 『註釈少年法【第4版】』（有斐閣）39頁〜40頁.

友田明美, 2016,「被虐待者の脳科学研究」, 児童青年精神医学とその近接領域, 57巻, 719頁-729頁.

――――. 2019,「少年と脳科学」, 判例時報, 2399号, 101頁-105頁.

二ノ宮勇気, 2014,「再非行防止のための少年鑑別所の実践――実務における法務省式ケースアセスメントツール（MJCA）の活用について」, 犯罪と非行, 177号, 164頁-176頁.

原田謙, 2018,「素行障害」, こころの科学, 200号, 93頁-100頁.

法制審議会少年法・刑事法（少年年齢・犯罪者処遇関係）部会, 2018, 『検討のための素案』法制審議会少年法・刑事法（少年年齢・犯罪者処遇関係）部会第12回会議配付資料21（PDF版）(http://www.moj.go.jp/content/001275390.pdf).

――――. 2019, 『部会第8回会議から第15回会議までの意見要旨（制度・施策関係)』法制審議会少年法・刑事法（少年年齢・犯罪者処遇関係）部会第16回会議配付資料（PDF版）(http://www.moj.go.jp/content/001294106.pdf).

法務省若年者に対する刑事法制の在り方に関する勉強会（法務省勉強会）a, 2016,『第7回ヒアリング及び意見交換議事録』(http://www.moj.go.jp/keiji1/keiji12_00131.html).

――――b, 2016, 『取りまとめ報告書』(http://www.moj.go.jp/content/001210649.pdf).

本庄武, 2018,「情状鑑定とは何か」須藤明他編『刑事裁判における人間行動科学の寄与――情状鑑定と判決前調査』（日本評論社）20頁-35頁.

文部科学省, 2012,「通常の学級に在籍する発達障害の可能性のある特別な教育的支援を必要とする児童生徒に関する調査結果について」.

藤川洋子, 2010, 『非行と広汎性発達障害』（日本評論社）28頁-30頁.

山口直也a, 2017,「少年法適用年齢引き下げに関する議論の在り方」犯罪と刑罰26号, 125頁-142頁.

――――b, 2017, 『子どもの法定年齢の比較法研究』（成文堂）所収各論文.

――――. 2019,「脳科学・神経科学の進展と少年司法の変容――米国連邦最高裁判決から何を学ぶべきか」判例時報2397号, 117頁-121頁.

（やまぐち・なおや）

第11章　脳科学・神経科学の観点から見た少年司法の展望　**227**

編者・執筆者プロフィール（執筆順）─────────

＊印は編者

山口直也 （やまぐち・なおや）＊

立命館大学教授．1961年，熊本県生まれ．1994年，一橋大学大学院法学研究科（公法・刑事法専攻）博士後期課程単位取得退学．

主な著作に，『ティーン・コート』（編著，現代人文社，1999年），『弁護のための国際人権法』（編著，現代人文社，2002年），『少年司法と国際人権』（成文堂，2013年），『子どもの法定年齢の比較法研究』（編著，成文堂，2017年），『新時代の比較少年法』（編著，成文堂，2017年）などがある．

友田明美 （ともだ・あけみ）

福井大学子どものこころの発達研究センター発達支援研究部門教授，子どものこころ診療部長．1960年，熊本県生まれ．1987年，熊本大学医学部卒業．

主な著作に，『新版 いやされない傷──児童虐待と傷ついていく脳』（単著，診断と治療社，2012年），『子どもの脳を傷つける親たち』（単著，NHK出版，2017年），『虐待が脳を変える──脳科学者からのメッセージ』（共著，新曜社，2018年），『脳を傷つけない子育て』（単著，河出書房新社，2019年）などがある．

仲真紀子 （なか・まきこ）

立命館大学教授（総合心理学部）．北海道大学名誉教授．1955年，福岡県生まれ．1984年，お茶水女子大学大学院人間文化研究科（人間発達学）博士後期課程単位取得退学．1987年学術博士（お茶の水女子大学）．

主な著作に，『子どもへの司法面接：考え方・進め方とトレーニング』（編著，有斐閣，2016年），『心が育つ環境をつくる』（共編著，新曜社，2014年），『法と倫理の心理学』（培風館，2011年），『目撃証言の心理学』（共著，北大路書房，2003年）などがある．

赤羽由起夫 （あかはね・ゆきお）

和光大学ほか非常勤講師．1983年，長野県生まれ．2016年，筑波大学大学院一貫制博士課程人文社会科学研究科修了．

主な著作に，「少年犯罪と精神疾患の語られ方」（日本犯罪社会学会，『犯罪社会学研究』第37号，2012年），「なぜ『心の闇』は語られたのか」（日本社会学会，『社会学評論』第253号，2013年），「少年非行問題における『普通』」（日本社会病理学会，『現代の社会病理』第31号，2016年），「理解不能な動機の社会的構成」（筑波大学社会学研究室，『社会学ジャーナル』第44号，2019年）などがある．

本庄武 （ほんじょう・たけし）

一橋大学教授．1972年，福岡県生まれ．2001年，一橋大学大学院法学研究科博士後期課程修了．

主な著作に，『少年に対する刑事処分』（現代人文社，2014年），『刑罰制度改革の前に考えておくべきこと』（共編著，日本評論社，2017年），「脳科学の発展が少年法適用年齢引下げ問題に与える示唆」判例時報2402号（2019年）などがある．

山﨑俊恵 (やまざき・としえ)

広島修道大学准教授. 1974年, 岩手県生まれ. 2004年, 東北大学大学院法学研究科中途退学.

主な著作に, 「少年法の適用対象年齢」(広島修道大学ひろしま未来協創センター,『修道法学』第40巻第2号, 2018年),「アメリカにおける少年の刑罰:アメリカ合衆国最高裁判所の判例から」(同第37巻第1号, 2014年),「少年法と被害者」(刑法読書会,『犯罪と刑罰』第19号, 2009年) などがある.

須藤 明 (すとう・あきら)

駒沢女子大学人間総合学群心理学類教授. 公認心理師, 臨床心理士. 1959年, 栃木県生まれ. 1982年, 埼玉大学教養学部卒業. 東京家庭裁判所家裁調査官, 裁判所職員総合研修所研究企画官, 広島家庭裁判所次席家裁調査官などを経て2010年から現職.

主な著作に,『少年犯罪はどのように裁かれるのか』(合同出版, 2019年),『刑事裁判における人間行動科学の寄与』(編著, 日本評論社, 2018年),『情状鑑定を通してみた弁護人と心理臨床家の協働・連携』(駒沢女子大学,『駒沢女子大学研究紀要』第23号, 143-152, 2017年),『機能的家族療法』(共訳, 金剛出版, 2017年) など

安西敦 (あんざい・あつし)

弁護士・臨床心理士・公認心理師. 1971年, 香川県生まれ. 1994年, 同志社大学法学部法律学科卒業. 2012年, 香川大学大学院教育学研究科学校臨床心理専攻修了.

主な著作に,「弁護士付添人から見た試験観察の意義と課題」『再非行少年を見捨てるな――試験観察からの再生を目指して』(編著, 現代人文社, 2011年),「付添人と教育機関との連携事例と課題」『非行少年のためにつながろう!――少年事件における連携を考える』(共著, 現代人文社, 2017年),「保護事件の付添人」(日本評論社,『法学セミナー』59巻7号28-30, 2014年) などがある.

大塚正之 (おおつか・まさゆき)

弁護士 (弁護士法人早稲田大学リーガル・クリニック), 筑波大学法科大学院非常勤講師. 元裁判官, 元早稲田大学大学院法務研究科教授. 1952年, 滋賀県生まれ, 1977年, 東京大学卒業, 1979年, 第31期司法修習修了. 名古屋地方裁判所判事補, 最高裁判所事務総局家庭局付, 大阪高等裁判所, 横浜家庭裁判所, 東京高等裁判所などの各判事を歴任.

主な著作に,『判例先例渉外親族法』(日本加除出版, 2014年),『場所の哲学――近代法思想の限界を超えて』(晃洋書房, 2013年),『臨床実務家のための家族法コンメンタール (民法親族編)』(勁草書房, 2016年),『家族法実務講義』(共著, 有斐閣, 2013年),「児童虐待から生じる諸問題と弁護士の役割」(日本加除出版,『家庭の法と裁判』18号, 2019年) などがある.

脳科学と少年司法

2019 年 8 月 5 日　第 1 版第 1 刷発行

編著者…………山口直也
発行人…………成澤壽信
発行所…………株式会社現代人文社
　　　　　　　　〒160-0004　東京都新宿区四谷2-10八ッ橋ビル7階
　　　　　　　　振替　00130-3-52366
　　　　　　　　電話　03-5379-0307（代表）
　　　　　　　　FAX　03-5379-5388
　　　　　　　　E-Mail　henshu@genjin.jp（代表）／hanbai@genjin.jp（販売）
　　　　　　　　Web　http://www.genjin.jp
発売所…………株式会社大学図書
印刷所…………株式会社ミツワ
装　幀…………加藤英一郎

検印省略　PRINTED IN JAPAN　ISBN978-4-87798-731-2　C3032
© 2019　Yamaguchi Naoya